Policy Guidelines for Tax,
Foreign Exchange and Accounting in Belt and Road Countries.

"一带一路"

税收外汇会计政策指南 Ⅲ

董付堂　姚焕然　辛修明　主编

中国经济出版社
CHINA ECONOMIC PUBLISHING HOUSE

图书在版编目（CIP）数据

"一带一路"税收外汇会计政策指南 . Ⅲ / 董付堂，
姚焕然，辛修明主编 . -- 北京：中国经济出版社，2019.8
　　ISBN 978-7-5136-5726-6

　　Ⅰ . ①一… 　Ⅱ . ①董… ②姚… ③辛… 　Ⅲ . ① "一带
一路" – 国际税收 – 会计政策 – 指南 　Ⅳ . ① F810.42-62

　　中国版本图书馆 CIP 数据核字（2019）第 116112 号

责任编辑　杨　莹
文字编辑　郑潇伟　赵嘉敏
责任印制　巢新强
封面设计　晨罡文化

出版发行　中国经济出版社
印 刷 者　北京力信诚印刷有限公司
经 销 者　各地新华书店
开　　本　710mm×1000mm　1/16
印　　张　21.75
字　　数　346 千字
版　　次　2019 年 9 月第 1 版
印　　次　2019 年 9 月第 1 次
定　　价　98.00 元
广告经营许可证　京西工商广字第 8179 号

中国经济出版社 网址 www.economyph.com **社址** 北京市东城区安定门外大街 58 号 邮编 100011
本版图书如存在印装质量问题，请与本社发行中心联系调换（联系电话：010-57512564）

主 编

董付堂　姚焕然　辛修明

编委名单

姚丹波	冯会会	张翠芬	何牧林	王　征	莫永年
张泰宇	刘　琛	周陵彦	杨天福	董　青	段超凤
李福龙	尚　妍	刘　芬	翁　辉	余科明	刘旭光
王惠芳	孙坚青	张之亮	石保俊	李　兵	张和忠
董文静	杨晓彤	王重娟	何之蕾	郭　颖	杨　勇
马秀琴	张丽霞	林媛媛	熊升全	张红斌	

本书特别顾问

（按拼音字母排序）

房秋晨

中国对外工程承包商会会长

傅俊元

中国保利集团有限公司总会计师

王秀明

中国铁建股份有限公司总会计师

张 克

信永中和集团董事长

赵 东

中国石油化工集团有限公司总会计师

序 一

随着我国对外开放特别是"一带一路"倡议的深入推进，企业走出国门、拓展海外业务的步伐加大，越来越多的中国企业"走出去"并在海外市场开展投资、并购等经济活动。据商务部数据显示，2018年，我国对外投资规模持续扩大，共对全球164个国家和地区的7961家境外企业进行了非金融类直接投资，累计实现投资1701.1亿美元，同比增长44.1%；与"一带一路"沿线国家进出口总额达到6.3万亿元人民币，对"一带一路"沿线53个国家的非金融类直接投资145.3亿美元。

但由于缺乏对境外投资目的地整体营商环境的研究，近年来，"走出去"企业在国际市场开拓和经营的过程中也面临着较大的困难和风险，特别是财税外汇政策方面的风险。

据不完全统计，我国"走出去"企业多达几十万家，其中除大型企业外，绝大部分是中小型企业，普遍反映对所在国的会计政策、税收政策和外汇政策难以进行系统性的了解和掌握，特别是中小型企业，更是心有余而力不足。因此，极大地制约了我国"走出去"企业的财务管理水平和合规能力的提升，严重影响了我国企业的国际声誉。

为了帮助企业更好地了解当地财税法规，本丛书主要围绕境外投资目的地整体营商环境、税收体系、外汇制度、会计政策等方面内容，进行了较为详细的介绍。鉴于主要发达国家的财税体系较为健全，有关政策法规比较透明，资料也容易获取，本丛书不再予以整理收集。本《指南》汇集的80个国家（地区），大部分是我国企业境外业务开展较多的欠发达或发展中国家，能够基本满足我国"走出去"企业的迫切需求，有助于"走出去"企业能够快速熟悉境外投资目的地国的基本财税政策，大幅降低企业对所在国财税法规信息收集的成本，既有利于提升企业的法规遵从意识，又有利于企业防控经营风险,增强企业"走出去"的信心和底气。

本丛书是集体智慧的结晶。中国对外工程承包商会发挥了重要的平台和引领作用,参与本丛书编写的是我国"走出去"的核心企业代表,分别为中国路桥、中国建筑、中国电建、中国有色、国机集团、葛洲坝国际、CMEC、中国铁建、中石油、中国港湾、中水对外、北京建工和江西国际等十多家企业。信永中和会计师事务所对本丛书进了全方位的指导和审核,使本丛书的专业性和实用性质量得到了实质性的提升。

本丛书定位为专业工具书,旨在为我国广大"走出去"企业的财务、投资、商务和法务等专业管理人员提供参考和指南,同时,也为"走出去"企业提供专业服务的中介机构提供了重要借鉴。

由于编写组学术水平和实践经验有限,本指南难免有不足和谬误之处,恳请专家和读者批评指正!

2019 年 9 月于北京

序　二

2013 年国家提出"一带一路"倡议，随着中国与沿线国家的扎实推进，现在"一带一路"已成为举世瞩目且被越来越多的国家认可和接受的概念。近年来，中国企业对沿线国家直接投资超过 900 亿美元，完成对外承包工程营业额超过 4000 亿美元，为推动沿线国家的经济发展做出了卓有成效的贡献。

越来越多的中国企业以多种多样的方式走出国门，参与这一宏大的划时代壮举，但过程和结果并非都能遂人所愿。如近些年部分企业相继爆出海外投资失败，或遇到重大障碍而致进退两难。虽然决定中国企业海外投资能不能成功的因素非常复杂，但"知己知彼、百战不殆"，不知彼显然是其中一个重要因素。"走出去"的中国企业需要知悉目的国的经营规则和市场环境、税务财务制度和投资融资法规、政府的优惠及限制政策等。提高在国际环境下开展经营的意识和能力尤应引起足够重视，特别是在投资前期，要尽可能做到"谋定而后动"，充分了解当地规则和信息，并借助专业机构的力量，对投资事项作出审慎判断，从而避免投资损失。

鉴于此，本套丛书集合众多财会咨询专家、海外投资经营实务机构高管的智慧，全面陈述了"一带一路"沿线相关 80 个国家（地区）的投资环境、市场基本情况、税收种类和征管情况、外汇管制、会计制度及核算等政策、规定和信息。可以说，本套丛书可以视作投资"一带一路"国家的财会实务宝典。此外，越来越多的中国专业机构和专业人士在服务中国企业"走出去"中也扮演着越来越重要的角色，通过此书掌握境外目标国的基本经济情况和财税政策无疑也会有效提升这些专业人士的服务能力和效率。

"一带一路"倡议的提出和运作为所有沿线国家提供了更大的发展空间

和福祉，也为中国企业提供了更多在世界舞台上驰骋的机会，若此书能在中国企业和中国专业服务机构走向世界的过程中发挥些许助力和护航的作用，则功莫大焉！

信永中和集团董事长

序 三

"一带一路"倡议提出六年来，中国对外承包工程行业保持良好发展势头，取得了可喜的成绩。但随着海外市场的不断拓展，企业面对的东道国政策法规环境也日趋复杂，企业中普遍存在着对所在国法规理解不透彻、经营管理中有"盲区"、正当权益遭侵害而维权不力等现象。特别是，很多企业对当地的财税政策了解较为肤浅和不系统，容易出现因无知和冒进的做法而触犯法律法规的问题，给企业经营带来损失，声誉造成影响，这其中的教训值得我们认真总结和反思。"走出去"企业迫切需要在了解和适应海外法律法规方面得到更多的指导和服务。

《"一带一路"税收外汇会计政策指南》丛书的出版，正是恰逢其时，为中国"走出去"企业提供了全面、及时、实用的海外政策信息指南，对企业开拓国际市场、提升合规经营和企业管理水平将发挥重要作用。

该《指南》由中国对外承包工程商会融资财税委员会组织行业内十多家骨干会员企业，联手信永中和会计师事务所共同整理研究的成果。《指南》对80个国家（地区）的投资经营环境、法律体系、外汇管理规定、税收会计政策等方面进行了详尽的解析，相信能对"走出去"企业准确了解所在国法规政策，快速融入当地营商环境，有效防范政策风险，促进企业可持续发展起到一定的引领和指导作用。

中国对外承包工程商会将进一步发挥各专门委员会的特色与专长，为广大企业提供更为专业和实用的服务，为中国企业全面参与"一带一路"建设，实现"共商、共建、共享"发展做出新的贡献！

中国对外承包工程商会会长

序　四

"一带一路"倡议提出以来，中国企业"走出去"的步伐不断加快，竞争实力日益提高，在国民经济中发挥着越来越重要的作用。但由于海外政治社会、法律财税、营商环境等方面存在较大差异，给企业国际化经营带来了较大挑战。

国际化经营涉及的内容繁多，企业需要从国际税法、国际税收协定、外汇和会计政策等角度作出系统全面的安排。企业在进行境外投资前有必要认真做好功课，对境外的税收、外汇和会计政策等重要内容进行充分了解、考察和分析，并针对企业自身情况制定出最优的投资架构、退出渠道等方案，以便有效规避境外投资风险，实现投资利益的最大化。

《"一带一路"税收外汇会计政策指南》丛书主要围绕境外投资目的地国整体营商环境、主体税种、征管制度、双边税收协定、外汇制度和会计政策等方面内容进行详细介绍，涉及"一带一路"沿线80个国家（地区），旨在使中国企业及时、准确、全面地了解和掌握境外投资的税务成本、纳税操作、税务风险规避、外汇和会计政策等重要信息，满足"走出去"企业的迫切需求，有助于"走出去"企业能够快速熟悉境外投资目的地国的基本财税政策，大幅降低企业对所在国财税法规信息收集的成本，既能够提升企业的法规遵从意识，又能够增强企业防控经营风险的信心和底气。

本丛书集合各类专家智慧结晶，具有很强的专业性、指导性和实用性，是不可多得的系列工具用书，对于助力中国企业"走出去"积极践行"一带一路"倡议将发挥重要作用。

中国石油化工集团有限公司总会计师

专家推荐语

　　随着"一带一路"倡议的深入推进，中国企业"走出去"的步伐不断加快，海外业务拓展迅猛，但由于海外政治经济人文等差异较大，各项政策制度复杂多变，给企业生产经营带来了很大的困难和挑战，也积聚了一系列的问题和风险，必须引起高度重视，积极做好各项应对之策。《"一带一路"税收外汇会计政策指南》丛书，围绕80个国家（地区）颁布的税收、外汇和会计政策等问题，进行全面系统收集整理，认真分析归纳研究，以应用指南的形式呈现给广大读者，值得"走出去"企业的相关人员借鉴和参考。该丛书覆盖范围广，涉及"一带一路"沿线80个国家（地区），涵盖中国企业"走出去"的重点区域；针对性强，选择了税收、外汇和会计政策等中国企业"走出去"过程中遇到的最迫切、最现实的问题，能够满足我国各类企业"走出去"的基本生产经营需要；操作性强，内容安排上既有基本制度和相关情况的介绍，又有重要制度政策解读以及具体操作应用指引；权威性高，集合中国对外工程承包商会及我国"走出去"的十多家核心企业代表的集体智慧，同时也得到信永中和会计师事务所的专业指导和审核。该丛书是广大"走出去"企业的财务、投资、商务和法务人员非常难得的操作应用指南。

中国铁建股份有限公司总会计师

这是一部中国企业"走出去"践行"一带一路"倡议的重要工具用书,对于实际工作具有十分重要的参考价值。

中国保利集团有限公司总会计师

"一带一路"倡议重在促进沿线国家之间的互联互通,加强相互间的经贸合作和人文往来。缺乏对相关国家会计、税收、外汇等体系的充分了解,不仅会提高经贸合作的成本,而且会加大经贸往来的风险。汇聚了我国在"一带一路"经贸合作领域耕耘多年的多家知名企业的实务界专家们巨大心血的这本政策指南,填补了空白,可以为我国"走出去"的企业提供极富价值的参考,对学术界开展国际比较研究,夯实会计基础设施,助推"一带一路"合作,也有很好的参考价值。

上海国家会计学院党委书记、院长

习近平总书记在推进"一带一路"建设工作5周年座谈会上发表重要讲话指出,过去几年,共建"一带一路"完成了总体布局,绘就了一幅"大写意",今后要聚焦重点、精雕细琢,共同绘制好精谨细腻的"工笔画"。要坚持稳中求进的工作总基调,贯彻新发展理念,集中力量、整合资源,以基础设施等重大项目建设和产能合作为重点,在项目建设、市场开拓、金融支持、规范经营、风险防范等方面下功夫,推动共建"一带一路"向高质量发展转变。

"一带一路"沿线国家的发展水平、社会制度、宗教民族、文化习俗等方面千差万别,企业"走出去"面临诸多风险。"一带一路"建设中要行稳致远，持续发展，需要政府加强政策沟通，建立以规则为基础的法治合作体系，更需要企业遵守东道国的法律法规，建立健全风险防范机制，规范投资经营行为。这就要求企业加强对沿线国家法律法规的深入了解和科学应用，不断提高境外安全保障和应对风险能力。《"一带一路"税收外汇会计政策指南》丛书的出版，可谓应景适时。

本丛书有以下三个突出特点：一是选题聚焦"一带一路"沿线国家的税收、外汇与会计等财经政策，契合企业当前的迫切需求，可以帮助企业及时了解、识别和规避沿线国家的财税、外汇与会计风险，对企业提升相关业务的合规合法性、促进企业稳步发展具有重要的现实意义。二是编写团队来自我国参与"一带一路"建设的核心企业代表，他们不但熟悉沿线国家的财经政策，并且有扎实的理论功底和丰富的实践经验，确保了本书的专业性。三是内容翔实，重点介绍了 80 个国家（地区）最新的税收、外汇和会计政策，具有很强的针对性和时效性，为"走出去"企业提升财经风险意识、夯实财经管理基础和提高财经风险防范能力提供了基本遵循。

本丛书源于实践，是切合实际的专业性指导工具书。在此，由衷地希望"走出去"企业及相关从业者能够从本丛书汲取营养，共同助力"一带一路"建设，为推动共建"一带一路"走深、走实做出积极贡献。

厦门国家会计学院党委书记

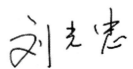

目录
CONTETS

第一章 几内亚税收外汇会计政策

第一节　投资环境基本情况

一、国家简介

几内亚共和国（The Republic of Guinea），简称几内亚。位于西非西岸，北邻几内亚比绍、塞内加尔和马里，东与科特迪瓦、南与塞拉利昂和利比里亚接壤，西濒大西洋。国土面积 24.59 万平方公里，海岸线长约 352 公里，几内亚总人口 1240 万（2016 年），其中首都科纳克里人口占 17.74%。几内亚官方语言为法语，货币为几内亚法郎（GNF）。

二、经济情况

几内亚国民经济主要支柱为矿产、森林、农渔业。2016 年 GDP 约64.82 亿美元，排名世界第 147 位。[①]自 2015 年底埃博拉疫情结束以来，几内亚的社会经济恢复重建出现良好的发展势头，经济呈较快增长趋势，2016 年增长率达 5.2%。一批矿业开发项目蓄势待发，外国投资者纷至沓来，一批重大基础设施项目正在逐步落实中。

三、外国投资相关法律

几内亚是西非经济共同体成员国。与投资合作经营有关的法律法规有：《出入境管理条例》《海关法》《外汇管理条例》《投资法》《投资法及实施条例》《税法》《劳动法》《政府采购合同法和工程招标法》。

《投资法》和《投资法实施条例》对企业投资一般条件、优惠条款、审批程序、管理机构、投资经营范围等内容做出规定。

《出入境管理条例》中规定，（一）入境：入境签证有效期 3 个月，由安全部批准，驻外使领馆签发；（二）临时居留：在几内亚逗留 5~90 天，

---

① 数据来源：《几内亚投资指南（2017 版）》。

视为临时居留。可延长签证一次,期限不超过 3 个月;(三)长期居留:长期签证,凡签证期满继续逗留的外国人,必须向安全部申请长期签证;(四)出境:签证有效期内,自由出境。如过期,需办理出境签证。安全部负责办理一次或多次往返签证,有效期 6 个月;(五)返程担保的,需缴纳返程押金或出示无条件返程担保书。

《劳动法》中规定,在签订劳动合同前,雇主必须向劳动就业部门递交职业招聘通知书。定期合同不得超过两年,否则视为长期合同。合同必须成文,否则也视为长期合同。合同可以规定试用期,高级雇员不超过 3 个月,其他人不得超过 1 个月。

四、其他

非洲商法协调组织(简称 OHADA)。1993 年 10 月 17 日,14 个非洲国家在毛里求斯的路易斯港签订了《非洲商法协调条约》,非洲商法协调组织随之产生。成立该组织的目的是对成员国的商法进行统一,推动仲裁成为解决商事争议的方式,为成员国的商业发展提供良好的法律环境。组织自成立以来,已批准并实施了九部统一法:《一般商法统一法》《商业公司及经济利益集团统一法》《担保法统一法》《会计统一法》《清偿债务的集体程序(破产程序)统一法》《仲裁统一法》《债务追偿简易程序及执行措施统一法》《公路货物运输合同统一法》。对于确保该地区商法的确定性、可预见性,实现该地区贸易和投资的发展,推动该地区的经济一体化发挥了举足轻重的作用。该组织目前有 17 个成员国,分别是贝宁、布基纳法索、喀麦隆、中非共和国、乍得、科摩罗伊斯兰联邦共和国、刚果(布)、科特迪瓦、赤道几内亚、加蓬、几内亚、几内亚比绍、马里、尼日尔、塞内加尔、多哥和刚果(金)。统一法在所有成员国内直接适用,对所有成员国有约束力。因此,在 17 个成员国内进行投资,均受这九部统一法的管辖。

非洲商法协调该组织下设司法与仲裁共同法院(简称 CCJA),明确外国公司和当地公司签署合同时,争议解决由 CCAJ 最终裁决。

第二节 税收政策

一、税法体系

几内亚实行属地税制，税收制度由以下法律构成：《税务总则（le Code générale）》《关税总则（le Code douanier）》《财政法案（la Loi des finances）》《国家预算法（la Loi du budget）》。《税法通则（Code General des Impots）》于2015年颁布并正式实施，共六章，分别对直接税、间接税、注册税和印花税、其他税费、税收程序、税务例外规定进行了具体的说明。

几内亚的税法基本沿袭法国税法，主要税种有企业所得税、个人所得税、增值税及关税等。几内亚与法国签订有《双边税收协定》，目前和中国没有签订相关的税收协定。

二、税收征管

（一）征管情况介绍

几内亚税务主管机关是经济财政部下属的几内亚财政税务总局，在几内亚各区设置了相应的分支机构，纳税过程由几内亚财政税务总局进行监督、管理。财政税务总局下设纳税人专管员，由专管员指导协助纳税人纳税，调解税务纠纷。

（二）税务查账追溯期

在确定税基或者计算税费过程中，发现未缴或少缴税款的，税务机关在三年内可以要求纳税人、扣缴义务人补缴税款，代扣代缴的征收方式也适用该期限。

税务部门将从发现违法之日起，在三年之内对纳税人出现的申报错误、遗漏、未按照期限进行申报或者其他违法行为进行处罚，但是以下情况除外：

（1）如果没有通过公示或者法定声明告知第三方纳税人，税务机关要求整改的期限将从其纳税人获知相关信息之日起开始计算。

（2）如果法院发现征税不足或者漏税，时效性将持续向法庭做出申报直至当年结束之后，并且不影响总期限的规定。

（三）税务争议解决机制

税务上诉委员会负责对国家税务局和企业之间出现的争议进行审查。当出现税务争议时，税务局局长或者企业法定代表可以通过书面函件的方式，就征收通知向税务上诉委员会提出处理申请。但在实际操作过程中，企业处于弱势一方，很难在税务诉讼中取得公平待遇。

如果纳税人对承担的税费总额提出质疑，那就需要在征收通知发出的次月之内向国家税务局局长提出诉求。在收到诉求之后，国家税务局局长或者其授权人员将根据公共会计的一般性规则对于诉求做出决定，提出诉求的纳税人也有权在当局做出决定通知之日起一个月之内向法院提起诉讼。如果税务机关在收到诉求后的六个月之内没有作出回复，那么，提出诉求的纳税人可以在回复期限到期后的一个月之内向具有管辖权的法院提出诉讼。

三、主要税种介绍

（一）企业所得税

1.征税原则

企业所得税是对几内亚境内的企业或其他法人按每年实现的收入或利润征收的税种。

几内亚税法规定：股份有限公司、有限责任公司、合伙企业、合股企业、合资企业、合作社及其联盟，以及其他所有从事开发或营利性经营活动的法人需缴纳企业所得税。即使不属于上述规定的企业组织形式，只要民营企业从事经营活动，并且获取的利润满足征税条件，同样需缴纳企业所得税。

企业所得税的征税对象主要包括：在几内亚经营的企业所获得的利润，以及根据双重征税国际公约，在几内亚纳税的企业所获得的利润。

对于未在几内亚当地设立机构的企业，其所得来源于几内亚的，由支付收入企业预扣所得税。

2.税率

企业所得税税率如下：电话企业、银行、保险公司、石油进口、存储分销企业，所得税税率为应税利润的35%；持有矿业开发证的企业，税率为应税利润的30%；其他法人，所得税税率为25%；企业预扣所得税税率为15%。

3.税收优惠

企业所得税法的优惠政策具有较强的政策导向性，《税法通则（Code General des Impots）》中的税务优惠政策主要包括：①根据第221条，共有10种情况永久免征企业所得税，主要是针对特定的农牧业组织、非营利性组织及公共服务机构免税。②根据第222条，"根据投资法的规定，享有或持有创立协议的所有公司和其他法人可以暂时享有全部或部分免税政策"。如第1~2年免除100%所得税，第3~4年免除50%所得税，第5~6年免除25%所得税，第7年及以后不享受免税政策。③根据第231条，如果总部设在签订双重征税的国际公约的国家，取得境外证券收入，则其在几内亚享受税收减免，税额减免额仅限于来自国外的收入预扣所得税的金额。

4.所得额的确定

（1）应纳税所得额是指根据企业进行的任何形式的经营活动的整体损益确定的净利润，尤其包括在经营过程中或经营结束后出让的某些资产要素。确定企业的应纳税所得额时，应当采用企业在该纳税年度的收入总额，减去不征税或免税收入、各项可扣除的成本费用后的余额。企业应纳税所得额的计算，以权责发生制为原则，属于当期的收入和费用，不论款项是否收付，均作为当期的收入和费用；不属于当期的收入和费用，即使款项已经在当期收付，均不作为当期的收入和费用。

（2）不征税或免税收入。①以生产、加工、保存和销售农产品为目的的合作社及其联盟和村民团体及其联盟发生的不具有商业性质的经营收入。②村民或街道团体的经营收入。③非营利性协会和组织实现的经营收入。④私人俱乐部和社团提供的除酒吧、餐饮和娱乐以外的服务收入。

（3）可扣除的成本费用。①各种一般费用、人员和劳动力成本、公司作为租户的建筑物的租金、营业场所和设备的维修和维护费用，但不含扩建或改建费用。②企业应支付的税费和税款可从应纳税所得额中进行扣除。

③涵盖职业风险或构成运营费用的保险费可以扣除。④记录在报表内为应对损失或明确规定费用以及可能发生的事件而形成的准备金可以进行抵扣。⑤不超过营业额的千分之一捐赠支出，受益人是在几内亚在境内居住或设立机构的具有慈善、体育、科学、社会或家庭性质的公益机构和组织。⑥为使用专利、许可证、商标、图案、配方、制造工艺和其他有效期内的类似权利而支付的款项，或为实际提供的服务而支付的报酬，例如在几内亚境内开展的业务相应的总部管理费、设计费、技术服务费、财务或会计费用，均可以作为可抵扣费用。在符合国际双重征税公约的前提下，对在境外居住或设立机构的企业在几内亚境内从事经营活动而支付的总部管理费，可以从几内亚境内的应纳税所得额中进行抵扣，前提条件是不能超过个几内亚企业营业额的10%。⑦企业的折旧可以从按照线性折旧率计算基础上得到的损益中进行扣除，前提条件为该企业须按规定纳税，并且按照现行会计制度进行记账。⑧在成立企业或收购其永久性营运设施时投入的成立费用，但不包括企业资产的对等物，可以在经营业务的前五个会计年度进行摊销。如果在没有利润的情况下进行折旧，则可以将其视为在亏损年度定期递延，并在不限制期限的情况下结转到第一个盈利年度的损益中。⑨支付给员工的度假津贴。⑩如果在会计年度发生亏损，该亏损将被视为下一个会计年度的开支，并从下一个会计年度实现的利润中进行扣除。如果该利润不足以进行全额扣除，则亏损的余额将连续结转至下一个会计年度，直至亏损年度后的第三个会计年度。在任何情况下，享有免税的公司发生的亏损不能在会计报表期间的进行结转。

（4）不可扣除的成本费用。①个体经营者从作为其工资报酬的职业收入中得到的现金或实物报酬不包括在可抵扣的费用中；分配给经营者家庭成员（包括其配偶或多位配偶）的报酬，只要与实际工作相符，且与提供的服务规模相比没有过高时，根据普通法规定可以进行扣除。②支付给合伙公司和机构成员的股息、红利不得扣除，但给予这些公司和机构的合伙人配偶和其他家庭成员的津贴通常可以扣除。③企业成立的保险公司不能将涵盖职业风险或构成运营费用的保险费从应纳税所得额中进行扣除。此外，对于个体经营者及其家族成员，公司高管和企业领薪员工的福利的人寿保险费不可以从应纳税所得额中进行抵扣。④超出限额的捐赠支出。

⑤超出限额的总部管理费支出。⑥与收入无关的其他支出。

5. 反避税规则

（1）关联交易。企业与关联方之间的收入性和资本性交易均须遵守独立交易原则。目前，几内亚在当地形成产业链企业并不多，税务机关对关联企业的关注度并不高。

（2）转让定价。企业应在年度报表申报后6个月内提交转让价格证明材料，介绍转让定价方式和市场比价情况；为了确保转让价格公正性，企业应该可以选择以下五种比价法进行定价确认：可比非受控价格法、再销售价格法、成本加成法、交易净利润法、利润分割法。

（3）资本弱化。企业支付给关联方的利息支出可以税前扣除，但需要提供相关的关联企业之间的资金贷款协议和外汇收款证明。

6. 征管与合规性要求

企业所得税的缴纳实行"分次预缴、年度清算"的方式。每年进行两次付款，每次分期付款对千位几内亚法郎四舍五入。每一期付款相当于上一个会计年度（纳税到期日）应缴的公司税的三分之一，并需在每年的6月15日和9月15日之前支付。如果企业认为分期预付款的金额等于或大于公司应缴税款，可以根据情况要求在第二笔分期付款时进行抵扣或减免，但企业必须在分期付款到期日至少30日前向国家税务总局提出申请，并解释原因。

如果根据本条款规定应支付的任何款项未在规定日期进行全额支付，则对未在该规定日期前支付的款项追加10%罚款，且按每月1%的利率缴纳滞纳金。

（二）增值税

1. 征税原则

几内亚税法规定，增值税是指对在几内亚境内有偿从事的商品进口、交付或者提供服务等经济活动产生的增值额作为征税对象而征收的间接税。征税对象具体包括：商品的交付、提供服务、纳税人在从事非纳税活动中取得的具有商业性质的补贴，以及其他应缴纳增值税的行为。

条例中明确规定下列活动视为提供服务：出租动产及不动产；转让无形资产；运输；供水供电供气及电信　；研究咨询；现场消费的销售；提

供修理服务；建筑安装。

2. 计税方式

几内亚的《税法通则（Code General des Impots）》中并未提到简易征收的相关规定，所有企业统一采用一般计税原则。增值税的纳税人在与其他纳税人开展可征税业务的时候，需要开具发票，发票中必须有税务识别号及适用的增值税税率。

3. 税率

除了国际运输和出口业务实行零关税外，其他应征收增值税的业务，增值税率统一采用18%。

4. 增值税免税

几内亚《税法通则（Code General des Impots）》第362条规定，以下业务免缴增值税：邮资、利息、手续费以及银行和信贷机构取得的其他收入等须缴纳金融税等（营业税除外）的业务，毛坯房间以及未整治场地租赁业务，印刷体广告刊物的销售、进口、印刷和编写（不含广告收入），非营利机构的非营利性质服务，自产农、渔、猎、牧产品，药品及书籍。

5. 销项税额

增值税税基为销售货物或提供的服务全部价款。符合下列条件的内容不包括在税基内：发票上的现金折扣；与原销售金额一致的销货退回；可回收的包装物（若包装物不退回则需缴纳增值税）；使用期限未到期的寄存金。

6. 进项税额抵扣

几内亚《税法通则》规定下列增值税进项税可以抵扣：具有纳税人识别号（NIF）的增值税发票；进口单据；用于自用的申报表。

下列进项税则不得扣除：住宿、餐饮、接待、剧场、租车以及人员交通支出；进口后再出口的商品；无报酬或者价格远低于市场的商品转让；石油产品；电话和互联网支出。

7. 征收方式

增值税按进销项相抵后的余额缴纳，留抵余额不能申请退税，只能用于以后抵扣销项税额，且留抵期限不能超过三年。

8. 征管与合规性要求

增值税按月申报，截止日期为每月 15 日之前。逾期申报则，每月需支付 2% 的延期利息，并且还需要缴纳纳税人应支付或申报税费的 10% 罚金，且至少为 10 万几内亚法郎。如果在收到通知信后的 10 天期限之内，依然没有进行申报，那么，上述处罚标准将提高到 50%。

（三）个人所得税

1. 征收原则

除有关双重征税的国际公约规定外，在几内亚拥有纳税居所的自然人，无论其属于哪国国籍，均应对其在几内亚境内和境外的全部收入征收所得税；对于在几内亚境外拥有纳税居所的自然人，将按照其在几内亚境内的收入征收所得税。月收入不超过 100 万几内亚法郎，免除征收个税。

2. 申报主体

如果除工资薪金及各种补贴外，纳税人还有其他应税收入，则纳税人应该对全部收入进行年度申报，在次年的 4 月 30 日前完成；如果只有工资薪金及各种补贴收入，则由企业进行代扣代缴，并于每月 15 日前完成上月的申报缴纳。

3. 应纳税所得额

《税法通则（Code General des Impots）》对个人下列收入征收个人所得税：财产收入；工业、商业及手工艺收入；工资薪金及各种补贴；非商业性收入；动产不动产收入；资本性收入；农业收入；捐赠及版权收入；专利或商标收入；种植和养殖业收入。

4. 扣除与减免

未达到个人所得税起征点和各国使馆人员免征个人所得税。个人收入分项计算确定，工资总额 5% 以内的社会保险金，薪酬项目中符合免征条件的特殊补助（伙食补助、住房补助、交通补助等）可以在税前进行扣除。

5. 累进税率

几内亚的个人所得税实行超额累进税率具体如表 1-2-1：

表1-2-1　几内亚个人所得税纳税标准

序号	月收入（几内亚法郎）	税率
1	1000000 以内	0
2	1000001~5000000	5%
3	5000001~10000000	10%
4	10000001 以上部分	15%

数据来源：几内亚财政法变更第 2017/0059 号规定。

6. 征管与合规性要求

对于未能按照要求在规定期限内进行申报的纳税人，罚款额至少增加 10%，最低限额为 1 万几内亚法郎；对于应税务管理部门要求调整财务状况且未能在 15 日期限内提起诉讼的纳税人，将采取强制纳税；罚款额增至 50%，且最低限额为 10 万几内亚法郎。

（四）关税

1. 关税体系和构成

《几内亚共和国海关法》规定，几内亚的关税具体构成如表 1-2-2：

表1-2-2　几内亚关税具体构成

编号	简写	关税（中文翻译）	税率
1	DD	关税	0~25%
2	RTL	进口环节税	2%
3	PC	共同体征税	0.5%
4	CA	附加税	0.25%
5	AC	消费税	5%~45%
6	TDP	保护税	10%~15%
7	TCI	进口调节税	依国际行情确定

数据来源：中华人民共和国驻几内亚共和国大使馆经济商务参赞处《几内亚将实施新关税》。

2. 税率

海关关税针对共同体与外部国家之间的商品或服务的进出口，实行落地申报。关税税率如表 1-2-3 所示：

表1-2-3　关税税率

税种	税率	适用范围	征税基础	特殊情况
关税	0%	社会服务的基本产品（药品，图书和报刊），农业、畜牧业和渔业物资	进口物品商检价格	1. 在采矿阶段，采矿公司受采矿规则或特殊协议的约束，税率为5.6% 2. 获得投资代码优势的授权公司，税率为6%
	5%	基本的必需品，原材料，设备物资		
	10%	半成品和工业投入物资		
	20%	其他物资		

数据来源：中华人民共和国驻几内亚共和国大使馆经济商务参赞处《几内亚将实施新关税》。

3. 关税免税

为支撑某个行业或者是招商引资的需要，财政部会单独针对某个行业或者某个企业出具免税文件，免税范围和优惠范围根据免税协议确定。免税的项目仍需缴纳 2% 的进口关税"。工程类项目免税范围一般为建设该项目所需进口物资、机械设备，主要包括钢筋、水泥、沥青、车辆、机械设备等大宗设备物资材料。免税期限为项目合同上规定的施工期限，如遇工程延期需要向海关提供由业主出具的延期证明并办理延期免税文件。但生活物资、豪华车辆不在免税范畴之内。

4. 设备出售、报废及再出口的规定

企业向项目所在地海关监管机构申请鉴定所需出售的车辆、机械和设备，由监管机构鉴定残值后出具书面文件；按残值补缴全额关税并取得结关单后可出售。免税到期后，如果没有后续免税项目，需按鉴定残值补缴关税，企业可自行处理设备；如果转入其他免税项目，需要办理转移登记手续；如果项目结束后设备转场到其他国家，需取得海关监督管理机构的同意，按照核定的残值缴纳一定的关税。

（五）企业须缴纳的其他税种

1. 不动产收益税

不动产收益税，是指对于几内亚国土上已建或未建的不动产征收年税，又被称为单一土地税 CFU。税基为每年年初租赁双方约定不动产的租金，其中，租金是业主在正常情况下租用房屋时收取的价格，或者是未租赁时如按租赁可以收取的价格。单一土地税税率规定如下：业主占用的建筑物年租金的 10%，或者出租房屋年租金的 15%，缴纳期限不得迟于每年 6 月 30 日。

2. 印花税

按照几内亚税法规定，在需要登记的资料上面张贴印花税票时，需要缴纳印花税。根据情况不同，可以使用印花税票、签证或者印花税收据的方式支付印花税。税率分为固定税率和比例税率两种。

表1-2-4　印花税目表

序号	分类	税率
1	提单	固定 1 万几内亚法郎
2	半页和正常纸张	固定 250 几内亚法郎 / 页
3	衍生合同	根据金额 0.1%~1%
4	票据	1%
5	普通纸张	固定 1000 几内亚法郎 / 页
6	广告牌	固定 3000 几内亚法郎

数据来源：几内亚《税法通则（Code General des Impots）》第 599 条规定。

3. 公司特别税

公司特别税，又被称为公司最低固定税。《税法通则（Code General des Impots）》规定，不论经营业绩如何，缴纳公司税的公司和其他法人实体应按照上一年度的营业额，缴纳 3% 的最低固定税。在任何情况下，从事工业和商业经营活动的公司最低固定税金额不得低于 1500 万几内亚法郎且不得超过 6000 万几内亚法郎。但是，以下公司免除缴纳公司最低固定税：根据第 221 条规定，全部或部分业务免征公司税的公司和法人；新成立的公司在其经营的第一个日历年期间（法人转型情况除外）；投资法规定范围内的在公司税免税期内的公司和其他法人；在纳税年度 1 月 1 日前停止所有经营活动且上一年度纳税单中无需缴税的公司。企业应当于每年 1 月 15 日之前完成申报并缴纳。

4. 工资统一税

工资统一税，对应几内亚的工资包干税（VF）和学徒税（TA）。工资包干税的税率是支付给全体员工的薪酬、工资、津贴或薪水总额的 6%，学徒税的税率是 3%。企业必须自觉地计算上个会计年度到期欠付的税额，并在 4 月 30 日前进行申报并缴纳税款，付款同时提交一份申报单，格式由税务局规定。

5. 营业税

营业许可税，即营业税。几内亚《税法通则（Code General des Impots）》规定，在几内亚境内从事工业，以及未明确包括在单一职业税范围内的职业和本通则规定的免税情况外的任何人员，均需缴纳营业税。

营业税的税率根据业务性质的不同，可分为固定税率和比例税率。在同一机构内从事多种商业、工业或职业的营业税纳税人，仅需缴纳固定金额的营业税。固定税率根据行业的不同，最高可至 500 万几内亚法郎；对于办公、商店、店铺、厂房、车间、仓库、棚、堆场、库场、码头和从事应税职业所使用的其他场所和用房的租金价值，包括除住房或居住用房外的缴纳单一地产税的各种性质设施的租金价值，按比例税率征收营业税，税率有 15% 和 10% 两种。

6. 特别消费税

主要针对奢侈品如烟、酒、首饰、旅行车辆等征收 5%~45% 的消费税，在商品报关进口或流通时征收。

7. 保险合同税

税基为保险人享有的总额，以及其从被保险人处直接或者间接取得的其他收益，并扣掉赔偿金额的余额。根据保险业务的不同，保险合同税分为 5%、8%、12% 和 20% 四挡。由保险人或者其代表向其总部、分公司、分行或者代表所在地的税务机关支付，且需在每月下旬 15 天内完成。

（六）社会保障金

1. 缴纳原则

应缴纳的社会保险金的计算基础为月度员工薪酬的 23%（其中员工承担 5%，企业承担 18%），需要在每月 15 号前完成申报并缴纳。

2. 外国人缴纳社保规定

外国人在几内亚工作需要缴纳社会保险金，目前，中国政府和几内亚政府未签订社保互免协议，中方人员在几内亚缴纳的社保金在离开几内亚时无法申请退还。

第三节 外汇政策

一、基本情况

几内亚外汇管理机构为几内亚中央银行 BCRG，央行主要职能是负责几内亚货币的发行、流通和保值；监管银行和金融机构；执行国家金融政策，控制通货膨胀；管理外汇市场，实现汇率自由化，管理国家外汇和黄金储备等。几内亚独立发行本国货币几内亚法郎（简称几郎），可自由兑换（浮动汇率）。

几内亚实行外汇登记制度，外汇管理制度相对比较严格。外汇汇入条件较为宽松，所受的限制较少。而进口用汇所受的监管较严，需要按照如下流程执行：第一，向中央银行提出申请，填报进口说明书，包括进口商品的性质、价值、结算程序、通关等情况；第二，中央银行提出意见并批复；第三，根据央行批复，向当地商业银行提出购汇申请，并存入相当于进口总值的几郎保证金（按央行汇率折算）；第四，银行向中央银行通过竞价，获得外汇，并卖给进口商。

资本项下和个人用汇方面则实行外汇管理制度，管理更为严格，每笔外汇支付需经外汇管理部门层层审查。

近年来，几内亚财政状况不断改善，几郎汇率平稳。2017 年年底，几内亚外汇储备为 4.33 亿美元。近六年美元兑几内亚法郎汇率走势如图 1-3-1 所示：

二、居民及非居民企业经常项目外汇管理规定

（一）货物贸易外汇管理

几内亚外汇业务需要央行许可，材料及设备物资采购款汇出需要提供采购的相关发票，并在代理人处填写一式四份的进口说明书（DDI），说明进口商品的性质、结算程序、过关等情况；经中央银行审批后才能予以支付，但此时央行并不保证提供外汇；除非企业自身账户有足够的外汇，否

几内亚法郎

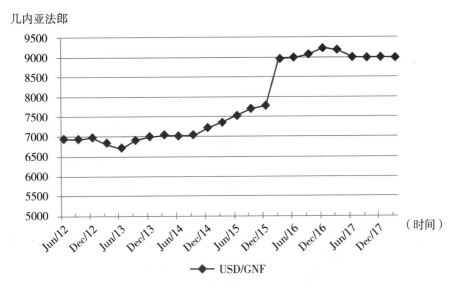

图 1-3-1 近六年美元兑几内亚法郎汇率

则还需要提交购汇申请并交纳保证金，由开户的商业银行向央行申请兑换。几内亚针对外币资金的汇入，目前无政策方面的限制。通过银行账户支付外汇工资，需要提供员工的劳动合同。

（二）服务贸易外汇管理

几内亚对服务贸易汇出的管理相对较为宽松，仅需要提供相关的服务费发票即可，无需填写进口说明书，经中央银行审批后支付。

（三）跨境债权债务外汇规定

企业由于对外汇款需要购汇时，主要有以下几个流程：

第一，填写进口说明书（DDI）。

第二，中央银行审阅进口说明书，批准进口付款。

第三，企业向银行提交购汇申请，申请币种自选，但数额须按当地币比价用美元表示，申请总额不得低于 10000 美元。

第四，企业用当地币设立保证金，其金额相当于汇款总额。

第五，商业银行汇集所有外汇要约交给中央银行，并从央行兑换外汇；外汇金额将在当地币保证金支付之日算起 5 个工作日内付出。

（四）外币现钞相关管理规定

各商业银行可根据自身内部管理需要，自主出具相关管理办法。例如大额几内亚法郎取现，通常要提前预约。

三、居民企业和非居民企业资本项目外汇管理

目前，涉及资本项下的外汇在投资条款中明确可以自由汇出，汇款时，银行根据外汇管理局要求提供投资合同和相关证明文件办理支付。

几内亚的大型企业主要为外资控股企业，自身跨境对外投资比例较少。涉及在几内亚企业对外投资，需要签订投资协议，明确被投资企业的股权比率、公司成立决议或增资决议，公司业务性质等解释文件，经央行批准后方可购汇对外投资。

企业开立外汇账户，需要先向拟开户的商业银行申请，由商业银行向央行申请并批复同意后，才能予以开立，一般周期在一个月左右。

四、个人外汇管理规定

个人外汇的管理分为居民和非居民。

居民入境时，需要填写一式两份的申报表，申报携带的外汇金额。表格由海关每月交存中央银行外汇兑换管理处；居民需在入境后 15 天内将其携带的外汇转卖给代理人或存入其获准开立的外汇账户中。居民出境时，携带现金最多不得超过 5000 美元。

非居民入境时，可自由携入外汇，但仍需要填写申报表。出境时，携带现金最多也不得超过 5000 美元，且不得超过其入境时申报的数额。因上述限制而未能携带出境的外汇，经中央银行批准后可以转汇出国。

第四节　会计政策

一、会计管理制度

（一）财税监管机构情况

在几内亚注册的企业如果有经济业务发生，均需按照《非洲统一商法》

（SYSCOHADA）中的《会计统一法》体系要求建立会计制度进行会计核算。税务总局是经济财政部下属机构，在几内亚各区设置了相应的分支机构，纳税过程由几内亚财政税务总局进行监督、管理。财政税务总局下设纳税人专管员，由专管员指导协助纳税人纳税，调解税务纠纷。各企业需要按照统一格式上报会计和税务资料。

（二）事务所审计

根据几内亚法律，有限责任公司在本会计年度结束时，如果满足以下两个条件，则需要接受外部会计师事务所审计：一是资产负债表中年营业额超过1.25亿几郎；二是超过50名的长期工作人员。

股份有限公司则无论规模大小，均需要聘请至少1名长期审计员，并接受外部审计。

税务局在稽查时，会对企业是否进行外部审计予以关注。

（三）对外报送内容及要求

（1）企业报送的会计报告中主要包含：①企业基本信息：行业分类、经营范围、股东情况、公司地址、银行账户信息、税务登记号等。②企业经营情况表：资产负债表、利润表。③披露信息：费用类、资产类、历年营业额（五年内）、权益变动。④关联交易中，采购定价相关的证明材料及交易申明。

（2）上报时间要求：会计报告须按公历年度编制，于次年的4月30日前完成。

二、财务会计准则基本情况

（一）适用的当地准则名称与财务报告编制基础

几内亚采用SYSCOHADA的会计准则，《会计统一法》中规定了会计处理的具体核算方法，包括会计科目分类规则（共九类）及其核算具体内容，同时也规定了借贷记账规则。

几内亚的会计核算制度与税法联系紧密，在会计核算中会充分考虑税法规定，所以纳税申报时对会计报表纳税调整项较少，与税务政策趋于一致。会计核算按照《会计统一法》处理，实务处理时可以参照一些财税部门公布的以前会计处理惯例。在纳税申报时，对与税法不一致的事项进行必要纳税调整，并以调整后的税务报表作为报税依据。

（二）会计准则使用范围

所有在几内亚注册企业均需要按照会计准则进行会计核算并编制报表。在实际执行过程中，大中型企业所涉及到会计工作规范更为严格。

三、会计制度基本规范

（一）会计年度

《会计统一法》规定，公司会计年度与历法年度一致，即公历年度1月1日—12月31日为会计年度。对于上半年新成立的公司，当年会计年度可以小于12个月；下半年成立的公司，当年会计年度可以大于12个月。

（二）记账本位币

《会计统一法》规定，企业会计系统必须采用所在国的官方语言和法定货币单位进行会计核算。几内亚采用几内亚法郎作为记账本位币，货币简称 GNF。

（三）记账基础和计量属性

《会计统一法》第17条规定，企业以权责发生制为记账基础，以复式记账为记账方法。

《会计统一法》第35条规定，企业以历史成本基础计量属性，在某些情况下允许重估价值计量（第62~65条）。

《会计统一法》规定，会计计量假设条件，其一般原则有：谨慎、公允、透明（第6条）、会计分期（第7条）、持续经营（第39条）、真实性、一贯性、可比性（第8条）、清晰性（第9条）。

四、主要会计要素核算要求及重点关注的会计核算

（一）现金及现金等价物

会计科目第五类记录现金、银行存款及现金等价物。会计科目（57）核算现金，会计科目（52）核算银行存款。

资产负债表（BILAN）中列示的现金，是指库存现金及可随时用于支付的银行存款，现金等价物是指持有的期限短（从购买日3个月以内到期）、流动性强、易于转换为已知金额现金及价值变动风险很小的投资。主要涉

及的资产有现金、银行存款。

现金流量表（TAFIRE）中列示的现金及现金等价物和 IFRS 准则中概念一致。

（二）应收款项

会计科目第四类记录应收、应付款项。《会计统一法》规定：应收款项科目记录应收账款的初始计量按初始价值计量确认，同时规定了坏账准备、折扣、可回收包装物的会计处理。

《会计统一法》第 42 条规定，年末应收款项需要按公允价值计量确认。

（三）存货

《会计统一法》第 39 条规定，存货初始计量以历史成本计量确认，包括买价以及必要合理的支出。存货的初始核算：存货的采购成本不包含采购过程中发生的可收回的税金。不同存货的成本构成内容不同，通过采购而取得的存货，其初始成本由使该存货达到可使用状态之前所发生的所有成本构成（采购价格和相关采购费用）；通过进一步加工而取得的存货，其初始成本由采购成本、加工成本，以及使存货达到目前场所和状态所发生的其它成本构成。《会计统一法》存货由全部商品、原材料和有关的供应品、半成品、产成品以及在盘点日企业拥有所有权的物资组成。具体分类如下：31 商品、32 原材料、33 其他储备品、34 再成品、35 在建工程、36 产成品、37 半产品、38 在途物资、39 存货减值。

《会计统一法》第 44 条规定：存货出库可以采用先进先出法和平均法（移动平均或加权平均）。企业应根据存货的性质和使用特点选择适合的方法进行存货的出库核算。确定存货的期末库存可以通过永续盘点和实地盘点两种方式进行。

《会计统一法》第 43 条规定，存货期末计量以初始成本与可变现净值孰低法，若成本高于可变现净值时，应根据存货的可变现净值与账面价值的差额计提存货跌价准备并计入会计科目（39 存货减值）作为存货的备抵项。

施工企业存货分两种情况，第一，在工程账单确认收入方法下，期末采用永续盘点法确认未出库（32 原材料）和已领用未办理结算（35 在建工程）金额。第二，在建造合同法确认收入情况下，期末采用永续盘点法确认未出库原材料,并用"工程结算和工程施工"差额确认在建工程。

（四）长期股权投资

《会计统一法》中定义了长期股权投资是投资企业为了与被投资企业建立长期关系或为了自身的经营和发展而持有的被投资企业权益10%以上的投资。

会计科目（26）长期股权投资下设四个明细科目,分别核算控制、共同控制、重大影响、其他四种情况的投资。按会计法规的解释:控制是直接或直接持有被投资单位40%以上的表决权,且没有其他持有者通过直接或间接持有被投资单位超过40%;共同控制是由有限的股东共同持有被投资单位的股权,共同决定被投资企业的决策;当直接或间接持有被投资单位有表决权股权的20%以上时,视为有重大影响。初始计量按投资成本计量确认,期末计量按《会计统一法》第43条以成本与可变现净值孰低法确认期末价值;处置长期股权投资时,其成本通过账户81—处置非流动资产的账面价值结转。不属于长期股权投资的其他投资通过账户50—短期投资核算。

（五）固定资产

《会计统一法》第45条规定,固定资产初始计量以历史成本计量确认,企业应在其预计使用期限内对固定资产计提折旧。

《会计统一法》第42条规定,固定资产期末计量按可回收价值计量,如果发生减值,计入减值准备。

几内亚税法规定,企业可以使用不同的折旧方法在整个使用年限内持续分摊固定资产的可折旧金额。折旧方法包括:直线法,在资产的使用寿命内平均地计提折旧;加速折旧法,随着资产剩余使用年限的减少导致折旧费用下降,包含余额递减法或年数总和法;工作量法,包括生产零件的数量、运行小时数、行驶的公里数、工作小时数等计量标准,即折旧费用的金额与资产的使用强度有关。

需要注意的是,在余额递减法或年数总和法下,先计算折旧率,以递减运算对资产的折旧进行分摊。

（六）无形资产

《会计统一法》中没有单独对无形资产的确认和计量规范,但与固定资产一样适用确认计量的一般规范。具体是：无形资产初始计量以历史成本，企业应在其预计使用期限内对资产计提摊销（第45条）。无形资产期末计量按可回收价值计量，如果发生减值，计入减值准备（第42条）。

（七）职工薪酬

《会计统一法》中四类科目核算职工薪酬，包括所有支付给职工的各类报酬。主要包括以下人员的薪酬费用：行政管理人员、普通员工、临时性雇佣员工、职工代表，以及提供服务的企业合伙人。确认和计量方法与中国会计准则的职工薪酬类似。

（八）收入

《会计统一法》中，会计科目（70）核算企业日常经营活动中取得的收入，核算企业对第三方销售货物、提供服务或劳务取得的经济权利。收入计量按净价计量确认（不包括销售代收的税金和在发票上注明的折扣，但现金折扣例外。）在当期经营活动中形成的、能基本确定金额且很可能有流入企业的经济利益，企业必须确认为当期收入。

对于房建和工程建筑企业，企业收入可以采用工程帐单法或者建造合同法确认。

（九）政府补助

政府补助包括三类（前两类也包括第三方补助）：投资性补助、经营性补助和平衡性补贴。

《会计统一法》中，会计科目（71）用于核算经营性补助收入，核算方法类似中国会计准则《政府补助》中与收益相关的政府补助。经营性补助是由政府、公共机构或第三方为了弥补企业产品的售价或其经营费用而给予的补助，既不是捐赠也不是投资性补助。经营性补助分为进口产品补助、出口产品补助。债权人放弃债务权利也视同经营性补助计入本科目，年末本科目结转至本年利润。

投资性补助类似于中国会计准则《政府补助》中与资产相关的政府补助，是企业取得的为了购置、建造长期资产或为了提供长期服务而取得的补助。会计科目（14）用于核算投资性补助收入。取得时计入会计科目（14）和相关资产；年末结转会计科目（14）中当年分配的收益部分至会计科目（865），计入本年收益；处置相关资产时将会计科目（14）尚未分配的余额计入会计科目（865）。

平衡性补贴是政府对企业特别事项的补贴，相当于营业外收入，直接通过会计科目（88）"营业外收入"，并在期末结转到本年利润。

（十）借款费用

借款费用是指企业因借款而发生的利息及其相关成本。借款费用包括借款利息、折价或者溢价的摊销、辅助费用，以及因外币借款而发生的汇兑差额等。

（十一）外币业务

外币交易时，应在初始确认时采用交易发生日的即期汇率折算为记账本位币金额，当汇率变化不大时，也可以采用当期平均汇率或者期初汇率核算。

于资产负债表日，外币货币性项目采用资产负债表日的，即期汇率折算为外币所产生的折算差额，除了为购建或生产符合资本化条件的资产而借入的外币借款产生的汇兑差额按资本化的原则处理外，其他类折算差额直接计入当期损益。以公允价值计量的外币非货币性项目采用公允价值确定日的，即期汇率折算为本币所产生的折算差额作为公允价值变动直接计入当期损益。

于资产负债表日，以历史成本计量的外币非货币性项目，除涉及计提资产减值外，仍采用交易发生日的即期汇率折算，不改变其记账本位币金额。流动性较强的科目、有合同约定的科目应采用外币核算，包括：（1）买入或者卖出以外币计价的商品或者劳务；（2）借入或者借出外币资金；（3）其他以外币计价或者结算的交易。

（十二）所得税

所得税采用应付税款法，不区分时间性差异和永久性差异，不确认递延所得税资产和负债，当期所得税费用等于当期应交所得税。本期税前会计利润按照税法的规定调整为应纳税所得额（或由税务局核定的应纳税所得额），与现行税率的乘积就是当期在利润表中列示的所得税费用。会计科目（89）核算所得税，分为当期所得税费用和以前年度所得税费用调整，年末余额结转至本年利润。

五、其他

《会计统一法》中没有单独企业合并准则，但《会计统一法》第 5 章《合并财务报表》明确该体系接受两种国际标准：

一是国际会计准则理事会批准的标准，即 IASC[①] 发布的 IAS[②]，其中IAS22 企业合并已经被后来 IASB 发布的 IFRS3 取代，但由于会计法并没有修订，没有明确是否自动适用 IFRS3。

二是欧洲标准（欧洲共同体理事会第 7 号指令），然而后来欧盟也规定2005 年起上市公司执行 IFRS3。

本章资料来源：

◎《几内亚税法通则》
◎《几内亚投资指南》
◎《几内亚投资法》

---

① IASC：国际会计准则委员会
② IAS：国际会计准则

第二章　加纳税收外汇会计政策

第一节 投资环境基本情况

一、国家简介

加纳共和国（The Republic of Ghana），简称加纳，位于非洲西部、几内亚湾北岸，西邻科特迪瓦，北接布基纳法索，东毗多哥，南濒大西洋，海岸线长约 562 公里。属热带气候。位于格林尼治零时区，比北京时间晚 8 小时。面积 23.85 万平方公里，划分有 10 个省 254 个县，首都为阿克拉市（Accra）。总人口 2880 万（2017 年），年轻劳动力资源丰富。官方语言为英语。法定货币为加纳塞地（GHS）。现行宪法于 1992 年通过，总统和议会由全国民主选举，任期 4 年，现任总统为新爱国党（NPP）的纳纳·阿库福·阿多（2017 年 1 月宣誓就职），加纳政局稳定，是非洲宪政民主的样板。

二、经济情况

农业是加纳经济的基础产业，可可为主要经济作物，产量位居世界第二，是加纳的主要创汇收入来源。黄金、油气、铝土等产业为其主要的经济支柱，支撑着加纳经济的快速发展。按世界银行标准，加纳于 2010 年从低收入国家进入中等偏低收入国家行列。2017 年，GDP 约 473.3 亿美元，增长率 8.5%，世界排名第 84 位。2018 年 6 月，加纳居民消费价格指数（CPI）为 220.4，通胀指数为 10%，贷款利率约为 17%。[①]2017 年，新政府上台后将促进经济复苏作为第一执政要务，大力推进经济转型和工业化进程，"一县一厂""一村一坝""为了粮食和就业而种植"等经济发展旗舰项目相继落地，同时，出台大规模减税和刺激就业政策，改善营商环境，吸引国内外投资，力图将加纳打造成西非经济和金融枢纽。但加纳政府的财

---

① 数据来源：世界银行官网和全球经济指标数据网。

政支付能力较差，2017 年加纳全年财政收入约为 431 亿塞地（按 2017 年底美元兑塞地汇率折算约为 92 亿美元），2017 年债务总额约 328 亿美元，占 GDP 的 69.2%。[①]

三、外国投资相关法律

投资合作经营有关的法律法规主要有：《公司法》（1963 年 179 号法案）、《加纳投资促进中心法》（1994 年 865 号法案）、《环境保护署法》（1994 年 490 法案）、《自贸区法》（2002 修订版 618 号法案）、《矿产和采矿法》（2006 年 703 号法案）、《外汇法》（2006 年 723 号法案）、《劳工法》（2003 年 651 号法案）、《移民法》（2000 年 573 号法案）等。

《加纳投资促进中心法》规定，所有外资参与的企业都需要进行注册登记，GIPC 注册证书每 2 年更新。但小型零售、美容美发、出租车、赌场和彩票等行业仅允许加纳公民从事，外资不得进入。其中，外国投资与加纳人设立合资企业的最低投资金额为 20 万美元，且加纳人占股不得低于 10%；外国独资企业的最低投资金额不得低于 50 万美元；外国贸易企业的最低投资金额不得低于 100 万美元，且贸易型企业至少要聘用 20 名当地技工。外资企业可根据投资额获得相应外籍员工聘用配额。加纳鼓励外资进入的行业包括信息产业、采矿业、石油等能源领域、基础设施建设、农业及农产品加工业、旅游业、服务业、房地产开发业、渔业、废品处理、国有企业的私有化等。

加纳《劳工法》第 12 条规定，雇佣劳务在 6 个月（包括 1 年内累计达到 6 个月）以上者必须签订劳动合同；第 10 部分（Part X）规定短期劳务关系不必签订劳工合同，但必须明确最低工资、日工作时间、带薪节假日、夜间工作及因病休假等。工会一般会代表工人要求和企业签订"集体合同"，相当于企业对所有已加入工会工人的聘用合同。大部分加纳人信仰基督教，也有部分人信仰穆斯林，用工安排时应考虑到宗教礼拜、禁忌、假日等因素。

加纳宪法承认传统土地和私有土地的合法性，但不允许保有的土地自

---

① 数据来源：加纳财政部官网。

由转让，因此，严格意义上来说加纳不存在土地所有权转移问题。外国投资者可以以租赁的方式获得土地使用权，租期最长为 50 年，期满可续约；加纳人和在加纳注册的公司可签订长达 99 年的租约。

入境加纳需持有有效护照和有效签证，有效签证包括工作签证、居留签证、往返签证、紧急入境签证、加纳驻中国大使馆签发的入境签证。外国公司按规定应为聘用的外国人向加纳移民局申请办理工作签证（Work Permit）和居留签证（Residence Permit），否则将被加纳移民局视为非法工作，或面临拘留。

加纳环境保护署（EPA）依据《环境保护署法》成立，主管环保事务，在加纳承揽工程项目一般需要进行环境评估，并获得环境保护署颁发认证的 EPA 证书，按规定环境评估应由业主负责，考虑到费用和效率，一般由推动项目的企业承担，评估机构由业主指定或熟悉的机构完成。

四、其他

加纳实行贸易自由化政策，其对外贸易在国民经济中占重要地位。主要的外汇收入来自黄金、可可和原油。主要贸易伙伴为中国、南非、尼日利亚、美国、印度、英国等。2016 年外贸进出口总额约为 290 亿美元，出口额约 165 亿美元（排名世界第 71 位），进口额约 125 亿美元。 加纳的双边援助主要来自日本、美国、德国、英国、法国等国家，多边援助主要来自世界银行、欧盟及国际货币基金组织等。加纳是非盟前身非统组织和不结盟运动的创始国之一，也是成立于 1975 年 7 月的西非国家经济共同体（ECOWAS）的重要成员之一，努力维护次区域和平与稳定，推动西非区域一体化进程。

加纳的经济发展迫切需要增加对基础设施的投入，人们对住房改善的需求也意味着房地产市场前景广阔。据统计 2017 年加纳建筑业产值约为 31.73 亿加纳塞地。加纳当地工程承包项目大体上可以分为政府项目和私人项目两种，《公共采购法》（2003 年 663 号法案）规定政府项目包括国内投标、国际招标以及议标等项目。在加纳财政紧张和议会限制外债的情况下，传统的招投标项目不断减少，加纳政府目前主推的是 BOT 或 PPP 形式的大型基础设施建设融资项目，BOT 特许经营年限一般为 30 年，但也面临着加纳民众消费和支付能力有限以及长期收益类项目当地币现金流的汇率贬值风险等困难。

第二节　税收政策

一、税法体系

加纳税法体系以《所得税法》(2015 年 896 号法案)、《所得税征管条例》(2016 年 2244 号法规)、《增值税法》(2017 年修订版 948 号法案)、《增值税征管条例》(2016 年 2243 号法规)、《海关法》(2015 年 891 号法案)、《消费税票法》(2013 年 873 号法案)、《税收征管法》(2016 年 915 号法案)、《加纳税收总局法》(2009 年 791 号法案)为主。

加纳于 1968 年加入世界海关组织(WCO), 1995 年加入世界贸易组织(WTO), 2013 年 5 月加入《多边税收征管互助公约》, 2016 年开始实行西非共同体统一对外关税(ECOWAS CET), 2018 年 3 月 21 日签署非洲大陆自由贸易区协议。截至 2018 年 2 月, 加纳分别与英国、德国、法国、意大利、南非、比利时、荷兰、瑞士、捷克、丹麦、毛里求斯、新加坡、爱尔兰 13 个国家签订了避免双重征税协定, 目前尚未和中国签订相关的税收协定。

二、税收征管

(一)征管情况介绍

2009 年颁布的《加纳税收总局法》第 1 条规定, 将负责征收进出口关税和消费税的海关(CEPS), 负责征收各种直接税如收入所得税及印花税等的国内税务局(IRA), 及负责征收增值税的增值税税务局(VAT)合并成立新的加纳税收总局(Ghana Revenue Authority), 统一负责征收加纳国内的税务收入及非税收入等。目前, 加纳已开始启用税收综合处理系统(Total Revenue Integrated Processing System , 简称 TRIPS), 该系统类似于我国的

"金税三期"，包括注册、申报、自动合规、缴款、纳税人会计、税收会计、退税、风险管理、案件管理、审计、异议和上诉等税务管理职能，并能与加纳注册局、国家身份证局、司机车辆牌照管理局、海关、国库等部门的系统联网，做到实时交换数据信息，进一步提升了税务局税收征管效率，同时也意味着承包企业税务风险的增加。

（二）税务查账追溯期

《税收征管法》第 27 条规定，纳税人应保留好收据、发票、凭证、合同以及电子记录等，期限不少于六年。《所得税法》附录 7 第 31 条规定，总局局长核定账目追溯税款的权力将自获得该权力起六年后失效。

（三）税务争议解决机制

加纳税务争议解决机制主要有以下三种方式：

复议解决。《税收征管法》第 42 条规定，纳税人如果对总局局长核定的征缴税款有异议，可在收到税款催缴通知单 30 天内正式向总局局长行文申请复议。《税收征管法》第 43 条规定，若在提出复议后的 60 天内未能得到总局局长答复，纳税人可视同总局局长否决该复议。

诉讼解决。《所得税法》附录 7 第 22 条规定，若不服总局局长对复议的处理决定，纳税人可在收到该函件的 30 天或 3 个月内向高等法院提出诉讼。《所得税法》附录 7 第 23 条规定，若不服高等法院的判决，则争议双方可在判决书送达的 30 天之内向上级法院或最高法院提出上诉。但诉讼耗时长、耗费高，并可能激化纳税人与税务局之间的矛盾。

替代性解决。根据《替代性争议解决法》（2010 年 798 号法案）第 135 条规定，替代性争议解决包括协商、调解、仲裁。实务中常用的解决办法是承包企业直接与主管税务局沟通协商解决，可不通过上级税务机关和司法机关，减轻双方的矛盾，缩短解决时间，但却没有法律依据，法律效力最低，不确定因素较多，且涉及咨询费用。

三、主要税种介绍

（一）企业所得税

1. 征税原则

企业所得税法引入居民企业概念。《所得税法》第 101 条规定，居民企业是指依照加纳法律成立的或者依照外国法律成立但实际管理机构设在加纳的企业，征税对象为企业在加纳境内和境外包括劳务、经营和投资的综合所得。非居民企业是指依照外国（地区）法律成立且实际管理机构不在加纳境内，但在加纳境内设立机构、场所，或者在加纳境内未设立机构、场所，但有来自加纳境内所得的企业，其征税对象仅限于来自加纳境内的所得。

2. 税率

《所得税法》附录1规定，加纳企业普遍适用的企业所得税税率是25%，采矿或油气开采行业的公司所得税税率为35%。

3. 税收优惠

《所得税法》附录6规定，家畜养殖、养牛、农产品加工、可可副产品加工，以及认证公司和共同基金等公司，自开业之日起免征所得税5年，废物处理企业自生产经营之日起免征所得税7年，木本作物种植、农村银行、风险资本公司、风险资本融资以及自贸区内公司等，自开业之日起免征所得税10年。

符合优惠条件的企业减按较低的税率征收，因产业、区位、企业及行业的不同而异。不同地区的制造型企业税率不同：阿克拉及特马为25%，省会城市为18.75%，省会城市以外其他地区为12.75%，酒店业为22%，非传统商品出口为8%，给农业企业的信贷为20%，给租赁公司的信贷为20%，超过10年免税期的自贸区内企业减按15%征收。

《所得税法》第7条规定了免税收入：不作为商业企业设立的公益组织的与其公益性质直接相关的收入，经由总局局长批准的可享受居民待遇的经营船舶或飞行器的非居民纳税人的收入，常设机构位于加纳境外的收入，可可树种植收入，经批准的信托计划或共同基金公司的利息、分红及其他收入。

4. 所得额的确定

《所得税法》第2条规定，应纳税所得额为纳税人在一年所获得的所有应税收入减除在该纳税期间依法允许减除的各种支出后的余额。《所得税法》第19条、第20条、第21条规定，企业应纳税所得额的计算，一般以权责发生制为原则，属于当期的收入和费用，不论款项是否收付，均作为当期的收入和费用；不属于当期的收入和费用，即使款项已经在当期收付，均不作为当期的收入和费用。对于个人雇佣或投资所得，一般采用收付实现制。

《所得税法》第17条规定，纳税人某一纳税年度发生亏损，准予用以后年度的应纳税所得弥补，一年弥补不足的，可以逐年连续弥补，其中从事油气开采、采矿、农业加工、旅游、信息通讯、种植、制造、风险资本融资以及能源等行业的公司，弥补期最长不得超过五年，除了从事上述行业的公司，其他行业的公司弥补期最长不得超过三年。

5. 反避税规则

（1）关联交易和转让定价。《所得税法》第31条以及《关于转让定价条例的实施细则》（2012年2188号法规）规定，总局局长有权无视或者撤销任何涉嫌偷逃税的关联交易，并采用独立交易原则调整核定税收，但受部分商品的可参照性差、销售条款多样性、市场区域或时间多变性等不利因素的制约，独立交易原则存在一定的执行困难。税务局可接受的转让定价办法包括但不限于：可比非受控价格法（CUP）、再销售价格法（RPM）、成本加成法（CPLM）、交易净利润法（TNMM）、利润分割法（PSM）和其他符合独立交易原则的方法。

（2）收入分割。《所得税法》第32条规定，对于试图通过分割或转移不同税率的所得，实现以较低税率缴税的行为，总局局长有权书面通知该纳税人调整或重新计算单个纳税人的应税所得，防止发生偷逃税。

（3）资本弱化。《所得税法》第33条规定，非金融机构居民主体，若其一半及以上的控制权被非居民企业单独或与当期关联债资比率超过3：1的联营公司持有，则在该期间内发生的超过规定标准的相关利息支出或外币兑换损失，不得在计算应纳税所得额时扣除。资本弱化条款不适用于居民金融机构。

（4）同期资料准备《关于转让定价条例的实施细则》（2012年2188号法规）第1.4节规定，纳税人应保存并提交符合独立交易原则的关联交易同期资料。具体包括企业所属集团的组织、法律、经营结构以及关联关系的年度变化情况，企业所属集团财务报表或最近期的年度报告，企业所属集团选用的转让定价方法，涉及的受控交易的性质和金额或对纳税人收入的影响情况，企业及其关联方在受控交易中执行的功能、承担的风险和使用的资产等相关信息以及相比前期的相关变化情况。

6. 征管与合规性要求

加纳《所得税法》第 121 条规定，企业所得税的缴纳一般采用"分次预缴、年度清算"的方式，每年分四次预缴企业所得税，应分别在第 3 个、第 6 个、第 9 个、第 12 个月的倒数第二天，按照自身上一年度的税务利润或者税务局核定的金额和适用的税率预缴，企业所得税汇算清缴截止时间一般为次年的 4 月 30 日。

对于故意不按规定保管税务资料的，处以当期应缴税款 75% 的罚款，其他情形则处以当期应缴税 75% 与 250 加纳塞地两者中较低者的罚款；对于未及时提交申报材料的，处以个人每日 2 加纳塞地的罚款，处以企业每日 4 加纳塞地的罚款，若超过 4 个月则起诉；对于未遵照税法以致少缴税超过 200 加纳塞地的，处以 2400~4800 加纳塞地的罚款，其他情形则处以 120~2400 加纳塞地的罚款；对于未按期缴税的，处以按未清缴税款计算的法定利率 125% 的罚息，并逐月复利；对于隐瞒申报的，处以按实际税负的 90% 与已缴纳税款的差额计算的法定利率 125% 的罚息，并逐月复利；对于提交错误或误导性报告的，若没有合理理由则处以未交税款 2 倍的罚款，若为知情或故意的则处以未交税款 3 倍的罚款、或 600~2400 加纳塞地的罚款或 6 个月至 1 年的监禁，其他情形则处以 600~2400 加纳塞地的罚款或 1~3 个月的监禁；对于妨碍税收征管的，处以 1200~12000 加纳塞地的罚款或 6 个月至 1 年的监禁。同时税务局有权扣押处置纳税人的动产、不动产等相关财产，以充抵税收欠款。

7. 分支机构利润税（Branch Profit Tax）

《所得税法》第 60 条规定，对于非居民纳税人在加纳设置常驻分支机构或办事处，在加纳经营并取得利润时，对于汇回的税后利润，应缴纳 8% 的分支机构利润税。

8. 预提所得税（Withholding Tax）

根据《所得税法》第八章第 2 节以及《预提所得税实施细则》（2016 年 1 号）规定，企业在因购买货物或劳务付款时，应作为扣缴义务人为税务局代扣，根据付款总额和规定税率计算的预提所得税，于次月 15 日前缴纳给税务局。在满足一定条件时，企业可向总局局长申请，若获得其签发的"预提所得税免代扣函"，则相应的货款或工程款将不被代扣代缴所得税，企业可全额收款。

根据附录 1 第 8 条规定，预提所得税税率如表 2-2-1 所示：

表2-2-1　预提所得税税率表

居民纳税人			非居民纳税人		
项目	税率	备注	项目	税率	备注
非个人挣得的利息收入	8%	非终结税	非居民性质不动产租金	15%	终结税
股息分红	8%	终结税	股息分红	8%	终结税
居民性质不动产租金	8%	终结税	分支机构税后利润汇回	8%	终结税
居民性质经理、基金受托人、董事会成员等津贴费用	20%	非终结税	管理、咨询、技术服务和背书费	20%	终结税
代言费	10%	终结税	特许权使用费、自然资源付款和租金	15%	终结税
特许权费	5%	终结税	非个人挣得的利息收入	8%	终结税
博彩业居民性质个人或机构佣金	7.5%	非终结税	短期保险费	15%	终结税
超过 2000 加纳塞地的商品销售	3%	非终结税	陆路、水路及空运收入	15%	终结税
超过 2000 加纳塞地的工作或工程	5%	非终结税	通信业收入	15%	终结税
超过 2000 加纳塞地的服务	7.5%	非终结税	销售商品或提供服务及工程在加纳产生的收入	20%	终结税
与石油合同有关的由当地分包商提供的工程或服务	15%	非终结税	彩票中奖奖金	5%	终结税
彩票中奖奖金超过个税起征点部分	5%	非终结税	与石油合同有关的由非居民分包商提供的工程或服务	15%	终结税

注：终结税（Final Tax）指该已被扣缴税费的相关收入将不再作为应纳税所得额的一部分计算。非终结税（Payment on Account）指被扣缴税费的相关收入仍将作为应纳税所得额的一部分计算。

（二）增值税

1. 征税原则

加纳《增值税法》第1条规定，增值税是对商品生产、流通、劳务服务中多个环节的新增价值或商品的附加值征收的一种流转税，体现按增值因素计税的原则。《增值税法》第2条规定，增值税征税主体为完全或部分在加纳境内销售货物或者提供服务以及进口货物及服务的纳税人。《增值税法》（2015年修正案904法案）第6条和第13条规定，增值税注册实行自愿与强制注册相结合的原则，对于过去连续12个月内或未来连续12个月营业额超过20万加纳塞地，或者过去3个月内营业额超过5万加纳塞地或预计连续的未来9个月内营业额超过20万加纳塞地的企业，按规定必须注册成为增值税纳税人，未满足起征点的可不注册。《增值税法》第12条规定，拥有多家公司的企业集团可向总局局长申请，经批准后注册登记为一个增值税纳税人单位。

2. 计税方式

从事商品批发和零售、不动产销售的纳税人采用简易计税方式，当期应纳增值税为当期销售额乘以对应的税率。其他企业采用一般的抵扣制计税方式，当期应纳增值税为当期销项税额减去当期进项税额的差额，且需开具有纳税人识别号的增值税发票。

3. 税率

《增值税法》（2017修正案948号法案）第3条规定，商品批发和零售企业使用3%的简易税率。《增值税法》（2015修正案890号法案）第3条规定，不动产销售采用简易税率5%，其他企业均为15%。与之一并征收还有2.5%的国家健康保险税，合计为17.5%。

4. 增值税减免

《增值税法》第35条、第37条及附录1规定了免税项目：初级农产品及水产品、牛羊等养殖业，与农业生产投入有关的播种施肥杀虫收割等，生产专用的渔船渔网等及进口相关的原材料，除瓶装水及包装水之外的供水业，民用报警救生设备的最大负荷供电，经教育部批准的教材、地图、音乐等发行，教育服务业，用于教育服务的实验及图书馆设备，医疗服务及相关器械供应，列在《商品分类和编码协调制度》（HS编码2012版）第

30 章的加纳零售药品，国内的航空、公路、铁路、水路客运服务（不包括货运及客车租赁），用于农业、兽医、渔业、园艺等的机械设备及其零部件，原油和碳氢化合物类产品，住宅用地（不包括房地产开发用地）、民用住宅、农业用地以及路桥等市政工程用地，金融服务业，残障用品，加纳邮政印发的邮票（不包括加急及集邮服务），食用盐，蚊帐等。

附录 2 规定了适用零税率的情形，报经总局局长批准的在本国未被适用的前提下直接出口的进口货物，按照租赁协议、租船合同或租船协议提供仅在出口国使用的商品销售，离开加纳领土并前往出口国的外国船只或外国飞机上的商店货物，财政部长规定的游客或类似人员的商品出口，给经营和采购均符合自贸区法案规定的开发商和企业的商品供应。与位于国外的土地或土地改良直接有关的服务，与位于国外的个人不动产直接相关的服务，提供在国外消费的服务，提供在国外使用的与知识产权有关的备案、起诉、授予、维护、转让、许可或执行等服务，与货物出口直接相关的航运和保险服务。

附录 3 还规定了如下增值税豁免项目，如英联邦或外国使领馆等官方用途的供应，加纳政府签订并经议会批准的直接用于国际组织或技术援助的供应，议会批准的紧急救援物资，原料进口制造商：作为加纳工业协会信誉良好成员、同时缴清前期税款以及相应罚息、罚金等并获经总局局长批准、且制造生产全部用于享受增值税豁免权受益人的原料进口商。

5. 销项税额

《增值税法》第 43 条、第 44 条规定，销项税额是指增值税纳税人销售货物或应税劳务，按照销售额和适用税率计算并向购买方收取的增值税税额。增值税实行价外税，其税基为销售货物或应税服务包括关税等在内全部价款，以及进口货物及应税服务包括关税、保险、运输费在内的全部价款。对于视同销售或非公允报价的，税务机关将根据独立交易原则采用市场公允价进行估价，核定征收增值税。

6. 进项税额抵扣

《增值税法》第 48 条规定可以抵扣进项增值税有：增值税专用发票上注明的增值税额，海关付款单据上注明的增值税额。第 45 条规定因应税供应终止，供应性质发生变化或根本性转变，因折扣或其他原因致使供应对价发生变化，商品、服务或配件退回的情况，导致发票上标注的销项税额计算错误的，纳税人可提交合规的税款贷记通知单以抵扣超额的相应的进项税。第46条规定对于未收回全部或部分对价的已开具增值税发票的应税供应，纳税人可在报经总局局长批准后核销相应坏账，并抵扣相应的进项税。

还规定了不允许抵扣的项目有：免税货物或服务、餐饮酒店等招待费用，俱乐部、协会会费或体育、社交及休闲费用，非商用机动车及相关配件的购买或进口等。《增值税法》第49条规定，兼营非增值税应税的，应分别核算应税销售额的可抵扣进项税和非增值税应税项目的营业额，对于应税销售额低于当期总营业额5%的纳税人，其进项增值税不得抵扣，若超过95%则可按全额抵扣；银行及其他金融机构的可抵扣进项增值税额的上限是应税活动中收到的销项税额，超过部分不得抵扣。

7. 征收方式

加纳税务局实行简易征收制、抵扣制以及委托代征（《增值税法〔2017年第2号修正案954号法案〕新增47A和48B条款规定》）三种方式，其中对于批发和零售业、不动产销售业采用简易征收制，按照3%和5%的征收率征收增值税，相关进项税额不得进行抵扣。对于一般纳税人则采用抵扣制或委托代征方式，增值税按进项和销项税额相抵后的余额缴纳，或由总局局长批准的委托代征机构直接代扣代缴17.5%中的7%给税务局，剩余10.5%付给销售方以用于抵扣进项增值税额。

8. 征管与合规性要求

《增值税法》第52条规定，增值税应按月申报，不论当期是否需要缴税，截止日期均为每月的最后一个工作日，逾期申报缴纳的，处以500加纳塞地的罚款以及每日10加纳塞地的滞纳金。《增值税法》第53条规定进口增值税在进口商品时缴纳，进口服务应在纳税期满后的21天内缴纳。《增值税法》第58条规定，未依法开具增值税发票或收据的，处以不超过100加纳塞地的罚款或不超过6个月的监禁或两者并处。《增值税法》第59条规定，偷逃税的将被处以不超过应交税款3倍的罚款或不超过5年的监禁或者两者并处。《增值税法》第60条规定，对于屡次违反税法的纳税人，总局局长有权在必要的时候，在取得法院命令的情况下，协同警察或军队查封、关闭其营业场所。

（三）个人所得税

1. 征税原则

加纳个税的征税原则为属地并属人原则。属地原则体现在对来源于加纳境内所得，要缴纳个人所得税，属人原则体现在就居民纳税人而言，征收其来自全球所得的个人所得税，但对于非居民而言，仅就其来源于加纳所得收税。《所得税法》第 101 条规定，凡一个纳税年度内在加纳居住满183 天以上者为居民纳税人。

2. 申报主体

《所得税法》第 114 条和《所得税征管条例》第 3 条规定，雇主应代扣代缴雇员所得的个税；第 12 条规定，雇主应在 4 月 30 日前填写年度扣缴税附表（Employer's Annual Tax Deduction Schedule），列明为每个雇员扣缴个人所得税的情况。实务中一般称之为即赚即付（Pay As You Earn，简称为PAYE），《所得税法》第 117 条规定，作为扣缴义务人的企业应于每月 15日前代扣代缴。

《所得税法》第 124 条规定，纳税人应在每个纳税年度结束后的 4 个月内对雇佣所得或经营所得，或投资所得等应纳税所得额进行申报清缴，但《所得税法》第 125 条规定，对于仅有雇佣所得且已被雇主扣缴个税的个人可不申报。《所得税法》第 115 条规定，对于居民纳税人来源于加纳的股息、中奖奖金、利息、租金、特许经营使用权费等所得按照一定的预扣税率实行源泉扣缴，其中，股息、利息、租金税率为 8%、中奖奖金为 5%、特许经营使用权费为 15%，而非居民纳税人的雇佣收入按 20% 的税率扣缴。《所得税法》第 116 条规定，对于支付给居民个人的津贴、佣金、劳务费等所得按照一定的预扣税率实行源泉扣减，税率一般为 10%。

3. 应纳税所得额

《所得税法》第 2 条规定，应纳税所得额为纳税人在一年所获得的包括雇佣、经营和投资在内的所有应税收入减除在该纳税期间依法允许减除的各种支出后的余额。《所得税法》第 4 条规定，雇佣收入包括薪水、工资、离职补偿、费用、佣金、小费、加班工资和奖金，包括生活津贴、房租、文娱和差旅等方面的津贴，住房、内部贷款等福利福利等相关收入。《所得税法》第 5 条规定，经营收入包括服务费，合伙收入、信托收入等。《所得税法》第 6 条规定，投资收入包括股息、利息、年金、租金、特许权使用费、中奖奖金、投资赠与等。

4. 扣除与减免

个人收入分项计算确定，其中，个人缴纳部分的社会保险金、住房贷款利息，以及在经营或投资过程中所花费的如利息费用、存货、租金、维修保养费、非资本性的研发支出、资本减免等必要费用支出可在税前列支扣除。《所得税法》附录 5 规定，赡养配偶或两个以上的子女的每人可宽免 200 加纳塞地，残障人士可获得经营或雇佣所得 25% 的减免，超过 60 岁的个人可宽免 200 加纳塞地，资助子女教育的最多可宽免 3 人（每人 200 加纳塞地），赡养 60 岁以上亲属的最多可宽免 2 人（每人 100 加纳塞地），参与专业技术培训的最多可宽免 400 加纳塞地。

5. 税率

根据《所得税法 2017 年第 2 号修正案》（956 号法案），2018 年 1 月 1 日起调整后的 5 级超额累进税率如表 2-2-2 所示：

表2-2-2　个人所得税超额累进税率表[①]

级数	全年应纳税所得额	税率
1	不超过 3132 加纳塞地	0%
2	超过 3132~3972 加纳塞地的部分	5%
3	超过 3972~5172 加纳塞地的部分	10%
4	超过 5172~38892 加纳塞地的部分	17.5%
5	超过 38892 加纳塞地的部分	25%

注：非居民个人的个人所得税税率为 20%。

6. 征管与合规性要求

个人所得税应由扣缴义务人按月申报缴纳，截止日期为每月 15 日之前。对于未按时提交申报材料的，处以个人每日 2 加纳塞地的罚款，处以企业每日 4 塞地的罚款，若超过 4 个月则起诉。对于未遵照税法以致少缴税超过 200 加纳塞地的，处以 2400~4800 加纳塞地的罚款，其他情形则处

---

① 数据来源：加纳税务局官网。

以 120~2400 加纳塞地的罚款；对于未按期缴税的，处以按未清缴税款计算的法定利率 125% 的罚息，并逐月复利；对于隐瞒申报的，处以按实际税负的 90% 与已缴纳税款的差额计算的法定利率 125% 的罚息，并逐月复利；同时，税务局有权扣押处置纳税人的动产、不动产等相关财产，以充抵税收欠款。

（四）关税

1. 关税体系和构成

关税采用最惠国税率，一般货物进口关税税率分别为 0%、5%、10% 和 20%，从非西非经济共同体（ECOWAS）国家进口的商品另外加征 0.5% 西非经济共同体税。主管部门为隶属于加纳税收总局的海关，体系由《海关法》（2015 年 891 号法案）、《海关条例》（2016 年 2248 号法规）、《海关法修订版暨西非共同体对外统一关税税则》（2015 年 905 号法案）、世贸组织 ACV 估价制度、《消费关税法》（2014 年 878 号法案）、《增值税法》《自贸区法》《邮政及快递监管委员会法》（2003 年 649 号法案）等构成。

2. 税率

加纳目前采用世界海关组织（WCO）的《商品名称及编码协调制度》即俗称的 HS 码对进口货物进行分类，并根据货物重量、价值或体量进行估价，就到岸价（CIF）进行征税，范围为 0%~35%，依据的是基于 HS 编码制定的《海关法修订版暨西非共同体对外统一关税税则》（2015 年第 905 号法案）相关税目和税率。

表2-2-3　加纳清关相关税率[①]

编号	清关关税等税种	税目	税率	税基
1	Import Duty	进口关税	0%、5%、10%、20%	Cost+Insurance+Freight（CIF）
2	VAT	进口增值税	15%	CIF+Import Duty
3	NHIL	国民健康保险税	2.5%	CIF+Import Duty
4	ECOWAS Levy	西非经济共同体税	0.5%	CIF

---

① 数据来源：加纳税务局官网。

续表

编号	清关关税等税种	税目	税率	税基
5	EDIF	出口发展及投资基金税	0.5%	CIF
6	Processing Fee	报关费	1%	CIF
7	Examination Fee（Used Vehicles）	二手车查验费	1%	CIF
8	Import Excise	进口消费税	0.5%~25% 不等	CIF+Import Duty+VAT
9	Environmental Tax	环境保护税	20%	CIF
10	GCnet Charge	加纳社区网收费	0.4%	FOB
11	Destination Inspection Fee	目的地商检费	1%	CIF
12	Withholding Tax IRS	税务局预提所得税	1%	CIF
13	Overage Penalty	超年限（10 年）罚款	根据超期时间征收，比例为 2.5%~50%	CIF

3. 关税免税

为了发挥税收杠杆对对外经济贸易和进出口的宏观调节作用，促进对外开放和经济建设，加纳政府会就进口关税免征范围作出相应调整，对于特殊行业和企业将根据免税文件或协议确定。对于业主为加纳政府的竞标工程类项目，免税范围为合同约定的建设该项目需要的施工用机械设备等，免税期限为项目合同上规定的施工期限。而援外项目则可根据项目合同，享受全免关税优惠。《海关法》第94条规定，自贸区内企业可按《自贸区法》的规定得到相应减免。

4. 设备出售、报废及再出口的规定

目前，暂无关于对设备出售及报废征收关税的规定。实务中对于享受了免税的车辆出售，在司机车辆牌照管理局（DVLA）办理物权转让手续时，将按要求根据海关核定价值补交一定关税。《海关法》第75条规定，允许以临时进口的名义进口短期内再出口的设备物资，《海关法》规定时限一般不超过90天，在有效期内可向总局局长申请延期，但最长不得超过6

个月，否则应照常补交关税。

（五）企业须缴纳的其他税种

租赁税（Rent Tax）。指由承租方根据应付租金的 8%（居住场所）或 15%（商业场所）代扣代缴出租方租金收入所得税，为税务局收取的实行源泉扣缴的终结税。

不动产税（Property Tax）。指由地区政府或税务局根据不动产等的评估价值进行征收，一般税率为 0.5%~3% 不等，商业不动产一般高于民用不动产。

消费税（Excise Duty）。根据《消费税法》（2014 年 878 号法案）和《消费税税票法》规定，征税范围包括当地生产或进口的烟、酒、非酒精碳酸饮料、瓶装水和财政部规定的其他产品，烟按出厂价的 175% 征收；啤酒根据当地原材料所占比例按出厂价征收，当地原材料占比低于 50% 的为 47.5%，占比 50%~70% 的为 32.5%，超过 70% 的为 10%；非酒精碳酸饮料等依据当地原材料所占比例按出厂价征收，当地原材料占比低于 50% 的为 17.5%，占比 50%~70% 的为 10%，超过 70% 的为 7.5%；瓶装水按出厂价的 17.5% 征收；2012 年版 HS 码第 39、63 章中的塑料及塑料制品按出厂价的 10% 征收；纺织品和药品为零税率。产品上应按类别分别贴上专用的带有电子识别及安全功能的消费税税票。否则相关产品将可能被罚没，或被处以不超过应缴税款 3 倍的罚款、或被判处不超过 5 年的监禁、或两者并罚。

通信服务税（Communication Service Tax）。征税依据为《通信服务税法》（2008 年第 754 号法案），税率为 6%，征税对象为使用电子通信服务的用户，由通信服务供应商代收，并按月向税务局申报缴纳。

特殊石油税（Special Petroleum Tax）。取得加纳石油运营牌照的石油公司，应根据汽油、柴油、液化石油气、天然石油气和煤油等收入，按 13% 的税率缴纳特殊石油税。

环境保护税（Environmental Tax）。对塑料和塑料制品征收 10% 的环境保护税。

印花税。根据《印花税法》（2005 年 689 号法案）规定，其为对经济活动和经济交往中书立、领受具有法律效力的凭证的行为所征收的一种税，而非根据交易行为征收。一般根据交易或票据类型，征收 0.25%~1% 或

0.05~25 加纳塞地不等的印花税,具体包括保单、财产转让协议书、自然资源租赁协议或许可证、提单等。但对于原始股本及后续追加的资本投入则按其金额的 0.5% 征收印花税。

机场税(Airport Tax)。征税标准为乘坐国内航班的旅客每人次 5 塞地;乘坐西非区域内航班的旅客每人次 60 美元;乘坐西非区域外航班的旅客,每张经济舱机票收 100 美元,每张商务舱机票收 150 美元,每张头等舱机票收 200 美元。

国民健康保险税(The National Health Insurance Levy)。征税依据为《国民健康保险法》(2012 年 852 号法案),该税的税基与增值税相同,税率为 2.5%,一般与 15% 的增值税一并征收。

国家财政稳定税(National Fiscal Stabilization Levy)。为扩大税基减少财政赤字,加纳政府开征国家财政稳定税,并于 2017 年通过《国家财政稳定税法案(修订版)》,规定国家财政稳定税可征缴至 2019 年,按照特定行业企业(包括银行、非银行金融机构、保险公司、通信公司、啤酒公司、检验和估价公司、航运、海运及机场等)税前利润的 5% 进行征收,相关征缴、退税及处罚措施适用于《所得税法》中的相关规定。

(六)社会保险金

1. 征税原则

根据《国家养老金法》(2008 年 766 号法案)规定,建立了三个层次的养老金社会保险体系,主管部门为国家养老金管理局(NPRA),加纳社保体系具体如下:第一层次为强制性国家基本社会保险金,由社会保障与国民保险信托基金(SSNIT)负责管理;第二层次为强制性职业养老金(工薪年金),由获经授权的私营信托基金负责管理;第三层次为自愿性的公积金及个人退休金,对象包括没有雇主单位的个人、企业及其雇员等,缴费最高可享受 16.5% 的税收优惠,但需缴满 10 年。

根据法律规定,加纳所有雇主都必须为其雇员缴纳社会保险金,但年龄超过 55 岁的可不缴纳。应缴纳的社会保险金为雇员每月基本工资的 18.5%,其中雇员承担 5.5%(企业代扣代缴)部分、雇主承担 13% 部分。企业应在每个月的 14 日之前申报并统一缴纳,社会保险金中的 13.5% 付给强制性国家基本社会保险,剩余 5% 付给强制性职业养老金(工薪年金)。

以上缴纳的社保费用均允许税前抵扣。

2. 外国人缴纳社保规定

《国家养老金法》（2014 年修正案 883 号法案）规定，企业应为所有员工（包括外国人）缴纳社会保险。无论是否满足 15 年的最低养老金缴款年限，只要外国人证明自己已永久离开加纳，其缴款金额可全额退还。但是签订不超过 36 个月合同期限，或可证明已在母国缴纳类似的社会保险金的外国人，允许不参加加纳的社会保险。

第三节　外汇政策

一、基本情况

加纳的外汇管理部门为加纳央行，即加纳银行（Bank of Ghana），依据的法律法规主要是《外汇法》《加纳银行法》（包括 2002 年 612 号法案及 2016 年修正案 918 号法案）、《银行和专业存款机构法案》（2016 年 930 号法案）以及加纳银行发布的外汇管理通知。加纳实行浮动汇率制度，汇率由银行间交易市场决定。加纳外汇管理总体上较灵活宽松，允许用美元、欧元等国际通用货币兑换当地币，既可以与商业银行进行大额的外汇现汇兑换交易，也可以与获得央行牌照的钱庄进行外汇现钞交易。2018 年 4 月，加纳的外汇储备为 69 亿美元。近年来，加纳塞地一直处于贬值趋势。2018 年 7 月 31 日，加纳银行公布的美元兑加纳塞地的中间价约为 1 美元 = 4.6943 加纳塞地。

外国企业在加纳境内银行开立外汇账户，必须依法在当地注册公司，并取得加纳投资促进中心（GIPC）的批准。外国企业可根据需要，在加纳境内商业银行开离岸外汇账户（Offshore Account）或在岸外汇账户（Onshore Account）。目前对离岸外汇账户管制较松，离岸外汇资金可通过在商业银行开立的离岸外汇账户自由汇入汇出；而对于开立的在岸外汇账户管制较严，外汇只能在加纳境内转移，无法向境外自由转账，若需汇出则应按规定提交贸易清关文件、工资完税证明等支持材料。

二、居民及非居民企业经常项目外汇管理规定

1. 货物贸易外汇管理

加纳银行《关于修改外汇交易规则的通知》第 6 条和第 7 条规定，对于进口商无原始支持文件的国际汇款以及刷卡支付，执行 5 万美元的上限。若能提供原始进口单证文件，可按单证标明的进口货物价值向国外汇款。

2. 服务贸易外汇管理

加纳银行《关于修改外汇交易规则的通知》第 3 条规定，酒店、教育机构、保险公司等服务出口商从非居民企业收到的外汇款项，按规定可存对应的 60% 部分的外汇资金至离岸现汇账户，剩余 40% 部分则必须在 15 天之内按市场汇率兑换成加纳塞地，同时提交季度申报表至加纳银行。

3. 外币贷款规定

加纳银行《关于修改外汇交易规则的通知》第 8 条规定，本地银行可向客户提供外币贷款，但需按照其内部管理程序操作并遵守加纳银行风险管理的规定。

4. 外币现钞相关管理规定

加纳银行《关于修改外汇交易规则的通知》第 5 条规定，加纳银行规定从外汇账户取现，以国际旅行名义取现的，每人每次不得超过 1 万美元。具体操作则根据不同商业银行的各自规定或外币现钞的短缺程度而定，无其他规定额度限制，一般银行外汇取现需要提前预约。

三、居民企业和非居民企业资本项目外汇管理

加纳的资本项目外汇管理相对宽松，居民企业和非居民企业的资本项目以及经常项目外汇可在国际间自由流动。外汇资金汇入目前无政策方面的限制。企业的红利、贷款利息、技术转让协议手续费、处置或清算的税后利得，可通过经加纳银行授权的商业银行自由汇出。

四、个人外汇管理规定

居民和非居民可携带 1 万美元或等值旅行支票出境用于直接消费。携

带超过 1 万美元的现金时，必须在出入境时向有关部门进行申报。如不申报，可能被没收现金或被拘捕，或被追求刑事责任。外汇现金提取需收取手续费，具体由各个银行自主决定。

第四节　会计政策

一、会计管理体制

（一）财税监管机构情况

加纳注册会计师协会依据《注册会计师法》（1963 年 170 法案）成立于 1963 年，是加纳注册会计师行业的唯一合法组织，加纳注册会计师协会宣布于 2007 年 1 月 1 日开始，公共事业单位、银行、在加纳证券交易所交易的上市公司必须自 2007 年 1 月 1 日采用国际财务报告准则（IFRS），中小型企业（SMEs）等其他主体应于 2010 年 1 月 1 日开始采用《中小主体国际财务报告准则》等相应的国际财务报告准则，建立会计制度进行会计核算。

税务局根据企业规模大小进行分类，具体为年营业额低于 9 万加纳塞地的为小型纳税人，下设小型纳税人分局（STO）进行监管；9 万 ~500 万加纳塞地之间的为中型纳税人，下设中型纳税人分局（MTO）进行监管；高于 500 万加纳塞地的为大型纳税人，下属大型纳税人分局（LTO）进行监管。目前全国共有 1 个大型纳税人分局、15 个中型纳税人分局、50 个小型纳税人分局，纳税人需要按照规定格式上报会计和税务资料。税务局准许纳税人委托税务代理处理相关申报缴税事宜，但必须正式写函向税务局汇报。

（二）事务所审计

《公司法》规定，企业财务报告应经由专业审计机构签字审定。

（三）对外报送内容及要求

财务报告中主要包含：（1）企业基本信息：经营业务、股东情况、公司地址、银行账户信息、税务登记号、管理层声明、审计报告等；（2）财务报

表：资产负债表、利润表、现金流量表、股东权益变动表；（3）财务报表附注披露主要包括会计政策及会计估计的采用与变动；报表类项目，如费用类、资产类、权益变动、固定资产变动情况、历年的缴税情况；业务发展情况及财务风险管理分析等。

上报时间要求：财务报告上报方面目前无法律规定方面要求。实务中一般参照《所得税法》124 条规定，与纳税申报一起在 4 月 30 日前上报。

二、财务会计准则基本情况

（一）适用的当地准则名称与财务报告编制基础

加纳自 2007 年开始采用国际财务报告准则（IFRS），于 2010 年全面实施，替换了其本国的国家会计准则（GNAS）。实务中工程企业一般以持续经营作为财务报告编制基础，按照实际发生的交易和事项以历史成本法为计量基础，按照《中小主体国际财务报告准则》等国际财务报告准则以及《公司法》编制财务报表。

（二）会计准则使用范围

所有在加纳注册企业均需要按照国际财务报告准则进行会计核算并编制报表。

三、会计制度基本规范

（一）会计年度

《公司法》规定公司应按年编报，实务中一般参照《所得税法》第 18 条规定，即以公历年度 1 月 1 日—12 月 31 日为会计年度。

（二）记账本位币

目前尚无关于记账本位币的法律规定，企业可自由选择。实务中一般参照《税收征管法》第 21 条规定，以加纳塞地作为记账本位币。

（三）记账基础和计量属性

企业根据 IFRS 准则，参照《所得税法》第 19 条规定，应当采用权责发生制作为记账基础。

计量属性包括历史成本、重置成本、可变现净值、现值和公允价值等。实务中工程企业一般以历史成本计量为主，固定资产期末可采用基于公允价值的重估价模式计量，盘盈固定资产应采用重置成本计量，对于存货则采用成本与可变现净值孰低法计量。

四、主要会计要素核算要求及重点关注的会计核算

国际财务报告准则规定，会计要素划分为资产、负债、权益、收益和费用五类。国际财务报告概念框架规定基于会计要素而提供的会计信息质量，主要包括两个方面内容，一是相关性、重要性和忠实表达等基本质量特征；二是可比性、可验证性、及时性和可理解性等提高性质量特征。

实务中需重点关注的会计核算及披露的财务信息主要包括现金和现金等价物、应收款项、存货、股权投资、固定资产、无形资产、职工薪酬、收入、借款费用、外币折算及所得税等。

（一）现金和现金等价物

现金是指库存现金及可随时用于支付的银行存款、现金等价物是指持有的期限短（3个月以内到期）、流动性强、易于转换为已知金额现金及价值变动风险很小的投资。

（二）应收款项

应收款项泛指企业拥有的将来获取现金、商品或服务的权利，特指企业在经营过程中形成的各种债权。它是企业在日常生产经营过程中发生的各种债权，主要包括应收账款、预付账款、其他应收款等，其初始计量按交易价格确认。工程承包企业一般以业主批准的工程计量单数据确认应收账款。

年末应收款项需要按公允价值计量确认。企业应设置"坏账准备"会计科目，用以核算企业提取的坏账准备，备抵可能发生的应收账款的坏账损失。《所得税法》第23条规定，与取得收入有关的、合理的真实发生的坏账损失在总局局长批准后准予税前扣除，计提的准备金不得税前扣除。对于已扣除的坏账损失在以后期间收回的，应作为对应期间的收入进行纳税调整。

（三）存货

存货初始计量以历史成本计量确认，包括买价以及必要合理的支出。企业应根据存货的性质和使用特点选择合适方法如先进先出法和加权平均成本法等进行存货的出库核算。确定存货的期末库存可以通过永续盘点和实地盘点两种方式进行。《所得税法》第11条规定,合理确定的存货成本准予税前抵扣,存货的期末金额为账面成本与可变现净值两者中的较低者。

（四）长期股权投资

股权投资主要分为子公司投资、联营投资以及合营投资（含共同控制经营、共同控制资产或共同控制主体三种形式）。子公司投资、联营中的投资以及合营中共同控制主体形式的投资可采用成本法、权益法进行核算。按照成本法核算时,对于投资中宣告发放的现金股利或利润确认为投资收益,权益法指以交易价格（包括交易成本）进行初始确认,并于后续调整以反映投资者在联营中的损益和在其他综合收益中的份额;在合并财务报表中将取得成本超过其所占联营中可辨认净资产公允价值份额的差额确认为商誉,并做摊销处理;联营中收到的分配冲减其投资的账面金额,根据其他综合收益项目导致的联营权益的变动相应调整账面金额;投资者应在联营中投资者权益的范围内扣除关联交易中的未实现损益;期末应对投资做减值测试并做相应处理。投资者（母公司）应将子公司纳入合并财务报表范围,在母公司单体财务报表中将对子公司的投资列为非流动资产。

对于合营中共同控制经营的权益,合营者应在其财务报表中确认所控制的资产和所发生的负债,以及所发生的费用和在合营销售商品或劳务所得收益中所占的份额。对于共同控制资产中的权益,合营者应在财务报表中确认共同资产份额、已发生负债、共同负债份额、收入及费用份额以及已发生权益有关费用。《所得税法》第17条规定,投资所得可弥补经营亏损,但投资亏损只能用投资所得弥补。

（五）固定资产

固定资产初始计量以历史成本计量确认,企业应在其预计使用期限内对固定资产计提折旧。固定资产期末计量按可回收价值计量,如果发生减值,计入减值准备。

《所得税法》第14条规定:为取得应税收入而发生的资本减免允许税前扣除,但纳税人获得的资本减免仅限于当年度抵扣而不能递延。资本减免是指根据《所得税法》附录3计算的,纳税人为获得应税收入而拥有或使用的折旧性资产允许税前抵扣的折旧费用，具体规定如表2-4-1所示：

表2-4-1　资本减免折旧率

类别	税法折旧资产	税法折旧率	折旧方法
1	电脑和数据处理设备以及外围设备	40%	余额递减法
2	①汽车、巴士和小巴士、货车，建筑和土方设备、中性通用卡车或专用卡车、拖车以及制造用厂场和机械设备；②因长期作物种植投入而产生的资产	30%	余额递减法
3	铁路车辆、机车和设备，船舶驳船、拖船和类似的水运输设备，航空器，专用公用事业厂场、机械和设备，办公家具、固定装置和设备以及任何不包括在其他类中的折旧资产	20%	余额递减法
4	建筑物、结构和类似的永久性工程	10%	直线折旧法
5	无形资产	1/资产使用年限	直线折旧法

数据来源：《所得税法》附录3。

（六）无形资产

无形资产一般包括专利权、非专利技术、商标权、著作权、土地使用权、特许权等，初始成本通常按照取得时所支付的价款及相关税费确认。后续计量时，一般认定无形资产的残值为零，若能确定无形资产的使用寿命，则应采取直线法或产量法进行摊销，无法确定使用寿命则应于年末进行减值测试，并将相关摊销费用或减值损失计入当期损益中。持有待售的无形资产不进行摊销，按照账面价值与公允价值减去处置费用后的净额孰低进行计量。

《所得税法》附录3规定，无形资产可按照1/使用年限的税法折旧率获得资本减免；该法的第9条和第13条还规定，只要研究开发支出满足当期纳税人为获得收入或在投资或经营活动中而发生的完全性、排他性以及必要性条件时，不论其是否为资本性支出，均准予税前扣除。另外，《关于所得税法中的"资本减免"实施细则》第4.2条规定，商誉和土地使用权不属于折旧性资产，相关摊销费用不能享受资本减免的税前扣除。

（七）职工薪酬

职工薪酬，是指企业为获得职工提供的服务，或解除劳动关系而给予的各种形式的报酬或补偿包括短期薪酬、离职后福利、辞退福利和其他长期职工福利。一般职工包括执行董事、行政管理人员、普通员工、临时性雇佣员工等。《所得税法》规定企业有义务在支付职工薪酬时代扣代缴职工的个人所得税。建筑工程行业根据《劳动法》规定以及加纳工会惯例,一般会与其下属的建筑、制造及采矿业分会签订"集体合同",提供给当地工人带薪年假、年终奖、医疗报销、劳保用品、离职补偿等相关福利待遇。

（八）收入

收入核算企业日常经营活动中形成的、会导致所有者权益增加但与所有者投入资本无关的经济利益的总流入,包括销售货物、提供服务、让渡资产以及承包方的建造合同等方面。收入计量按已收或应收对价的公允价值计量确认,不包括代收的税金和在发票上注明的折扣。

对于工程承包企业,一般按照建造合同在报告期末采用完工百分比法确认当期的收入和费用,其中完工百分比可根据已发生成本占合同预计总成本的比例、已完成工作量的勘测以及工程的实际完成比例等确定。如果建造合同的预计总成本很可能超过合同总收入,则预计的损失应立即确认为费用。《所得税法》第24条规定,对于超过12个月的制造、安装、建筑以及相关服务的合同,应根据当期发生的成本占预计总成本的百分比确定当期收入,对于未实现的预计合同亏损可在合同期内进行抵扣,但不得超过当期利润。

2018年当年或之后开始年度,《国际财务报告准则第15号——客户合约收益》生效,全面适用遵循该新颁布的准则。

（九）借款费用

借款费用,是指企业因借入资金而发生的利息和其他费用,具体包括:借款利息费用、融资租赁的融资费用、因外币借款而发生的汇兑差额等。《所得税法》第10条规定,与经营有关的当期借款利息费用允许税前扣除。

（十）外币折算

外币交易应在初始确认时采用交易发生日的即期汇率折算为记账本位币金额。外币货币性项目在资产负债表日时,采用资产负债表日的即期汇率折算,因汇率波动产生的外币折算差额,除了为购建或生产符合资本化条件的资产而借入的外币借款产生的汇兑差额按资本化的原则处理外,其它汇兑损益差额直接计入当期损益。以历史成本计量的外币非货币性项目，除涉及计提资产减值外，仍采用交易发生日的即期汇率折算，不改变其记账本位币金额。以公允价值计量的外币非货币性项目采用公允价值确定日的即期汇率折算，折算的汇兑损益差额作为公允价值变动直接计入当期损益。

记账方法有外币统账制和外币分账制两种，具体根据企业需要采用，最终计算出的汇兑差额相同，相应的均计入当期损益。税法规定为取得收入而发生的非资本性汇兑损失允许税前扣除。

（十一）所得税

所得税核算采用资产负债表债务法，企业应根据资产负债表比较资产、负债的账面价值与计税基础并以应税利润为基础确认计算当期所得税及递延所得税。当期所得税根据由税前会计利润按照税法规定的标准表格调整（工程企业主要涉及的是会计折旧与税法资本减免的调整）计算或由税务局核定而得到的当期应纳税所得额，乘以适用的税率计算而得；将因账面价值与计税基础不一致形成的未来期间可收回的或应付的税款确认为递延所得税资产或递延所得税负债。所得税费用根据当期应交所得税、预缴或被预扣的所得税、递延所得税资产或负债等分析填列，年末余额结转至本年利润。企业应在财务报告附注中披露历年的所得税缴纳情况。

五、其他

加纳的会计核算实务处理与税法联系紧密，在会计核算中会充分考虑税法规定，参照一些财税部门公布的以前会计处理惯例，所以纳税申报时对会计报表纳税调整项较少，在纳税申报时，对与税法不一致的事项进行必要纳税调整，并以调整后的税务报表作为报税依据。一般中资企业会聘请当地有经验的会计师处理日常外账，并请有专业资质的会计师事务所负责外账财务报告的编制，或委托税务代理处理税务申报缴纳等相关事宜，一方面可以节省人力以及沟通成本，同时通过属地化经营更好地处理与当地税务局等部门的关系，但要注意资料、数据的保密管理，当然最重要的是合法合规经营，依法依规纳税。

本章资料来源：

◎ 中国外交部官网——加纳国家概况

◎《商务部对外投资合作国别（加纳）指南》

◎ 全球经济指标数据网——加纳统计数据

◎ 加纳《所得税法》（2015 年 896 号法案）

◎ 加纳《税收征管法》（2016 年 915 号法案）

◎ 加纳《增值税法》（2013 年 870 号法案）

◎ 加纳《海关法》（2015 年 891 号法案）

◎ 加纳税收总局官网——增值税代扣代缴通知

◎ 加纳银行官网——外汇管制通知

◎《中小主体国际财务报告准则 2009》

◎ 普华永道事务所——加纳税务指南（2017 版）

◎ PKF 事务所——加纳税务指南（2017 版）

◎ 加纳社保基金官网——社保介绍

第三章　加蓬税收外汇会计政策

第一节　投资基本情况

一、国家简介

加蓬共和国，英文：The Gabonese Republic；法语：La République Gabonaise；代码：GA。非洲中部西海岸，横跨赤道线。东、南与刚果相连，北与喀麦隆接壤，西北与赤道几内亚毗邻，西濒大西洋，海岸线长 800 公里。加蓬国家面积 26.76 万平方公里，人口约 200 万（2017 年预估数），人口主要分布在首都利伯维尔（Libreville）和第二大城市让蒂尔港（Port-Gentil），官方语言为法语，货币为中非法郎（FCFA），与欧元实行固定汇率（1EUR=655.957FCFA）。实行民主政治体制。

二、经济情况①

加蓬 2016 年国内生产总值约为 140.14 亿美元。系非洲法语国家中经济发展水平较高的国家。加蓬自然资源极其丰富，享有"资源宝库"和"绿金之国"的美誉，森林覆盖率高达 85%，可开采面积达国土面积的 76%，是非洲石油、锰矿砂和木材生产大国，可开采的石油储量约 4 亿吨，是非洲撒哈拉以南非洲地区的第五大石油生产国，石油收入也是加蓬公共收入的主要来源，过去五年，世界银行估计加蓬石油出口额平均占加蓬总出口额的 80%，占国内生产总值（GDP）的 45%。占政府收入的 60%，经济几乎全部依赖石油出口，加蓬的经济前景取决于加蓬石油的产量和价格，石油业主要集中在第二大城市让蒂尔港（Port-Gentil）。加蓬拥有世界上第二大锰储量，是目前世界上第三大锰生产国。锰是加蓬第三大出口产品，占加蓬总出口量的 6%，占国内生产总值（GDP）的 6.5%。森林面积占国土面积 85%，约 2200 万公顷，木材出口是继石油和锰之后加蓬第二大出口产

---

① 数据来源：中非合作论坛北京峰会专刊：加蓬新兴之路。

品，约占加蓬出口总值的 9%，原木储量约 4 亿立方米，居非洲第三位。

加蓬是中部非洲经济和货币共同体（CEMAC）、中部非洲国家银行、非洲开发银行、非洲经济委员会、非洲联盟成员国。

三、外国投资相关法律

加蓬贸易主管部门是促进私人投资、贸易、旅游和工业部，其主要职责是制定加蓬内外贸易和国际经济合作的政策、法规，负责相关进出口商品的管理，促进外商投资和工业发展，推动相关经济发展与合作。加蓬法律体系比较健全，主要沿袭法国传统法律体系。贸易相关的法律主要包括：《竞争法》《市场法》《税收总法典》《关税法》《劳动法》《非洲统一商法》等。

外国投资几乎可以进入加蓬所有行业，包括对国民经济主导作用的石油、锰矿、森林等行业，但外国投资必须事先获得政府有关部门签发的许可。

在投资设立企业的形式有分公司、股份有限公司、有限责任公司等。若在加蓬注册代表处，前两年可以享受免税政策，但两年后要自动转为子公司形式。注册企业的受理机构注册企业的受理机构是加蓬经济和社会展望部下辖的企业发展中心。

中国与加蓬关于互免持外交、公务护照人员签证的协定将于 2016 年 2 月 5 日正式生效。根据协定，两国持有效外交、公务（含公务普通）护照的公民，在缔约另一国入境、出境或者过境，自入境之日起停留不超过 30 日，免办签证；停留逾 30 日或在缔约另一国从事工作、学习、定居、新闻报道等活动，须征得缔约另一国主管部门事先批准，并在入境缔约另一国前申请签证。

加蓬雇佣员工的依据是工作合同。工作合同分为试用期（不超过半年）、定期（不超过 2 年）和无限期三种。劳动合同的解除必须由提出解约的当事人书面申请。当事人一方不得提前终止，但不定期劳动合同可以由当事人一方随时终止。属非严重过失等其他原因而提出不定期劳动合同的解除，取决于提出解约的当事人发出的预先通知。预先通知从通知解雇或辞职的次日起始，其期限按雇用劳动者在企业内的工会规定执行，从 15 天到 6 个月不等。辞退员工一般需要多付 2~3 个月的工资。

加蓬政府对国内外企业开展的承包工程项目要求进行环境评估。加蓬森林、环境和自然资源保护部设有环境和自然保护局，负责项目的环评审核。

第二节　税收政策

一、税法体系

加蓬税收实行以属地税为主的税制，已经建立以所得税和增值税为核心的税收体系，外国公司、外国人与加蓬人同等纳税。其主要分为直接税和间接税两类，直接税包括公司税、个人所得税等；间接税包括增值税和国内消费税等。截至 2017 年，加蓬已先后与法国、比利时、加拿大、摩洛哥等国签订了税收协定或是税务公约，2018 年 9 月 1 日，中华人民共和国政府和加蓬共和国政府签订了《中华人民共和国政府和加蓬共和国政府对所得避免双重征税和防止逃避税的协定》，目前尚未正式实施。

二、税收征管

（一）征管情况介绍

加蓬经济部下设税务总局，税务总局下设大企业税务局和中小企业税务局，分管不同规模的企业的税务征收。具有法定纳税人资格的自然人或是法人，必须根据税务管理部门提供的范本，在法律规定期限内提出申报，并随申报书附上必要文件。如果纳税人在法律规定期间内没有提出申报，将收到一封催告信，纳税人将有 7 个工作日的时间调整。

（二）税务查账追溯期

如果证实税基中出现全部或是部分遗漏，征税不足、不属实或是计算错误的情况下，可以由税务管理部门进行纠正，直到纳税年度后第四年结束为止。对偷税、抗税、骗税的，税务机关追征其未缴或者少缴的税款、滞纳金或者所骗取的税款，不受前款规定期限的限制。

（三）税务争议解决机制

加蓬税务纠纷机制有以下三种方式：

协商解决。税务机关与争议当事人通过协商解决问题，不需要通过上级税务行政机关和司法机关，是成本耗费最低的一种解决方式。

行政复议解决。由于税务管辖权的限制，纳税人可以将有争议事项提请主管税务机关复议，如果向非主管税务机关提请复议，非主管税务机关无权受理，会将复议申请转送给主管税务机关，最终由主管税务机关复议。

诉讼解决。诉讼解决方式是最具法律效力、最公平的一种，但诉讼成本较高，一般不建议通过此方式解决争议。

三、主要税种介绍

（一）企业所得税

1. 征税原则

加蓬企业所得税实行属地税制。加蓬境内企业在境外开展业务取得的所得不需要在加蓬纳税。注册在加蓬的企业为加蓬境内企业，判断境内企业时不考虑股东的国籍以及管理控制地。在加蓬开展业务的境外企业就来源于加蓬的所得纳税。

2. 税率

对于企业所得税，普遍税率为30%；对于石油和采矿业公司，税率为35%；拥有知识产权（IP）股票的公司、加蓬开发银行、授权的房地产公司、上市公司、非营利性合作伙伴和集体、旅游部门的授权公司税率均为25%。

3. 税率优惠

主要对互助性公司或是公司联盟、农产品的生产、加工、储存和销售的合作社和联盟，以及地方性行政区及其公共服务部门豁免企业所得税。

4. 所得额计算

企业所得税因以利润额扣除在加蓬从事应税活动所产生的所有费用和开支为应纳税所得额，包括日常开支、租赁开支、保险费、各类固定资产和流动资产损失、财务费用、亏损结转、当年提取的风险准备金；纳税人某一纳税年度发生亏损，准予用以后年度的应纳税所得弥补，一年弥补不足的，可以逐年连续弥补，弥补期最长不得超过 2 年。

5. 所得税纳税调整

《税法通则》第 11 条规定，对于使得企业承担开支或是损失，但是企业无法证明与其经营利益有关的行为，都被视为异常管理行为，都是需要进行纳税调整的，包括不限于：赠与、捐赠和补助金不得应纳税所得额中扣除，但是向慈善机构或是公共事业机构支付的慈善、社会或是家庭性质的款项，只要受益人在加蓬，就可以在不超过当年营业额的 1% 范围内扣除；有失公允的关联方交易；因违反法律法规条款而承担的各类罚款；超过规定应付职工薪酬费用等。

6. 征管与合规性要求

（1）企业所得税的申报缴纳实行"分次预缴、年度清算"的方式。每年分两次预缴企业所得税，应分别在当年的 11 月 30 日、次年 1 月 30 日，按上一个财政年度实际缴纳所得税额的 1/4 和 1/3 申报和预缴，剩余的应纳税额在 4 月 30 日前汇缴清算。

（2）《税法通则》第 996 条规定如果申报的不充分、遗漏或不属实影响到税基或征税要素，并且导致税务管理部门执行清算程序，每月则必须缴纳 1.5% 的滞纳金，且不超过 50%；

《税法通则》第 997 条规定，如果申报的不充分、遗漏或不属实影响到税基或征税要素，并且导致税务管理部门执行清算程序，且排除纳税人的诚信，那么除了滞纳金，还应该缴纳应纳税额 1 倍的罚款，存在欺诈情形的，缴纳应纳税额 1.5 倍的罚款。

7. 其他

各个公司或是企业的应纳税额不得低于营业额的 1% 或是 100 万中非法郎（即使本年是亏损的）。

《税法通则》第 182 条规定，对于加蓬境内应缴纳工商范围内的个人所得税或是不缴纳增值税的非工商范围的个人所得税的供应商，对于支付给他们的服务报酬，必须缴纳预提所得税；《税法通则》第 206 条规定，对于定居加蓬的付款方式的对象是应缴纳个人所得税或是企业所得税、且在加蓬无长期工作单位的个人或是公司将缴纳非居民预提所得税。居民预提所得税为 9.5%，非居民预提所得税为 20%。具体申报时间为有付款方在支付款项后下个月的 15 日前，预扣预缴至主管税务机关。

（二）增值税

1. 征税原则

对发生在加蓬境内的进口、生产和销售货物或是提供服务的一切有偿的经济活动必须缴纳增值税。包括货物的销售和视同销售、提供应税服务和视同销售应税服务、进口货物、应税经济活动中获得的商业性补助、石油产品的批发等。

《税法通则》第 207 条规定，增值税纳税人范围是：对于一切缴纳公司所得税或是个人所得税的自然人和法人，只要税前营业额超过 6000 万中非法郎（森林开发活动为 5000 万中非法郎），就必须缴纳增值税。如营业额未达到 6000 万中非法郎的自然人或是法人，只需要按照简易税制或是基本税制进行纳税。

2. 计税方式

一律采用一般计税，符合条件的增值税纳税人，在税务局授予新的税号后，才具有抵扣和回收增值税进项税的权利。

3. 税率

增值税一般税率分为四挡：

18%：大部分应税活动所采用的汇率；

10%：日常生活食物和部分生活用品，如糖、钢筋、雨衣等；

5%：主要生产和销售水泥；

0%：申报符合规定的出口产品。

4. 增值税免税

增值税减免优惠。《税法通则》第 210 条规定 19 种减免优惠范围有：直接销售给消费者的初级农产品；缴纳特定税的特殊行业的经济活动（赌博和娱乐）；国际交易活动涉及的经济活动；学校课本、报纸及期刊的印刷、进口和销售活动；经合法批准的教学机构或大学机构收取的学费和膳食费；邮票、印花税票和国家发行的保证章的印刷、出版和销售；支付给发行商业票据中央银行款项以及该银行交易的收益；非营利性志愿机构给予成员的社会、教育、文化、慈善或宗教性质的服务或活动；属于医疗行业法定活动的服务供应，不包括诊所、食宿费和治疗费；液体奶、奶制品、报纸、课本、新闻纸、面包、发酵粉、面筋和食用面团、蛋、米、药剂、医药制品、沙丁鱼和鲭鱼罐头、当地制造的食用油、食用盐；进口免税货物和渔船、飞行器；个体工商户销售的二手货物；丁烷气体的销售；根据采矿法开展业务的公司进口符合规定的使用过的资产；符合条件的经济利益集团是由从事免缴增值税活动或无资格缴纳增值税的自然人和法人组成，那么经济利益集团给予其会员的服务可以免税；符合条件的授予以供应社会住房为主要目的的企业融资；为购买或建设加蓬当地住所而给予自然人低于 5000 万中非法郎；适用于公共和私人开发商专门用于建筑社会经济型住房的新设备和工具的进口业务；住房建设施工、城市建房土地开发施工所使用的集成材料和用品。

5. 销项税额

《税法通则》第 210 条规定，税基包括作为交易对等物的金额、证券、财产和服务，其中包括补助金和增值税以外的所有杂费、税费和扣费。但是以下项目可以排除在税基之外：客户实际享受的现金折扣、打折、回扣、佣金和其他减价的确切金额；可回收、可识别和可回用的包装物；客户仅用偿还费用的垫款。

6. 进项税额抵扣

《税法通则》第 222 条规定，对应税活动中的进项税可以从适用于该活动的增值税销项扣除，该抵扣权利自纳税义务产生时不超过 12 个月；第 224 条规定，不得抵扣进项税情形有：住房、住宿、餐饮、接待、演出、客运支出；货物原样退回的进口；固定设备使用以外的石油产品；无权享有的抵扣进项税的相关服务。

7. 征收方式

增值税按进销项相抵后的余额缴纳，留抵余额可以向税务局申请退税，但基于当地经济环境情况，直接退税比较困难，一般只能用于以后抵扣销项税额。

8. 征管与合规性要求

增值税按月申报，申报日期为次月 15 日之前。申报的同时，必须缴纳税金，延期缴纳的，必须提出书面请求。申报的不充分、遗漏或不属实影响到税基或征税要素，税务处罚同企业所得税处罚一致。

9. 增值税附加税

加蓬无增值税附加税。

（三）个人所得税

1. 征税原则

《税法通则》第74条规定，在加蓬拥有经常居住地或是每年至少在加蓬居住6个月的自然人必须缴纳个人所得税。

2. 申报主体

个税申报分为个人自行申报和法人代扣代缴。计算应纳所得税额时，参照家庭情况、婚姻状况和子女数量得出。

3. 应纳税所得额

《税法通则》第73条规定，对个人下列收入征收个人所得税：土地收入；薪酬、工资、补贴、报酬、退休金和养老金；动产资本收入；自然人实现的增值和类似增值；工商业和手工业活动利润；非商业性职业利润及类似收入；农业开发利润。

4. 扣除与减免优惠

《税法通则》第81条规定，外交官员、外交领事和领事馆官员，只要他所代表的国家承认与各自国家的加蓬外交和领事馆官员类似的优惠即可享受。《税法通则》第91条规定，雇主给付的员工家庭补助，每月每个子女最多获得20000中非法郎；对于大学生奖学金、参战人员的退休金、残疾人的临时补贴和补助金、住房、居住和家具补贴、交通补贴、实际花费的休假费用给予免税。

5. 累计税率

目前，加蓬的个人所得税税率实行超额累进税率，申报收入（按年）及相应的税率如表3-2-1所示：

表3-2-1 加蓬个人所得税申报收入及相应的税率

应税收入的划分（1个份额）	税额
0~1500000 FCFA	0
1500001~1920000 FCFA	$5\% \times Q - 75000$

续表

应税收入的划分（1个份额）	税额
1920001~2700000 FCFA	10% × Q−171000
2700001~3600000 FCFA	15% × Q−306000
3600001~5160000 FCFA	20% × Q−486000
5160001~7500000 FCFA	25% × Q−744000
7500001~11000000 FCFA	30% × Q−1119000
11000001 FCFA 及以上	35% × Q−1669000

6. 征管与合规性要求

个人所得税纳税人必须在次月 15 日前完成申报和缴纳；年度终了时，纳税人必须于次年 3 月 1 前完成年度申报。对逾期缴纳、申报不足、税务欺诈等行为的，税务处罚同企业所得税处罚一致。

（四）关税

1. 关税体系和构成

加蓬是中部非洲经济与货币共同体成员国，即 CEMAC（简称：中非经货共同体），与喀麦隆、刚果、中非实行共同的海关制度，共同体内部关税互免。在加蓬，货物的进口均需委托清关代理行办理清关、提货手续。

2. 共同体税率[①]

表3-2-2 共同体税率

商品名称	共同体税率
生活必需品	5%
原材料和设备	10%
中间商品及多种商品	20%
消费品	30%

---

① 数据来源：加蓬《税法财政法案》。

3. 关税免税

2018 年 9 月 25 日，加蓬经济部下发了一个决议，规定，暂时取消授予关税优惠政策，直至颁布新的政策。在此之前，除非有新的法律法规条款进行规定，所有在此项决议前签署的合同均不受影响。

4. 关于免税进口设备补缴关税的情况

需补缴关税的情况：（1）在加蓬境内出售；（2）转到非免税项目使用。需要注意的是，补缴的税金为固定资产销售价格 × 税率（税率为综合税率，包括关税，增值税，其他税费，皮卡车 54.85%，其他设备 31.25%）。

无需补关税的情况：（1）在加蓬境内报废；（2）变更到新的免税项目继续使用；（3）转运出口。需要注意的是，免税进口的设备在免税项目完工后，均需向海关写信说明后续使用情况（如转运出口、报废、转往新项目），在资产转运出口或在加蓬出售时，其价格均由卖方自己确定。

（五）企业须缴纳的其他税种

登记注册税（Droits d'enregistrement des actes et mutations）。《税法通则》第 419 条规定，根据文书和权利转移的性质，登记注册税可以是定额税率、比例税率和超额累进税率。例如对不动产和动产所有权及分割、使用权转移都使用定额税率；对某些财产权利的转移往往使用比例税率。

房屋租赁税（Taxe Speciale Immoobiliere sur les Loyers）。《税法通则》第 387 条规定，出租供居住或是工商业运作使用的土地或是建筑物的自然人或是法人，必须缴纳不动产特殊税；税率为 15%，以个人或法人的名义对外出租或转租总收益纳税，如果出租或是转租总收益已经包括不动产特殊税，必须在租赁合同中说明。如果是自然人出租给法人或是团体组织，应由承租人（自然人和法人）在每个季度结束后次月 15 日前预扣预缴至其主管税务机关。

印花税（Droits de Timbre Proprement Dits）。《税法通则》第 698 条规定，印花税是对用于民事、发票文书以及法院证明文件的所有纸张所征收的税目，可以通过黏贴印花税票、使用印花机或是加盖银行章的方式缴纳印花税，但是单张纸最高额度不超过 2000 中非法郎。

表3-2-3　印花税目表

序号	纸张大小	税金
1	B5	600 法郎
2	A4	600 法郎
3	A3	500 法郎

职业培训税（Contribution a la Formation Professionnelle）。2017 年《财政法案》第 5 条规定，凡是缴纳企业所得税的公司和其他法人和缴纳个人所得税，且属于工商利润范畴和非商业性职业利润范畴的自然人必须缴纳职业培训税，职业培训税税率为 0.5%，由雇主预扣预缴并于次月 15 前将税款缴纳至主管税务机关。

特殊捐税（Contribution Speciale de Solidarite）。2017 年《财政法案》第 13 条规定，经常性或偶然性实施应税交易，营业额达到 3000 万中非法郎的自然人和法人，必须缴纳连带责任特殊捐税，税率为 1%。由销售方次月 20 日前缴纳至主管税务机关。

房地产税（Contribution Fonciere des Proprieties Baties）。《税法通则》第 278 条规定，房地产税是每年对砖石地基上兴建的财产征收的一种税。任何房产，无论是否已经登记，房产所有人必须到房产所在地税务所缴纳一年的房产税。房产税的税基为房产租赁价值 75%，税率为 15%，房产税必须在次年的 3 月 31 日申报缴纳当年的房产税。

土地税（Contribution Fonciere des Proprieties non Baties）。《税法通则》第 395 条规定，土地税是以各类土地为征收对象的一种财产税，应税收入为售价的 8%（没有转让的，参考同类土地售价），税基为 55%，必须在次年的 3 月 31 日申报缴纳当年的土地税。

国内消费税（Droits d'accises）。《税法通则》第 249 条规定，销售酒精饮料、当地啤酒或是进口啤酒、当地葡萄酒和进口葡萄酒、香槟、香水及美容产品、鱼子酱、肥肝和鲑鱼、香烟、雪茄及烟草需要缴纳消费税，税基为销售价格的 70%，征收方式和申报方式与增值税一样。

执照税（Contribution des Patentes）。《税法通则》第 252 条规定，在加蓬从事商业、工业、职业活动必须缴纳营业税，营业税额可以根据其职业表格规定的税率计算。营业税纳税人必须在每年的 2 月 28 日前自行支付预付款。

补充工资税（Tax Complementaire Sur les Traitements et Salaires）。《税法通则》第 346 条规定：只要在加蓬取得的报酬的自然人必须缴纳补充工资税，与收入低于 10 万中非法郎的可免补充工资税，税率为 5%，税基为自然人取得的全部净收入。

保险合同税（Tax Sur les Contract d'assurances）。《税法通则》第 370 规定，与保险团体、企业或是加蓬境内、境外保险人签订的保险合同或是养老金合同，必须每年缴纳保险合同税，税率分为 5%、30% 和 8%，申报日期为支付保险费后的次月 15 日前申报缴纳。

采石场材料开采税（Redevance Sur l'extraction des Materiaux des carrieres）。《税法通则》第 331 条规定，如果在国家和地方行政区公共和私人产业上的采石场开采或是收集矿物质和建筑材料，必须根据开采和收集的材料量缴纳采石场材料开采税，税率为开采量的 15%，开采税必须在每季度的次月 15 日前，申报缴纳。

资金转移税（Taxs Sur les Transferts de Fonds）。2008 年《财政法案》第 8 条规定，对加蓬资金转移至国外的活动征收的税种，其纳税人为定居在加蓬的自然人和法人，税基为需要转移的资金，不包括手续费和佣金，税率为转移金额的 1.5%，纳税人必须于次月 20 日前，向医保局申报缴纳上月的资金转移税。

（六）社会保险金和医疗保险金（CNSS & CNAMGS）

在加蓬企业必须依法为雇员缴纳社保和医保（CNSS &CNAMGS），当地缴费以工资为基数，综合费率为 24.6%，其中，个人承担 4.5%，公司承担 20.1%。个人承担部分的有：医疗保险（缴费比例 2%，缴费基数最高为 250 万中非法郎每月），养老保险（缴费比例为 2.5%，缴费基数最高为 150 万中非法郎每月）；公司承担的部分有：医疗保险（缴费比例 4.1%，缴费基数最高为 250 万中非法郎每月），养老保险、失业保险和家庭补助的缴费比例为 16%（最高缴费基数为 250 万中非法郎每月）。

外国人在加蓬工作需要缴纳社会保险金，与加蓬本国居民无异，所缴纳的社保在雇员离开加蓬时也无法退回。

第三节　外汇政策

一、基本情况

加蓬与 CEMAC 内国家之间的资本流动允许资本自由流动，向其他国家输出资本必须经金融机构委员会的批准，并受限制，但允许其他国家的资本自由流入。加蓬居民或非居民持有的外国债券、外币以及对外国或非居民拥有的各种债权，必须存放在加蓬指定的银行。

外资企业进入加蓬只有经加蓬经济部部长和中非国家银行联合同意，方可开立外币账户。汇入加蓬境内美元、欧元可以预约少量多次提取，外币汇出时需出具有关贸易单据（如合同、发票等），经加蓬经济部审核通过后在指定银行方可汇出。汇出外币需缴纳约 5% 的手续费，但不需交税。

加蓬市场只允许中非法郎流通，加蓬作为 CEMAC 的成员国，金融环境相对稳定。中非法郎与欧元挂钩，实行固定汇率，1 欧元等于 655.957 中非法郎。加蓬外汇管理制度相对比较严格，允许用美元、欧元等国际通用货币兑换当地币，美元兑换汇率由各银行根据自己汇率机制定价。

二、居民及非居民企业经常项目外汇管理规定

（一）货物贸易外汇管理

加蓬贸易主管部门是经济、贸易、工业和旅游部，其主要职责是制定加蓬内外贸易和国际经济贸易合作的政策、法规，负责相关进出口商品的管理，促进外商投资和工业发展，推动相关经济发展与合作。

加蓬外汇业务需加蓬外汇管理部门的许可，商品采购款汇出需要通提供合同、发票等交易凭证，指定付款银行，换汇申请会同时递交到经济部指定的部门和付款（开户）银行，审核无误后即可向指定的付款银行递交付款指令，汇出采购款；外币资金汇入目前无政策方面的限制（如公司给加蓬子公司汇入的流动资金不受限制）。

（二）外币现钞相关规定

在加蓬开立了外币账户后（美元、欧元），如外币账户里面有存款，则可以通过向开户银行递交取现信函提取现金；如果外币账户没有余额，则需要使用中非法郎账户里面的资金兑换外币，用固定汇率进行折算后向银行递交信函，还要附上相关资料（护照、机票行程单及相关发票）方可提取外币现金。银行取现手续费为取现额度的 2.5%（不包含手续费的增值税和特殊捐税）。

三、居民企业和非居民企业资本项目外汇管理

（1）加蓬居民或非居民持有的外国债券、外币以及对外国或非居民拥有的各种债权，必须存放在加蓬指定的银行。

（2）外币账户开立需由企业向加蓬经济部和中非国家银行提交申请，经双方批复同意，企业才能根据批复文件向指定的银行开立外币账户。

2017 年 7 月，CEMAC 的高层会议上有明确提到：要加强对向境外投资汇款交易的严格把控，以保证 CEMAC 外汇资金的储备量。

四、个人外汇管理规定

当地居民或非当地居民旅行进出 CEMAC 边界海关时，如其携带的外币，有价证券价值超过 100 万中非法郎，均需向海关申报。根据旅行目的的不同（游客、商人、病人等），只要出具相关证明通过指定银行都能够购买外币。外币额度每天为 20 万 ~50 万中非法郎，每人每次旅行的最高外币额度为 400~1000 万中非法郎。当地居民和非当地居民在 CEMAC 成员国之间旅行时，携带中非法郎现金无金额限制。非当地居民在离开共同体国家时，如其携带外汇和其他支付手段的金额与其进入共同体时所申报的金额相同，则可以自由出入；若在进入 CEMAC 国家时未做任何申报或出境时所带现金超过了 100 万中非法郎，应说明其超出部分金额的合法来源。

第四节　会计政策

一、财务管理制度

（一）财税监管机构情况

在加蓬依法注册成立的企业，业务发生都要按照"非洲统一商法"（SYSCOHADA）中的《统一会计法》体系进行经济业务的会计核算。加蓬国家税务局根据企业的规模大小进行分类，统一会计法案（下称《会计法》）是会计处理的法定要求，于 2001 年 1 月 1 日开始实施，规范企业会计处理的原则。

总体来说，加蓬的会计与税法联系紧密，财务报表与纳税申报只有少部分内容需要纳税调整，其会计系统以规则导向为主，无完整的会计准则体系，实务处理时可以援引一些会计惯例，但纳税申报是以税务局核准的会计报表为依据，财务会计更多的是考虑税法的规定，与税务会计趋于一致。

（二）事务所审计

一般来说，是指外部审核员修订程序和账目。外部审查涉及整个内部审查系统和会计制度，目的在于审查合法性和真实性。

外部审查是由独立专业人士完成的关键审查，必须给出意见和理由。关于事后审查，以分析角度审查，从总结文件出发，审查到证明材料为止。

外部审查可以更好地确保安全性，可以是法定审查，也可以是协定审查。

1. 法定修订

《统一公司法》要求部分公司和集团指定一名稽核员。稽核员由普通股东大会选派。若未指定，将受到刑事处罚。被涉及的公司如下：

（1）股份有限公司。

①无公开募资：指定一名稽核员和一名候补人员；

②指定两名正式稽核员和两名候补人员：如果股东大会忘记选举稽核员，只要股东要求，可通过司法决议选派。

（2）有限责任公司：如果满足以下任意一个条件，就必须指定一名稽核员和一名候补人员：

①公司资本超过 FCFA 10000000；

②年营业额超过 FCFA 250000000；

③长期员工超过 50 人。

如果未满足上述条件（满足一个条件即可），而且合伙人有所要求，可随意指定。此外，单个或多个合伙人，只要至少持有 10% 公司股份，可要求可通过司法决议选派。

（三）对外报送内容及要求

会计报告中主要包含：①企业基本信息：行业分类、经营范围、股东情况、公司地址、银行账户信息、税务登记号等。②企业经营情况表：资产负债表、利润表。③披露信息：费用类、资产类、权益变动。④关联交易中，采购定价相关的证明材料及交易申明。

上报时间要求：会计报告须按公历年度编制，于次年的 4 月 30 日前完成。

二、财务会计准则基本情况

（一）适用的当地准则名称及财务报告编制基础

加蓬采用 SYSCOHADA 会计准则。SYSCOHADA《统一会计法》中规定了会计处理的具体核算办法，包括会计科目分类规则及其核算具体内容，同时也规定了借贷记账规则。

加蓬的会计与税法联系紧密，财务报表与纳税申报只有少部分内容需要纳税调整，其会计系统以规则导向为主，无完整的会计准则体系，实务处理时可以援引一些会计惯例，但纳税申报是以税务局核准的会计报表为依据，财务会计更多的是考虑税法的规定，与税务会计趋于一致。

（二）会计准则适用范围

在加蓬注册的企业均需要按照会计准则进行会计核算并编制报表。

三、会计制度基本规范

（一）会计年度

《统一会计法》第 7 条规定，公司会计年度与历法年度一致，即公历年度 1 月 1 日—12 月 31 日为会计年度。对于新成立公司如果是上半年成立的，当年会计年度可以小于 12 个月；下半年成立的，当年会计年度可以大于 12 个月。

（二）记账本位币

《统一会计法》第 17 条规定，企业会计系统必须采用所在国的官方语言和法定货币单位进行会计核算。加蓬采用中非法郎作为记账本位币，货币简称 FCFA。

（三）记账基础和计量属性

《统一会计法》第 17 条规定，企业以权责发生制为记账基础，以复式记账为记账方法。

《统一会计法》第 35 条规定：企业以历史成本基础计量属性，在某些情况下允许重估价值计量（第 62~65 条）。

在非洲商法协调组织（OHADA）中，一共存在九项会计公约／原则。

一是经营的连续性。根据可预见的未来情况，来对企业的后续活动情况做出推测。在经营的连续性方面，其被认为是一项用于制定财务报表的基本会计原则，它代表了企业的业务连续性，即，我们可以做出企业持续经营的假设；或者，也可以做出企业经营活动不受影响的假设。如果能够实现所有或者某一部分的经营连续性，对此，其他一些方法中的持久性理念将不适用，因此，在非连续性的经营中，针对资产与负债，我们只需对财产与债务做出评价即可。

二是历史成本。根据企业资产获取当日时的财产情况，历史成本是指被记录的且经确认的成本，以常规货币为单位来计量。在发生通货膨胀（或者通货紧缩）的情况下，或者当某一类财产的特定价格发生变化时，我们无须对这一数值加以考虑，因为，新出现的数值将大于或者小于该项历史成本。这种方法的优势在于它具有相应的简化性以及可靠性。且在国际层面上，这也是一项基本方法。尽管如此，这种方法也存在一些例外情况，在某一些特殊情况下，它可能不会对在评价方法中所规定的各项常规要求加以考虑，而只对现值以及近期数值（资产负债表日的数值）加以考虑。当前成本：（与在资产负债表当日获取财产所相关的成本）；现值：是指在经营的连续性范围内，企业采购商所接受的财产付款总额。对于历史成本，它是非洲商法协调组织（OHADA）会计系统中所采用的各项基本会计原则之一。

三是有效性。在这项原则中，有效信息，是指一旦这种信息被遗漏或者歪曲之后，将会对财务报表读者所发表的意见构成相应的影响。

对于有效性来讲，是指达到最有效的极限程度。有效性适用于下述情况，即，当起草报表时，如果未规定要求填写某一些信息，然而，以不违背法定义务为前提，与其他常规财务报表中的规定数据相比之下，这些信息具有明显的有效性。

且除此之外，在起草合并账目方面，如果在制定合并账目时忽略了某一些子公司的利益或者影响，即，未将之纳入至应予以考虑的范围之内，对此，将可以根据数据的有效性来对财务报表的合并范围做出相应的定义。

四是遵守资产负债表的规定。这属于非洲商法协调组织（OHADA）会计系统第三项原则中的另一种表达方式，对此，一个财务年度的年初资产负债表应与前一财务年度年末时的资产负债表相对应。

在全面实施这项原则时，对于以往财务年度的所有者权益、会计方法变更影响以及收入以及费用，将不采用直接记账的方法。对此，应通过在本财务年度损益表中所确认的各项遗漏事项，来守成相应的修正操作。

然而，在非洲商法协调组织（OHADA）的会计系统范围内，与在其他一些会计制度中所规定的要求相同，允许将会计政策变更影响直接计入至所有者权益中去。对于本项原则来讲，目前，它并不是一项国际公认的原则。

五是双重性（贷与与借方）。这是一项普通的账目编制规则，对此，将采用账簿形式来注明在企业会计数据的变动或者变化情况，且在前述帐簿中的不同账目之间，可以实现贷方与借方之间的等效配置。

按照惯例，对于资产负债表中的资产账目以及费用账目，如果所记录的是借方，则在开支费用前面加上增加两字，且如果记录的是贷方，则在开支费用前面加上减少两字。且除此之外，在资产负债表的负债账目与收入账目方面，如果所记录的是贷方，则在收入前面加上增加两字，且如果记录的是借方，则在收入前面加上减少两字。

六是方法的恒定性。在这项会计原则中，在介于不同的财务年度之间，应持续采用不变的会计方法来进行评价以及陈述，但是，当企业的经营状况或者其经济、法律或者财务环境发生变化的情况下，则允许另行采用其他的会计方法来进行评价以及陈述。

在年度财务报表的制定方面，以前述恒定性为基础，各企业有必要执行相应的分析操作。只有在一些严格且特殊的条件下，方可以不遵守该项原则要求。对于因方法内容变化而导致的各种变更情况，都必须做出相应的论证，并对这些变更内容的性质以及对所附报表中各份财务报表所构成的影响而做出相应的解释说明。且除此之外，必须在管理报告中指明前述各项变更内容，且在必要的情况下，还需要在审计员的报告中指明前述各项变更内容。

七是表象的真实性优势。为了能够满足所规定的财产以及财务状况目标，保证它们的准备性，在财务报表的编制过程中，我们必须优先保证与法律形式或者法律表象所相关的经济真实性。在该项原则的应用方面，比如，尽管存在法律表象要求，本项原则仍然适用于执行各项记账操作，包括用户资产负债表中的资产、融资租贷合同中的财产以及其他一些类似的内容。

在合同的经济与法律分析方面，鉴于本项原则的应用存在一定的难度，对此，在非洲商法协调组织（OHADA）会计系统中，其对该项原则的应用进行了限制。

八是谨慎性。针对可能发生的各种事件以及各种经营活动，应合理地完成评价操作，以避免将在本财务年度中形成的风险转移至后续财务年度中去，并导致在未来形成损失。

在应用方面，可以防止对财务报表阅读人构成误导，防止它们对财务报表的内容产生错觉，即，避免他们认为企业的工作不够严谨或者只是为了应付领导而不负责任的编制了财务报表。

在谨慎性原则中，在费用与收入的处置方面，应避免发生不对称现象：

即，将所有可能存在的损失都系统性地记录为费用，然而，从不对潜在的收益加以考虑。

九是透明性。在该项原则中，是指应清楚地陈述并传达各项重要的信息，且不可对表象背后的真实性加以隐瞒。

该项原则涉及到多个方面，包括清晰度、有效的信息、客观规则性以及真实性。

四、主要会计要素核算要求及重点关注的会计核算

（一）现金及现金等价物

列示于现金流量表中的现金是指库存现金及可随时用于支付的存款，现金等价物是指持有的期限短（从购买日3个月以内到期）、流动性强、易于转换为已知金额现金及价值变动风险很小的投资。

（二）应收款项

会计科目第四类记录应收、预付款项。《统一会计法》规定，应收款项科目记录应收账款的初始计量按初始价值计量确认，同时规定了坏账准备、折扣、可回收包装物的会计处理。

《统一会计法》第42条规定，年末应收款项需要按公允价值计量确认。

（三）存货

存货初始计量以历史成本为计量属性，包括买价以及必要合理的支出（第39条）。期末计量以成本与可变现净值孰低法，若成本高于可变现净值时，其差额可以摊销或减值准备，视该减值是否为最终损失而定（第43条）。

存货出全部商品，原材料和有关的供应品、半成品、成品以及在盘点日企业拥有所有权在的物资。具体分类如下：31商品、32原材料、33其他储备品、34再成品、35进行中的工作、36产成品、37半产品、38在途物资、39存货减值。

存货出库的核算方法。存货出库有两种核算方法有两种：先进先出法和平均法（移动平均或加权平均）。企业应根据存货的性质和使用特点选择适合的方法进行存货的出库核算；确定存货的期末库存可以通过永续盘点和实地盘点两种方式进行。

存货的初始核算。存货的采购成本应不包含采购过程中发生的可收回的税金。不同存货的成本构成内容不同，通过采购而取得的存货其初始成本由使该存货达到可使用状态之前所发生的所有成本构成（采购价格和相关采购费用）；通过进一步加工而取得的存货其初始成本由采购成本，加工成本，以及使存货达到目前场所和状态所发生的其他成本构成；存货跌价准备：在期末，由于一些不可扭转的原因，导致的存货价值低于账面价值时，应根据存货的可变现净值与账面价值的差额计提存货跌价准备。

（四）长期股权投资

《会计统一法》中，定义了长期股权投资是投资企业为了与被投资企业建立长期关系或为了自身的经营和发展而持有的被投资企业权益 10% 以上的投资。会计科目（26）长期股权投资下设四个明细科目，分别核算控制、共同控制、重大影响、其他四种情况的投资。按会计法规的解释，控制是直接或直接持有被投资单位 40% 以上的表决权，且没有其他持有者通过直接或间接持有被投资单位超过 40%；共同控制是由有限的股东共同持有被投资单位的股权，共同决定被投资企业的决策；当直接或间接持有被投资单位有表决权股权的 20% 以上时，视为有重大影响。初始计量按投资成本计量确认，期末计量按《会计法》第 43 条以成本与可变现净值孰低法确认期末价值；处置长期股权投资时，其成本通过账户 81—处置非流动资产的账面价值结转。不属于长期股权投资的其他投资通过账户 50—短期投资核算。

（五）固定资产

固定资产初始计量以历史成本，企业应在其预计使用期限内对固定资产计提折旧（第 45 条）。固定资产期末计量按可回收价值计量，如果发生减值，计入减值准备（第 42 条）。

企业应对每种固定资产在其预计使用年限内计提折旧，每种固定资产的预计使用年限由企业自行决定；但为了避免纳税调整，在会计实务操作中，企业通常采用税法通则第 11–V–A 条关于实物固定资产折旧年限和折旧率的的规定，例如：商业性和工业性房屋、车库、厂房和库房的折旧率为 5%；压缩机是 10%；可拆卸或是临时建筑物是 20%。企业一般按照年度计提折旧，在计算年度折旧费用时，在增加和减少固定资产的当月都应计提折旧。

商业性和工业性房屋、车库、厂房和库房的折旧率 5%；压缩机的折旧率 10%；可拆卸或是临时建筑物折旧率 20%。

《税法通则》第 11-V-B 满足如下条件的固定资产可以，新设备购入 3 个月内向经过税务局局长批准同意后，新设备和新工具可以进行加速折旧：（1）可使用寿命在 3 年及以上；（2）价值至少在 2000 万中非法郎以上；（3）用于限定用途的工具或设备，如农业或是林业开发设备等。

（六）无形资产

《统一会计法案》中，没有单独对无形资产的确认和计量规范，与固定资产一样适用确认计量的一般规范。具体是：无形资产初始计量以历史成本，企业应在其预计使用期限内对固定资产计提摊销（第 45 条）。无形资产期末计量按可回收价值计量，如果发生减值，计入减值准备（第 42 条）。

（七）职工薪酬

会计系统的第四大类账户的第 2 类账户（编号 42）核算职工薪酬，核算所有支付给职工的各类报酬，无论职工的职位与岗位如何，包括：行政管理人员、普通员工、临时性雇佣员工（代扣 5% 来源扣缴税）、职工代表、提供服务的企业合伙人。确认和计量方法与中国会计准则的职工薪酬类似。

（八）收入

《统一会计法》中，会计科目（70）核算企业日常经营活动中取得的收入，核算企业对第三方销售货物、提供服务或劳务取得的经济权利。收入计量按净价计量确认（不包括销售代收的税金和在发票上注明的折扣，但现金折扣例外）。

对于房建和工程建筑企业，企业收入可以采用工程账单法或者建造合同法确认。但《税法》规定，施工企业的营业额应该按账单（或发票）和建造合同二者孰高分期确认或项目完工后一次性确认。

（九）政府补助

政府补助包括三类（前两类也包括第三方补助）：投资性补助和经营性补助及平衡性补贴。

会计账户 71 用于核算经营性补助收入，核算方法类似中国会计准则《政府补助》中的与收益相关的政府补助。

投资性补助类似于中国会计准则《政府补助》中的与资产相关的政府补助，是企业取得的为了购置、建造长期资产或为了提供长期服务而取得的补助。会计账户 14 用于核算投资性补助收入。核算方法类似中国会计准则《政府补助》中的与资产相关的政府补助。

（十）借款费用

借款费用是指企业因借款而发生的利息及其相关成本．借款费用包括借款利息、折价或者溢价的摊销、辅助费用以及因外币借款而发生的汇兑差额等。

（十一）所得税

所得税采用应付税款法，采用收付实现制，不区分时间性差异和永久性差异，不确认递延所得税资产和负债，当期所得税费用等于当期应交所得税。本期税前会计利润按照税法的规定调整为应纳税所得额（或由税务局核定的应纳税所得额），与现行税率的乘积就是当期在利润表中列示的所得税费用。账户 89 核算所得税，分为当期所得税费用和以前年度所得税费用调整，年末余额结转至本年利润。

（十二）外币业务核算

外币交易时，应在初始确认时采用交易发生日的即期汇率折算为记账本位币金额，当汇率变化不大时，也可以采用当期平均汇率或者期初汇率核算。

于资产负债表日，外币货币性项目采用资产负债表日的即期汇率折算为外币所产生的折算差额，除了为购建或生产符合资本化条件的资产而借入的外币借款产生的汇兑差额按资本化的原则处理外，其他类折算差额直接计入当期损益。以公允价值计量的外币非货币性项目采用公允价值确定日的即期汇率折算为人民币所产生的折算差额作为公允价值变动直接计入当期损益。

于资产负债表日，以历史成本计量的外币非货币性项目，除涉及计提资产减值外，仍采用交易发生日的即期汇率折算，不改变其记账本位币金额。流动性较强的科目、有合同约定的科目应采用外币核算，包括：（1）买入或者卖出以外币计价的商品或者劳务；（2）借入或者借出外币资金；（3）其他以外币计价或者结算的交易。

（十三）会计变更

在非洲商法协调组织（OHADA）《统一会计法》中，所涉及的相关会计方法变更内容如下：

因企业外部原因而发生的变更。会计法律或者法规的变更，税法的修改，某一些税费税率的修改，新出现的税费，等等。

因企业内部原因而发生的变更。主要涉及一些评价方法（关于存货与在建工程的评价等）。

五、其他

《统一会计法》中没有单独企业合并准则，但《统一会计法》第5章《合并财务报表》明确该体系接受两种国际标准：

一是国际会计准则理事会批准的标准，即 IASC 发布的 IAS，其中 IAS22 企业合并已经被后来 IASB 发布的 IFRS3 取代，但由于统一会计法并没有修订，没有明确是否自动适用 IFRS3。

二是欧洲标准（欧洲共同体理事会第 7 号指令），然而后来的欧盟也于 2005 年起上市公司执行 IFRS3。

因此该会计系统的企业合并处理与中国企业会计准则企业合并中非同一控制下企业合并类似。

第四章 柬埔寨税收外汇会计政策

第一节　投资环境基本情况

一、国家简介

柬埔寨王国（英语：Kingdom of Cambodia）位于中南半岛西南部，边境线长 2615 公里，同越南、老挝、泰国等国家相邻，西南临泰国湾。柬埔寨国土面积 18.1 万平方公里，海岸线长 460 公里，人口 1625 万（2018 年）。金边是柬埔寨王国首都，也是全国最大的城市，共有人口 150 万（2018 年）。官方语言为高棉语、英语，货币为瑞尔（Riel）。

柬埔寨现行法律体系，包括法律法规，等级体系如下：①宪法，柬埔寨王国最高法律。②条约及公约，根据宪法第 26 条，国会通过后，国王应签署批准国际条约及公约。③法律，国会通过的法律。④王令与王法，国王执行宪法赋予的权利予以颁布。⑤法令，内阁会议通过后，由总理签署。⑥部委令（通告），政府组成部门为行使其监管权而颁布。⑦通告书（公文），首相个人的决定及大臣或省长为行使其监管权而做的决定。⑧公告，通常由总理作为政府元首颁布，也可由大臣作为部门官员用于对外解释或澄清法律法规措施，或提供指导。⑨省份通告，由省长颁布，仅限于在其所在省份地域内应用。

宗教在柬埔寨人民的政治、社会和日常生活中占有十分重要的地位。王国宪法规定："男女公民均享有充分的信仰自由，国家保护信仰和宗教自由"，同时又明确地将佛教确定为国教。信仰小乘佛教的人占全国人口的 85% 以上。此外，还有基督教（约 3.6 万教民）和伊斯兰教（约 32 万教徒）。

二、经济情况

柬埔寨实行开放的自由市场经济政策，经济活动高度自由化，据世界经济论坛《2017—2018 年全球竞争力报告》显示，柬埔寨在全球最有竞争

力的 137 个国家和地区中，排名第 94 位。近年来，柬埔寨经济以年均 7%
的速度快速发展，2018 年全年柬埔寨生产总值（GDP）约合 240 亿美元，
同比增长 7.3%，人均 GDP 增至 1500 美元。2018 年，柬埔寨继续保持稳定
的政治经济环境，积极融入区域、次区域合作，重点参与区域连通计划的
软硬设施建设，加大吸引投资特别是私人领域参与国家建设，以农业、工
业（以纺织和建筑为主导）、旅游业和外国投资 "四驾马车" 拉动经济稳步
前行。

三、外国投资相关法律

《投资法》制约所有柬埔寨人和外国人在柬埔寨内的投资活动，对投资
主管部门、投资程序、投资保障、鼓励政策、土地使用权及其使用、劳动
力使用、纠纷解决等做出明确的规定。

《投资法修正案》是对《投资法》的补充和修正。在申请投资、投资项
目购进与合并、合资经营、税收、土地所有权及其使用、劳动力、惩罚等
方面给出相关定义，并做出明确规定。

《关于柬埔寨发展理事会组织与运作法令》规定了柬埔寨投资主管部
门——柬埔寨发展理事会的组织结构、职权任务和运作方式。

《关于特别经济区设立和管理的第 148 号法令》（2005 年 12 月颁布），
规定了建立经济特区的法律程序、经济特区的管理框架与任务、对经济特
区的鼓励措施、对出口加工生产区的特别措施、劳动力管理与使用、职业
培训、侵权与纠纷的解决。

《商业管理与商业注册法》，对商业公司的成立、组织、运作、解散、
转让与变更做出了规定，对公司的类型进行了划分。

《商业合同法》，规定了所有类型合同的成立、履行、解释和执行。它
也进一步详细的描述了某些类型的合同，比如销售合同、租赁合同、借贷
合同、个人财产抵押和担保。

四、其他

1. 对外贸易的法规和政策规定

柬埔寨商业部为柬埔寨贸易主管部门，柬埔寨与贸易相关的法律法规

主要包括《进出口商品关税管理法》《关于颁发服装原产地证明，商业发票和出口许可证的法令》《关于实施货物装运前验货检查工作的管理条例》《加入世界贸易组织法》《关于风险管理的次法令》《关于成立海关与税收署风险管理办公室的规定》《有关商业公司从事贸易活动的法令》等。

2. 柬埔寨关于劳动就业的规定

1997 年颁布的柬埔寨《劳工法》，完全参照西方发达国家劳动标准制定，要求较为严格，为劳工提供了切实的保护，以及优厚的工作条件，积极实施技术人才本地化战略，千方百计地解决其国内劳动力大量过剩的问题，努力寻找国外就业市场，严格控制外劳输入，只有柬埔寨缺乏的技术、管理人才，才能获准在柬埔寨工作。

对于外籍雇员，《劳工法》做出如下规定，外籍人士只有获得劳动主管部门颁发的工作许可证和工卡后才能参加工作，并且必须遵守以下条件：①雇主必须预先拥有在柬埔寨王国工作的合法工作许可证；②外国人必须是合法进入柬埔寨王国的；③外国人必须拥有有效护照；④外国人必须拥有有效居住证；⑤外国人必须适合他们的工作，并且没有传染疾病。

工作许可证有效期为一年，只要延长的有效期不超过所讨论之人的居住证上的固定期限，可以对工作许可证进行延期。

3. 外国企业在柬埔寨获得土地的规定

柬埔寨《土地法》于 1992 年颁布，并于 2001 年 8 月修正。2001 年《土地法》修正案，主要目的是明确不动产所有权体制，以保障不动产所有权及相关权益。该法旨在建立现代化土地注册体系，以保障人民拥有土地的权利，土地法指定土地管理城市规划和建设部作为不动产权属证明文件的核发部门，并负责国有不动产的地籍管理工作。

在所有权规定方面，严禁外籍自然人和法人拥有土地。《宪法》规定，全部自然人或法人均可单独或集体拥有所有权，仅限于柬埔寨籍自然人或法人有权拥有土地。柬埔寨籍法人是指柬埔寨公民或公司持有 51% 或以上股份的公司。

4. 对环境保护的法律规定

柬埔寨环境保护主管部门是环境保护部。根据柬埔寨《环境保护法》，任何私人或公共项目均需要进行环境影响评估，在项目提交柬埔寨王国政府审批前，由环境保护部予以检查评估，未经环境影响评估的现有项目及待办项目均需进行评估。

5. 宗教信仰

宗教在柬埔寨人民的政治、社会和日常生活中占有十分重要的地位。王国《宪法》规定："男女公民均享有充分的信仰自由，国家保护信仰和宗教自由"，同时又明确地将佛教确定为国教。信仰小乘佛教的人占全国人口的 85% 以上。此外还有基督教（约 3.6 万教民）和伊斯兰教（约 32 万教徒）。

第二节　税收政策

一、税法体系

1. 柬埔寨税法体系

柬埔寨目前的税制受《2003 年税收修正案》（2003 年税收法）管辖，共六章 142 条款，包括企业说所得税、最低税、预提所得税、个人所得税、增值税、其他税种大项。所得税的缴纳有三种方式，包括实际税制、预估税制和简化税制（简化税制现已废止）。关于纳税人需采取何种税制，依据该企业所注册的公司形式、业务活动类型和营业额水平而定（税法第 4 条款）。

2. 国际税收协定

目前，柬埔寨已与新加坡、中国、文莱、泰国、越南、印度尼西亚签署了税收协定。

3. 中柬税收协定

2016 年 10 月 13 日，中国和柬埔寨在金边签署了《中华人民共和国政府和柬埔寨王国政府对所得避免双重征税和防止逃避税的协定》，简称"中柬税收协定及议定书"。根据中柬税收协定的规定，协定及议定书于 2018 年 1 月 26 日生效，将于 2019 年 1 月 1 日起执行。协定的主要内容包括：

（1）本协定适用于由缔约国一方或地方当局对所得征收的税收，不论其征收方式如何。

（2）对全部所得或某项所得征收的税收，包括对转让动产或不动产的收益征收的税收，对企业支付的工资或薪金总额征收的税收，应视为对所得征收的税收。

（3）本协定应特别适用的现行税种是：①在柬埔寨税收：利润税，包括预提税、最低税、股息分配附加利润税和财产收益税；工资税。②中国税收：个人所得税；企业所得税。

（4）消除双重征税方法。①柬埔寨：柬埔寨居民从中国取得的所得，按照本协定规定，在中国的应纳税额，可以在对该居民征收的柬埔寨税收中抵免。但是，抵免额不应超过对该项所得按照柬埔寨税法和规章计算的柬埔寨税收数额；从中国取得的中国居民公司支付给柬埔寨居民的股息，并且该柬埔寨居民拥有支付股息公司股份不少于10%的，该项抵免应考虑支付该股息公司就该项所得缴纳的中国税收。②中国：中国居民从柬埔寨取得的所得，按照本协定规定，在柬埔寨的应纳税额，可以在对该居民征收的中国税收中抵免。但是，抵免额不应超过对该项所得按照中国税法和规章计算的中国税收数额；从柬埔寨取得的柬埔寨居民公司支付给中国居民的股息，并且该中国居民拥有支付股息公司股份不少于10%的，该项抵免应考虑支付该股息公司就该项所得缴纳的柬埔寨税收。

二、税收征管

（一）征管情况介绍

柬埔寨国家税务总局隶属财经部，负责柬埔寨的税收征管工作，制定税收政策，为国家预算征收各类税收；草拟法律、税收法规，确定纳税人或者扣缴义务人需要保留的其他必要的法律文件；根据交叉检查确定纳税人和扣缴义务人的税务基础；计算和征收税收，增加税收和其他收入；建立项目和执行税务审计；负责税务部门的国际合作；对违反法律和规定的纳税人、扣缴义务人实施处罚；参与编制年度财政预算计划。税务总局下设人力行政财务部、法律诉讼统计部、纳税人服务及税款拖欠部、控制部、信息技术二部、大企业部、企业审计部。同时下设 32 个税务分局，6 个金边分局，24 个各省分局，所征收税款统一缴纳国家司库。

（二）税务查账追溯期

纳税人应根据税法的规定，保存会计账册、支持文件和其他财务资料，并于税务行政机构要求审查时，能出示给经办人审查。对于那些在柬埔寨会计法中规定的无需保留的会计账册，纳税人也必须保存流水账本，根据年、月、日的顺序，记录每笔有关买卖的收入和开支，并须按税务机关的要求方式进行记录。

根据税务条款和其他条款规定，要求必须保存的会计账册、相关文件、流水账册等资料，应保存至少十年以上。

（三）税务争议解决机制

纳税人若不满意税务重估结果或税务机关所做的决定，可以向税务机关高层官员提出申诉，但只限有关纳税人对税务重估的事实或决定之不满意之处。

1. 纳税人行政申述

行政申述必须依据在纳税人收到税务机关发出的缴款通知书后的 30 天内，以书面形式呈递给税务机关高层官员。

2. 税务机关裁定

税务机关在收到纳税人的申诉书后的 60 天内，必须对纳税人针对的税务评估申诉，或其他引起税务纠纷的确认部分或全部的评估内容的错误，决定改正或不予改正做出裁定。税务机关必须为其所做出的决定进行说明。纳税人若对税务行政管理机构所做出的裁决不满意，可以在 30 天内向税务纠纷仲裁委员会提出仲裁要求。

3. 税务纠纷仲裁委员会裁定

税务纠纷仲裁委员会的组织及其职责，根据财经部长的提议，由国会通过修正法案，加以颁布实施。该委员会根据企业提出的仲裁要求，予以裁定。

4. 法庭裁定

纳税人在接受税务纠纷仲裁委员会的判决后的 30 天内，有权对其仲裁的结果，向司法机关提出上诉，进行上述的纳税人，需向政府的金融机构存入金额相当于引起纠纷税款和利息总额的存款，并且此款项能为税务机关所掌控，才能上诉。

三、主要税种介绍

（一）企业所得税

1. 征税原则

企业所得税法引入居民纳税人和非居民纳税人概念。居民纳税人是指：①任何在柬埔寨长期居住或在纳税年度（12个月）中超过182天在柬埔寨居住的人士。②任何在柬埔寨境内组织和经营各种商业活动和合伙经营或主营地在柬埔寨的商业活动的法人。非居民纳税人是指居民纳税人以外，但其收入仍来源于柬埔寨境内的人士或法人。企业所得税的征税对象是收入来源于柬埔寨境内和境外的居民纳税人和收入来源于柬埔寨境内的非居民纳税人。

2. 税率

公司和常设机构的标准税率为20%。政府鼓励的投资企业可以享受9%的优惠税率（五年过度期），政府鼓励的投资企业是指从事柬埔寨发展理事会规定的投资领域的企业，如：净水供应投资企业、现代药品生产投资企业、基础设施投资企业等。从事石油、天然气和特定矿产资源开发公司的税率为30%。保险企业应以纳税年度所收的保险金总额的5%缴纳企业所得税。非"法人"的自然人和"松散合作经营"成员将依其参与的股份比例所体现出的所得将按逐步增加的年度所得，来缴付企业所得税。

3. 税收优惠

根据税法第9条款的规定，除有特别注明的条款和本法条款第22款所规定的除外，下列机构无需被征收企业所得税：①王国政府和其所辖机关的收入。②宗教团体、慈善事业、科学事业、教育事业的收入。③劳工组织、商业协会、工业协会、农业协会的收入。④由非采纳正式纳税机制的纳税人，因售卖自己生产的农产品或传统农产品的延伸产品得到了利润收入。⑤源自国内企业的红利，但须在本法案条款20、条款23和条款26，所规定应缴的税款都已上缴完毕后的收入。

由柬埔寨发展理事会所批注的合格投资项目，将享有5年过度时期9%

的企业所得税。如获得柬埔寨发展理事会免税批准，免税期将享有 0% 的企业所得税优惠，最多可享受 9 年的税收优惠。

由中国政府提供资金的双优项目和经援项目，在获得柬埔寨工程部和柬埔寨财经部同意的情况下，享受免除企业所得税的优惠。

4. 所得额的确定

应纳税所得额是指企业因进行各种经营活动而产生的纯利润。包括资金增益、企业活动、企业关闭或出售部分资产，也包括企业在进行金融投资时的收益，例如利息、租金和专利费等。

根据税法条款 11~18 项的规定，除了为正常生产经营活动而支付和产生的开支外，下列费用是允许扣除的：①利息开支。②一般有形资产的折旧。③无形资产的折旧。④自然资源的损耗。⑤慈善捐款。⑥拨入来年的亏损，一直到第五个税务年度为止。⑦同一业主纳税者之间的收入和扣除的相互转移。⑧任何租金，利息，赔偿支付或其他费用，偿付给任何企业单位的董事或经办人员或经销人员或纳税人员的家属或其他有关联人员。⑨用于支付购置新房产和其他有形资产，更新耐用设备，包括购买房产所产生的贷款利息和税金。

根据税法条款 19 项的规定，下列费用是不允许扣除的：①任何开销在普遍上被认为是娱乐消遣活动和招待活动或任何跟上述活动有关联的开支。②个人和家庭开支，但却不包括在薪金税条款所规定的已履行了保留纳税义务的各种额外收益的现金收入。③任何在企业所得税条款中所征收的税款，或任何薪金税条款中所征收的预扣税。④任何关联企业之间的产业买卖或相互交换所产生的亏损。⑤除了在法律上规定的在经营活动中允许扣除的其他费用。

5. 反避税规则

（1）关联交易。关联企业之间的交易须以公平交易原则为基础，但没有明确具体的交易规则。《税法》第 18 条规定，若有共同业主的多家企业，无论这些企业是在柬埔寨王国境内或境外，其所辖税务机关可以根据需要对毛收入、扣除或其他利益在企业及其所有人之间进行分配，以防止逃税和避税，清楚地反映这些企业或业主的收入。其中，有共同的业主是指同一纳税人拥有两家以上企业，且同时持有企业 20% 以上的股权价值，则该纳税人即为这两家以上企业的共同业主。《税法》第19条规定，任何关联企业之间的产业买卖或相互交换所产生的亏损，不允许扣除。

（2）转让定价。2017年10月参照OECD指南发布转让定价指南，强调独立交易原则，接受OECD指南五种转让定价方法。由于理解上的差异，目前尚未在柬埔寨完全推广和接受。

（3）资本弱化。没有关联企业之间利息支出的相关规定，但《税法》第12条规定，贷款利息的开支和付出可于税务年度内扣除。只要这些开支是为了维护正常生产和经营所需。但利息开支不能够超越纳税人的利息收入和纳税人在该纳税年度净非利息收入的50%。这里所指的净非利息收入是指除了利息收入之外的收入减去各项允许开支的费用，但利息开支除外。

6. 征管与合规性要求

企业所得税采用"按月预缴，年度清算"的方式。企业需在每月的15日之前按上月营业额的1%向税务局缴纳预扣所得税。年度结束后，在此年的3月31日之前提供年度企业所得税的报税资料并完成缴纳工作。最终确定的年度所得税额与按月缴纳的预缴所得税累计额相比较，按"多不退少要补"的原则计算。"多不退"指若累计预缴税大于年度所得税额，将作为企业的"年度最低税"形式缴纳给税务局，"少要补"指若累计预缴税小于年度所得税额，则需要补缴差额部分。

税款延迟缴纳，将被追加附加税。任何人到期若无法缴税，将被追加10%的滞纳金作为附加税，外加支付每月2%的迟付税款利息，作为每月未付税款的利息款项；若任何人收到催款通知书的15天内，仍然无法缴纳，将被追加25%的滞纳金作为附加税，另支付每月2%的迟付税款利息；若税务机关对没有呈报税务报告的纳税人，采取单方面的评估，将被追加评估税款的40%作为附加税，另支付每月2%的迟付税款利息。

（二）增值税

1. 征税原则

《税法》第59款规定，在柬埔寨境内提供货物或者劳务的企业和个人有缴纳增值税的义务。货物是指有形资产，但不包括土地和金钱。服务是指除了货物、土地和金钱以外有补偿价值的事物。

在针对服务纳税的场合，如果服务双方为居民企业/个人，但接受服务或者提供服务一方没有增值税纳税资格,那么,该服务适用预付所得税,而不适用增值税。

2. 计税方式

根据《税法》第59条款规定,被征税者是指在实际评估税务制度下,如条款60所做规定而进行的购买物品而征收税款。任何人若是采纳预估税务制度,可以通过申请,满足其所具备条件和手续,财经部将通过行政命令加以公布实施。

3. 税率

增值税的税率为10%,出口货物和劳务适用零税率。

4. 增值税免税

《税法》第57条款规定,提供下列事项免征增值税:公共邮电业的服务、医疗卫生业的服务、国有公共运输业和电力事业、保险业和特定的金融服务、豁免海关进口关税的物品、经财经部所认可的非营利性、关系到公众利益的活动。

5. 销项税额

《税法》第61条款规定,任何被征税对象的应税价值是卖方收取买方的货物或服务的价格。被征税对象的价值包括该供应所连带的运输费用和其他需付费给卖家的附带价值,也包括供应此商品和服务的所有税款,但不包括增值税。

6. 进项税额抵扣

《税法》第65条款规定,进项税额是一购买货物或服务的应税人向另一销售货物或服务的应税人支付的税款。这些税款可作为进项税在销项税中加以抵扣。纳税人在应酬、消遣和娱乐活动方面发生的进项税不能抵扣。另外购买手机和石油产品不能抵扣。

7. 征收方式

按同一个月内产生的总销项税额扣除总进项税额的余额纳税,未抵扣完的进税额可以在下一个月抵扣,若累积拥有3个月以上的进项税额,可于第3个月的月底申请退税。

8. 征管与合规性要求

(1)增值税按月申报,截止日期为下月20日之前。

（2）税款延迟缴纳，将被追加附加税（参见企业所得税部分）。

（三）个人所得税

1. 征税原则

柬埔寨个人所得税的纳税人分为居民个人和非居民个人。居民个人要就其在柬埔寨境内、境外的薪金收入纳税，非居民个人仅就其在柬埔寨境内的薪金收入纳税。一个自然人在12个月中居住在柬埔寨的时间超过182天，即被视为柬埔寨居民。柬埔寨的个人所得税的征税对象是薪金收入。薪金是指因雇员完成雇佣活动、直接或间接支付给雇员的好处。如：薪资、报酬、工资、奖金、超时工作补偿和其他各种额外收益。

2. 申报主体

通过雇主在每一次发放薪金时实行统一预扣，统一纳税。雇主一词是指：任何政府机构、任何合法居民、任何做"过手"买卖的居民、任何在柬埔寨王国的固定机构、任何非营利组织、或任何自然人居民所经营的工商活动。雇员一词是指任何自然人，因为参与雇佣活动而收取薪金报酬，包括企业的经办人员、董事、任何政府官员、任何被选取出任职务的官员，但不包括国会议员和参议员。

3. 应纳税所得额

应纳税所得额，是指由于员工完成和付出的劳动，而直接或间接获得的工资、利益、津贴、额外费用、加班费和补助等的附加福利。分现金工资和附加福利工资，两者适用不同的税率。现金工资包括工资、奖金、加班补助等。附加福利工资包括教育补助（与雇佣有关的教育除外）、住宿补助、特定保险的补助、社会福利等。

4. 扣除与减免

根据《税法》第43条款规定，得到认可的国际组织、外交机构的雇员的工资可以豁免所得税。

根据《税法》第44条款规定，下列事项可以免缴雇员的所得税：①有条件证明雇员是在雇主安排下并且为了雇主的利益，而所引发的专业费用退款。②在《劳工法》所允许的范围内被退回的赔偿金。③在《劳工法》的条款下，具有社会服务性质的活动所产生的额外报酬。④提供免费或购买低于实际售卖价的制服或专业仪器。⑤给执行任务或差旅开销的固定津贴。

为了协助有义务抚养配偶和子女的公务员、教师、医生和工人的生活，王国政府决定增加配偶和子女的计税抵免金额。就是从每月的 75000 瑞尔增加到 150000 瑞尔。

5. 税率实行累进税率

表4-2-1　累进税率表

	级数	月应纳税所得额	税率
现金工资	1	从 0~1200000 瑞尔	0%
	2	从 1200001~2000000 瑞尔	5%
	3	从 2000001~8500000 瑞尔	10%
	4	从 8500001~12500000 瑞尔	15%
	5	超过 12500000 瑞尔	20%
附加福利工资	附加福利工资部分的税款由雇主缴纳，税率为福利工资的市场价值的 20%。		

资料来源：柬埔寨财经部《关于实行新工资税率的指导说明》（002SHV.HBD）。

非居民个人的工资所得税税率为 20%。

计算公式：

工资税 = 工资税基数 × 税率 − 税收偏差价

工资税基数 = 计税工资 − 配偶和受抚养子女的免税额

配偶和受抚养子女的免税额 =150000 瑞尔 × 配偶和子女的人数

税收偏差价如表 4-2-2 所示：

表4-2-2　税收偏差价

	级数	月应纳税所得额	税率	税收的偏差价
现金工资	1	从 0~1200000 瑞尔	0%	0 瑞尔
	2	从 1200001~2000000 瑞尔	5%	60000 瑞尔
	3	从 2000001~8500000 瑞尔	10%	160000 瑞尔
	4	从 8500001~12500000 瑞尔	15%	585000 瑞尔
	5	超过 12500000 瑞尔	20%	1210000 瑞尔

资料来源：柬埔寨财经部《关于实行新工资税率的指导说明》（002SHV.HBD）。

6. 征管与合规性要求

（1）个人所得税按月申报，截止日期为下月 15 日之前。

（2）税款延迟缴纳，将被追加附加税（参见企业所得税部分）。

（3）抵扣国外已缴税款。居民纳税人，接受国外的薪金并根据国外税务机关的要求已付国外的税款，则可在柬埔寨的应交工资税中扣除，必须提交国外税务机关出具的完税凭证和单据。

（四）关税

1. 关税体系和构成

全部进口货物在进入柬埔寨境内时均应缴纳进口关税，投资修正法国际协议或其他特殊法规规定享受免税待遇的除外。柬埔寨进口关税根据从价税，主要由四种税率组成：0%、7%、15% 和 35%。而从价税和从量税被应用到部分进口产品上。商品税率根据进口货物的不同，具体由海关关税税则规定，比如：进口医药产品适用 0% 的税率；进口糖及糖食适用 7% 的税率；进口酒精饮料（水和啤酒除外）适用 15% 的税率；进口家用机电设备使用 35% 的税率。除了以上条款外，所有进口货物征收 10% 的增值税。

2. 税率

在柬埔寨进口的关税适用税率（主要商品），如表 4-2-3 所示。

表4-2-3　柬埔寨主要商品进口关税适用税率

适用率	主要商品
0%	医药产品、矿砂、矿渣及矿灰、石油气及其他烃类气、印刷的书籍
7%	实用水果及坚果、动物或植物的脂肪和油及其分解产品、糖及糖食、生皮（毛皮除外）及皮革制品、首饰及零件、贵金属或包贵金属的金属条、自行车及其他脚踏车（包括货运三轮车）、非电动车、乐器
15%	酒精饮料（水和啤酒除外）、摩托车、钟表手表及其零件
35%	生产秸秆、针茅或其他种植材料、家用机电设备、汽车和车车和其他机动车（主要设计用于运输人员）

资料来源：柬埔寨发展理事会《柬埔寨投资指南》。

3. 关税免税

（1）政府部门进口一般无需缴纳关税；用于外交或驻外大使馆、与其他国家技术合作的国际机构和组织等的货物，可免除进口关税及其他税种；

普通进口货物经过柬埔寨发展理事会（CDC）批准，也可免于缴纳关税。

（2）在《中国—东盟自由贸易区协定》中规定了的针对原产中国的货物，可以享受规定的优惠税率。

（3）中国政府双优项目和经援项目下，在施工合作协议中约定了免税条款，明确了免除进口关税。免税货物为建设该项目所进口设备物资。免税期限为项目合同上规定的施工期限，如遇工程延期需要向海关提供由业主出具的延期证明并办理延期免税文件。但生活物资、商务用车不在免税范围之列。

（4）设备出售、报废及再出口的规定。免税项目到期后，如果没有后续免税项目，需按海关核定的残值补缴关税，视同二手设备的进口，企业方可自行处理该设备；如果转入其他免税项目，需要办理转移登记手续；如果项目结束后设备转场到其他国家，需取得海关监督管理机构的同意，并支付一定的手续费方可出关。全额关税进口设备，企业可以自行报废；对海关税收优惠进口设备的报废必须通过海关监督管理机构认定残值，补齐相应关税后进行报废，同时申请海关管理机构进行销关。

（五）企业须缴纳的其他税种

1. 预提所得税

适用于所有进行支付业务的公司、合伙经营者和自然人。纳税人在进行现金或其他形式支付方式时，应按照相应税率预扣部分支付款项用来缴纳预提所得税，适用税率见表4-2-4：

表4-2-4　预提所得税税率表

适用税率	业务事项
15%	支付给本地纳税人的管理、顾问等类似服务所获得的报酬；支付无形资产的专利费用或矿产、石油、天然气的收益，或向非本国银行或金融机构的个人或公司交纳的利息，应预扣15%的预提所得税
10%	支付给动产或不动产的公司或个人的费用，应预扣10%的预提所得税
6%	境内银行机构支付给企业或个人的定期存款收入，应预扣6%的预提所得税
4%	境内银行机构支付给企业或个人的活期存款收入，应预扣4%的预提所得税
14%	支付非本地纳税人的①利息；②专利费、租金或任何与产业有关联所取得的收入；③从事管理服务或技术服务所取得报酬；④红利，应预扣14%的预提所得税

2. 特定商品税

指对于特定种类商品的进口及本国境内特定种类商品和服务所征收的税种。计税依据为进口报关价格和本地销售商品及提供服务所开具的发票（不包含 VAT）的价格，具体税率如下：国内及国际机票服务缴纳 10%；国内及国际电话通讯服务缴纳 3%；娱乐业及所有种类的饮料缴纳 10%；在本国境内出售的当地及进口啤酒缴纳 25%；所有的石油类衍生品以及所有低于 2000CC 排量的机动车及配件缴纳 20%；所有高于 2000CC 排量的机动车缴纳 45%。

3. 财产租赁税

财产租赁税是由以下的租金收入所确定：房屋、工厂、仓库、办公室等建筑物；具有工业体系的手工工具；安装在一个地方装有液体和各种产品的工业和商业的装备，如装有燃料、沥青、谷物的大型建筑；浮动房屋，用作住宿或其他商业服务的船只；自由地（没有建筑物的土地）包括石头、煤矿、煤矿开采、湖泊和盐田地区。

此税是从业主或代理人那里收取的。财产租赁税的税率为总租金的 10%。租金总额应以与承租人签订的书面协议为准。

4. 照明税

照明税适用于售卖酒精及烟草类型企业，需按其商品售价（不包含 VAT）的价格于每月 15 日缴纳 3% 的照明税。

5. 住宿税

住宿税适用于提供住宿类型企业，需按其营业额（不包含 VAT）在每月 15 日缴纳 2% 的住宿税。

6. 税务执照税

根据每年的营业额，在每年 3 月底前支付。新纳税义务人应当自上半年开始营业的，应当缴纳全年的税款；或者在下半年开始营业的，应当缴纳半年的税款。纳税人在同一地区的同一业务上有分支、仓库、工厂或者工作场所的，只缴有一项税款，但纳税人在不同地方有不同业务的，应当分各业务和各辖区缴纳税款。纳税人必须在企业的基本营业场所展示税务执照证书。

7. 登记注册税

在不以销售、交换、收到礼物、将资金投入公司的情况下，对不动产所有权转让或转让土地所有权的登记税按 4% 的税率征收。对各类车辆的所有权转让和运输方式征收 4% 的登记注册税。

对法律文件征收登记注册税，如下：

关于建立公司的文件，征收 100 万瑞尔税款。

关于合并公司的文件，征收 100 万瑞尔税款。

关于解决公司的文件，征收 100 万瑞尔的税款。

使用国家预算的货物或服务供应合同按合同成本的 0.1% 征收。

转让部分或全部股份的按股票价格的 0.1%。

登记注册税应由收到没有建筑的土地所有权或占用权的人支付，并按转移日当天该物业的实际价值按比例征收。然而，为了方便实施，财经部长可以确定一段时间内的价值作为计算应纳税的基础。

8. 闲置土地税

闲置土地税对城市和指定地域的土地上没有从事建设的，或者有建筑物没有使用的，以及特定的开发地的未使用土地征收，税额于每年 6 月 30 日由未使用土地评价委员会决定，按照每平方米土地的市场价格的 2% 计算，1200 平方米以内的土地免税。应税土地的所有者必须在每年的 9 月 30 日以前缴纳闲置土地税。

9. 屠宰税

屠宰税是在屠杀牛、水牛和猪的时候，在所有经济收入上收集的税种。屠宰税是在宰杀地点或屠宰地点上收集的，在特殊情况下，屠宰税的收取程序是由财经部门决定的，是从买方、运输人或者现场动物销售者收取的。屠宰税以屠宰动物价值的 3% 征收，因此，被称为"应税价格"，是一个特定时期的市场动物的平均零售价格。财经部是以波动的市场价格为基础确定屠宰动物的价格的。

10. 运输工具税

对所有车辆和运输工具征收的一种税。税率和税收由财经部法规部门按发动机的排量和生产时间确定，缴纳时间为每年的 6 月 15 日—11 月 30 日，缴税前需在财经部提供的网站上输入车辆发动机号和车辆生产时间，网页将自动弹出缴税金额，车主按网站提供的金额缴税即可，财经部不再对外公布具体车辆缴税金额。

11. 不动产税

本法的目的是使土地的使用合理化，并使国家的行政预算受益。对位于柬埔寨王国和省辖区内的不动产征收不动产税。此税适用于价值超过 1 亿瑞尔的不动产。为了这个税的目的，"不动产"一词指的是土地、房屋、建筑物和其他建筑。

此税应以每年 0.1% 的税率征收。税收基础是扣除 1 亿瑞尔的土地、房屋、建筑物和其他建筑的价值。土地、房屋、建筑物和其他构建物的价值，由财经部的法规部门建立的房地产评估委员会根据市场价格确定。

（六）社会保险金

1. 征税原则

所有雇佣 8 名或 8 名以上员工（不分国籍）的企业必须在开业后的45 日内向全国社会保障基金进行登记，并从取得企业注册证书的 30 天内支付第一笔社保基金，之后每月付款时间不晚于下个月的 15 日前。所缴费用以雇员的平均工资（基本工资）计算，月工资包括薪酬、加班费、佣金、红利、奖金、利润分成与遣散费。缴费费率 0.8%（最低：基本月工资200000 瑞尔最低支付 1600 瑞尔 / 月；基本月工资 1000000 瑞尔最高支付8000 瑞尔 / 月）。2018 开始执行新的缴费标准，根据工资收入，确定计算基数，意外险缴费费率按 0.8% 计算，健康险缴费费率按 2.6% 计算（最低：基本月工资 200000 瑞尔，每月最低支付 1600 瑞尔意外险、5200 瑞尔健康险；基本月工资 1200000 瑞尔，每月最低支付 9600 瑞尔意外险、31200 瑞尔健康险。详细缴费标准见如表 4-2-5 所示：

表4-2-5　2018年社会保险金费率表

序号	工资区间 瑞尔/月	计费工资 基数/月	意外险费率 0.80%	健康险费率 2.6%	合计
1	200000 以下	200000	1600	5200	6800
2	200001~250000	225000	1800	5850	7650
3	250001~300000	275000	2200	7150	9350
4	300001~350000	325000	2600	8450	11050
5	350001~400000	375000	3000	9750	12750

续表

序号	工资区间 瑞尔/月	计费工资 基数/月	意外险费率 0.80%	健康险费率 2.6%	合计
6	400001~450000	425000	3400	11050	14450
7	450001~500000	475000	3800	12350	16150
8	500001~550000	525000	4200	13650	17850
9	550001~600000	575000	4600	14950	19550
10	600001~650000	625000	5000	16250	21250
11	650001~700000	675000	5400	17550	22950
12	700001~750000	725000	5800	18850	24650
13	750001~800000	775000	6200	20150	26350
14	800001~850000	825000	6600	21450	28050
15	850001~900000	875000	7000	22750	29750
16	900001~950000	925000	7400	24050	31450
17	950001~1000000	975000	7800	25350	33150
18	1000001~1050000	1025000	8200	26650	34850
19	1050001~1100000	1075000	8600	27950	36550
20	1100001~1150000	1125000	9000	29250	38250
21	1.150.001~1.200.000	1175000	9400	30550	39950
22	1200001 以上	1200000	9600	31200	40800

资料来源：柬埔寨劳动与职业培训部 NO. 449 LV/PrK.NSSF。

2. 外国人缴纳社保规定

依据社保法的规定，纳入社会保障计划的人员，不分国籍、种族、性别、宗教信仰、政治观点、民族血统、社会出身、工会成员身份或工会行为，纳入本法的雇主与工人，应当有义务按照同一标准向全国社会保障基金缴款。

第三节　外汇政策

一、基本情况

柬埔寨国家银行是柬埔寨的外汇管理机构，市场上流通的货币为美元，国家的法定货币为瑞尔，自 1998 年贬值以来，美元兑瑞尔的汇率一直稳定在 4000 瑞尔左右。

根据柬埔寨外汇法规定，公司及个人（居民和非居民型企业或个人）可在外汇交易市场自由进行外汇买卖、外汇兑换、各种国际结算及外汇或本国货币的资金流动。但上述行为必须在指定的正规中介（授权银行）进行，如果单笔转账金额在 1 万美元（含）以上的，授权银行应向国家银行报告。但如果发生外汇危机，在为期三个月内，中央银行可实施相关规章制度暂时限制授权中介的业务活动、限制其外汇持有额及为非居民提供本国货币贷款的资格。

二、居民及非居民企业经常项目外汇管理规定

（一）货物/服务贸易外汇管理

进出口货物/服务、资金转移、投资、贷款和借款所产生的资金流可自由流转，但需按要求由中介机构（授权银行）定期上报中央银行。

（二）跨境债权债务外汇规定

居民和非居民之间可以自由签订贷款或借款协议（包括贸易信贷），但贷款支付和偿还必须在指定授权机构进行。

（三）外币现钞相关管理规定

大额取款需提前与银行预约，大额存款需说明存款来源并提供相应的文件。

三、居民企业和非居民企业资本项目外汇管理

目前，只要外来投资符合柬埔寨王国投资相关条例的规定，保证是合格投资项目，可从指定银行买入外币自由汇出。包括：进口支付与国际贷款的还本付息；特许权使用费和管理费的支付；利润的汇付，以及解散时返还的投资资本；其停业清盘所产生的费用可以自由转移。（资本外汇划拨不受限制）

四、个人外汇管理规定

个人可以自由到金融机构提取现金，买卖外汇。旅行者进出口携带10000 美元或以上的外汇或等值本币的话，应向海关官员进行申报。

第四节　会计政策

一、会计管理体制

（一）财税监管机构情况

2002 年 7 月颁布《企业会计、审计与会计职业法》，而后又颁布《柬埔寨注册会计师和审计师协会（KICPAA）二级法令》，2003 年颁布了《国家会计委员会（NAC）职能二级法令》。国家会计委员会（NAC）是财经部的监管机构，主要从事柬埔寨会计准则（CAS）和会计制度的审查与修改。柬埔寨注册会计师和审计师协会是一个专业会计机构，监督私人会计职业的组织和质量保障。

（二）事务所审计

柬埔寨的所有企业，无论是自然人还是法人，柬埔寨企业还是外资企业，符合以下三类中的任意两类，均有义务由已经在柬埔寨注册会计师和审计师协会进行登记的独立审计师对每一个财务年度的财务报表进行审计。

所有符合以下条件的合格项目（QIP）也应具有同等义务：①年营业额在 30
亿瑞尔（约 75 万美元）以上；②根据审计年度中的可用资产的平均价格计
算，总资产在 20 亿瑞尔（约 50 万美元）以上；③根据审计年度中的可用
雇员平均数，拥有雇员数量在 100 名以上。

（三）对外报送内容及要求

财务报表应当包括资产负债表、损益表、现金流量表和注释和附注。
财务报表的质量特征包括可理解性、相关性、可靠性和可比性。

财务报表应在财政年度结束后三个月内准备好。

二、财务会计准则基本情况

（一）适用的当地准则名称与财务报告编制基础。

在国际会计准则的基础上，国家会计委员会（NAC）在 2003 年 4 月
11 日首先通过了 15 项柬埔寨会计准则（CAS）及 10 项柬埔寨审计准则
（CSA）。2008 年 3 月 24 日，"关于实施柬埔寨会计准则（CAS）和柬埔寨财
务报告准则（CFRS）的大臣令第 221 号法令"获得通过，此法令更新了旧
版柬埔寨会计准则，确立了当前正在实施的 18 项柬埔寨会计准则和 2 项柬
埔寨财务报告准则。同时于 2009 年 8 月 29 日正式发布通告，要求从 2012
年 1 月 1 日起执行国际财务报告准则，从 2010 年 1 月 1 日起执行针对中小
企业的国际财务报告准则。实际上柬埔寨会计准则基本是完全采用国际会
计准则。

2002 年 7 月颁布的《企业会计、审计与会计职业法》规定，财务报表
应当包括资产负债表、损益表、现金流量表和注释和附注。它们应被视为
财务报表中不可分割的一部分。财务报表应在财政年度结束后三个月内准
备好（条文 11）

执行《柬埔寨会计准则》和《柬埔寨财务报告准则》，对经济业务进行
会计核算和财务会计报告编制。财务报表应在持续经营的基础上编报，除
非企业可能破产或终止经营。除现金流量表外，企业应以权责发生制为基
础编制财务报表。

（二）会计准则使用范围

柬埔寨会计准则普遍适用于各类企业，没有严格区分大中小型企业。

三、会计制度基本规范

（一）会计年度

2002 年 7 月颁布的《企业会计、审计与会计职业法》规定，会计期为 12 个月，会计期应在 1 月 1 日开始，并在同年的 12 月 31 日结束（条文10）。

（二）记账本位币

《会计法》规定，会计账目记录应以柬埔寨文和货币瑞尔呈现（条文8）。企业与外国经商或是外国公司的子公司可被授权以英文或瑞尔以外货币准备会计账目记录（条文 9）。

（三）记账基础和计量属性

以权责发生制为记账基础，以复式记账为记账方法，以历史成本、现行成本，可变现净值、现值计量财务报表要素。

四、主要会计要素核算要求及重点关注的会计核算

（一）现金及现金等价物

现金包括库存现金和活期存款。现金等价物是短期内可转换为已知数额现金的高流动性投资，现金等价物的价值变化风险非常低。

（二）应收款项

应收账款是指企业因销售商品、提供劳务等经营活动，应向购货单位或接受劳务单位收取的款项，主要包括应收取的价款及代购货单位垫付的包装费、运杂费等。

应收账款回收期限超过一年的算作长期应收账款。当有确凿证据证明应收账款无法收回时，则该笔应收账款应作为坏账损失，允许在税前扣除。如果有证据证明表明无法收回应收账款项是企业管理本身的不当行为所致，这笔无法收回的应收账款将不允许在税前扣除 .。

（三）存货

（1）存货的定义：①在正常经营过程为销售而持有的资产；②为商品销售而处在生产过程中的资产；③在生产过程或提供劳务过程中耗用的材料和物料形式存在的资产。

（2）存货的初始成本计量：①采购成本：直接购买的存货成本由购进价格加进口关税和其他税费、运费和所有为取得该项存货所可以直接分配到该项存货中的费用，商业折扣、回扣和其他类似的项目，可以在确定采购成本时扣除。②加工成本：存货的加工成本包括直接与生产产品有关的费用，诸如直接材料、直接人工等。在将材料转化成产成品的过程中，会发生各种生产间接费用，包括工厂建筑物和设备的折旧、维修费、间接材料和间接人工等存货的加工成本还包括对这些间接费用的系统分配。

（3）存货的出库核算方法：按先进先出法或加权平均成本法。企业应根据存货的性质和使用特点选择适合的方法进行存货的出库核算。

（4）存货的期末计量：按成本与可变现净值孰低原则计量。

（四）长期股权投资

长期股权投资包括对子公司、合营企业和联营企业的权益性投资。长期股权投资在取得时以初始投资成本进行初始计量。

公司能够对被投资单位实施控制的长期股权投资，在本公司财务报表中采用成本法核算。实施控制是指拥有对被投资方的权力，通过参与被投资方的相关活动而享有可变回报，并且有能力运用对被投资方的权力影响回报金额。对被投资单位具有共同控制或重大影响的长期股权投资，采用权益法核算。采用权益法时，长期股权投资的初始投资成本大于投资时应享有被投资单位可辨认净资产公允价值份额的，不要求对长期股权投资的成本进行调整；长期股权投资的初始投资成本小于投资时应享有被投资单位可辨认净资产公允价值份额的，其差额计入当期损益，同时调整长期股权投资的成本。

处置长期股权投资，其账面价值与实际取得价款的差额，计入当期损益。采用权益法核算的长期股权投资，终止采用权益法的，原权益法核算的相关其他综合收益采用与被投资单位直接处置相关资产或负债相同的基础进行会计处理，因被投资方除净损益、其他综合收益和利润分配以外的其他股东权益变动而确认的股东权益，全部转入当期损益；仍采用权益法的，原权益法核算的相关其他综合收益采用与被投资单位直接处置相关资产或负债相同的基础进行会计处理并按比例转入当期损益，因被投资方除净损益、其他综合收益和利润分配以外的其他股东权益变动而确认的股东权益按相应的比例转入当期损益。

（五）固定资产

（1）定义：固定资产是企业为了在生产或供应商品或劳务时使用、出租给其他人，或为了管理的目的而持有；包括不动产、厂房和设备。

（2）初始计量。不动产、厂房和设备项目的成本，应由其购买价格，进口税以及任何使资产达到预期使用状态的直接可归属成本所组成。在计算购买价格时，应减去任何有关的商业折扣和回扣。直接可归属成本的内容如下：

①场地整理费用；

②首次运输和装卸费用；

③安装费用；

④专业人员（例如建筑师、工程师等）的服务费用。

（3）折旧。一项资产的使用年限是根据该资产对企业的预期效用来确定的。其中，土地和建筑物是分别计量的资产，并且为了会计上的目的可以单独地加以处理，即使它们是一起购置的。土地通常具有无限使用年限。因此，不计提折旧。建筑物具有有限使用年限，因此，是折旧性资产。根据柬埔寨《税法》第13及14条所示（税法规定折旧率和会计法规的折旧一致），所允许的对各类固定资产的折旧方法及折旧率如下：

第1类——房屋及建筑。折旧方法：直线折旧法；折旧率：5%。

第2类——电脑，电子信息设备及软件和信息处理设备。折旧方法：递减折旧法；折旧率：50%。

第3类——车辆交通工具及办工家具。折旧方法：递减折旧法；折旧率：25%。

第4类——其他有形资产。折旧方法：递减折旧法；折旧率：20%。

（六）无形资产

无形资产是为用于商品或劳务的生产或供应、出租给其他单位、或管理目的而持有的、没有实物形态的、可辨认的非货币性资产。这种资产是可控的，并可与企业的商誉清楚地区分开来。

满足以下条件，应将无形资产确认为资产：

①归属于该资产的未来经济利益可能流入企业。

②该资产的成本能够可靠地计量。

无形资产应以成本进行初始计量，无论是从外部获得的还是在内部生产的。

无形资产可以下基础之一进行记录：

①成本减去累计摊销，即账面价值（基准处理方法），若发生减值损失应减记至可回收金额。

②重估金额（允许选用的处理方法），即公允价值减去累计摊销，若发生减值损失应减记至可回收金额。

摊销方法：直线摊销法；摊销率：10% 或者是实际能使用的年限。

（七）职工薪酬

职工薪酬，包括薪水、报酬、工资、花红和超时工作补偿和其他各种额外利益。

雇主应当在职工为其提供服务的会计期间，将应付的职工薪酬确认为负债，根据雇员提供服务的收益对象，分别进入产品成本或劳务成本、固定资产成本或无形资产成本、当期损益。

（八）收入（目前不适于建筑合同法确认收入）

（1）商品销售收入：当以下所有的条件均得到满足时应确认商品销售的收入：

①企业已将与商品所有权有关的主要风险和报酬转移给买方；

②企业不再继续保有与所有权有关的管理权或不再对已售出商品进行实际的控制；

③收入的金额能够可靠地予以计量；

④与该交易有关的经济利益很可能流入企业；

⑤与该交易有关的已发生或将要发生的费用能够可靠地予以计量。

（2）提供劳务的收入确认原则：当涉及提供劳务的交易的结果能够可靠地予以预计时，与此项交易有关的收入应根据资产负债表日该交易完成的程度予以确认。当以下所有的条件均得以满足时，交易的结果就能够可靠地予以预计：

①收入的金额能够可靠地予以计量；

②与该交易有关的经济利益很可能流入企业;

③在资产负债表日该交易完成的程度能够可靠地予以计量;

④交易过程中已发生的费用和完成交易所条的费用能够可靠地予以计量。

（九）政府补助

政府补助，指政府通过向企业转移资源，以换取企业在过去或未来按照某种条件进行有关经营活动的援助。

政府补助存在以下两种形式：

一是与资产相关的政府补助，企业用之购买、建造或获得长期资产。

二是与收益相关的政府补助，除与资产相关的政府补助以外的其他补助。

会计处理方法，一般采用收益法，将政府补助在某一期或某几期内确认为收益，且应与其实际和预计发生的成本相配比。

（十）借款费用

借款费用是指企业因借入资金款而发生的利息和其他费用。可直接归属于符合资本化条件的资产购置、建造或生产的借款费用，应通过资本化成为该资产的成本。借款费用除允许资本化的情况外，应于发生的当期确认为费用。

（十一）外币业务

外币交易。外币交易在初次确认时，应按交易日即期汇率将外币金额折算成记账本位币。或使用近期平均汇率。在结算日，对使用外币核算的科目按照结算日当日的汇率折算为记账本位币金额，由于折算汇率与初始确认时所使用的汇率不同，导致出现的汇兑差额，计入当期损益。

报表日的会计处理如下：

①外币货币性项目应以期末汇率予以报告。

②以外币历史成本计价的非货币性项目应采用交易日汇率予以报告。

③以外币公允价值计价的非货币性项目应采用公允价值计量日的汇率折算。

（十二）所得税

包括国内、国外以及预扣税在内的所有所得税。企业应当区分临时性差异和永久性差异，根据可抵扣暂时性差异和应纳税暂时性差异，分别确认递延所得税资产和负债。

五、其他

企业集团中的母公司应编制合并财务报表，将其境内和境外子公司全部纳入合并报表范围。

本章资料来源：

◎ 国家税务总局《中国居民赴柬埔寨投资指南》

第五章　津巴布韦税收外汇会计政策

第一节　投资环境基本情况

一、国家简介

津巴布韦共和国（英语：Republic of Zimbabwe）是非洲南部的内陆国家，地处赞比西河与林波波河之间，南接南非，西部和西南与博兹瓦纳接壤，西北与赞比亚接壤，东部和东北与莫桑比克相邻，尽管津巴布韦与纳米比亚无领土接壤，但是在赞比西河河岸两国仅相隔 200 余米相望。津巴布韦面积 39 万平方公里，人口 1415 万（2013 年）。最大城市和首都为哈拉雷。

二、经济情况

2016 年津巴布韦 GDP 总量为 166.2 亿美元，全球排名第 113。

津巴布韦在 21 世纪初开始经历恶性通货膨胀，按 2008 年 7 月的官方统计，通胀率达到 2600%。时任津巴布韦总统穆加贝认为西方发达国家对津巴布韦实施冻结援助贷款和冻结津巴布韦在西方的存款和资产的经济制裁，是导致目前经济危机的最主要原因。而穆加贝的反对者则认为穆加贝推行的土地改革（强买白人农场主的土地），政府对价格的控制不力，以及艾滋病流行等因素是造成当前经济危机的主要原因，并称津巴布韦目前正面临独立以来最严重的人道主义危机。

2017 年 6 月，津巴布韦政府宣布正式弃用津巴布韦元，民众可向津巴布韦储备银行将所持有的津巴布韦元以 3.5 万兆元换一美元的汇率兑换为美元。

2019 年 2 月，津巴布韦储备银行将流通中的现有 RTGS 余额，债券票据和硬币计入 RTGS 元，RTGS 元作为新货币成为津巴布韦多货币体系的一部分，津巴布韦的所有实体（包括政府）和个人都应使用 RTGS 元，用于货物和服务的定价，记录债务，会计和国内交易的结算。

三、外国投资相关法律

法律法规较为健全，基本沿用英国法律法规体系。与投资合作经营有关的法律法规有《商业组织法》《外商投资法》《劳工法》《移民法》《税法》《金融与外汇法》《土地法》《环境保护法》等。

外国投资者在津巴布韦投资新建项目，需要在津巴布韦投资管理机构（ZIA）办理投资证（Investment License）。

津巴布韦《移民法》允许本地公司雇佣持有临时工作许可的外国人。津巴布韦公司如确实不能在当地招聘到所需技术人才，可以向移民局申请办理招聘境外临时工作人员。近年移民局加强了居住许可的控制，一般只发放一年期的许可。

津巴布韦出入境管理办法规定，持旅游签证赴津的外国人不得逾期居留，不得在津就业或从事商业活动。

第二节　税收政策

一、税法体系

津巴布韦实行属人税法。津巴布韦的税收结构体系形成于 1965 年，之后没有大的变化。2011 年 11 月 24 日，津巴布韦财政部长比蒂发布了 2012 年财政预算，自 2012 年起津对部分税率政策进行了调整。津巴布韦的税收种类包括：个人所得税、企业所得税、增值税、预提所得税、资本收益税等。

2015 年 12 月 1 日，中国和津巴布韦在哈拉雷正式签署《中华人民共和国政府和津巴布韦共和国政府对所得避免双重征税和防止偷漏税的协定》。《协定》于 2016 年 9 月 29 日生效，适用于自 2017 年 1 月 1 日起取得的所得。但津巴布韦未签署 BEPS 公约。

二、税收征管

（一）征管情况介绍

津巴布韦实行税收中央集权制，税收立法权、征收权、管理权均集中于中央。主要的税法由财政部制定，报国会审议通过，由总统颁布。所征收税款统一缴纳国家司库。企业征收类型分大型企业和中小型企业分别管理。

（二）税务查账追溯期

因税务机关的责任，致使纳税人、扣缴义务人未缴或者少缴税款的，税务机关在三年内可以要求纳税人、扣缴义务人补缴税款，但是不得加收滞纳金。

因纳税人、扣缴义务人计算错误等失误，未缴或者少缴税款的，税务机关在三年内可以追征税款、滞纳金；有特殊情况的，追征期可以延长到五年。

对于偷税、抗税、骗税，税务机关追征其未缴或者少缴的税款、滞纳金或者所骗取的税款，不受前款规定期限的限制。

（三）税务争议解决机制

津巴布韦颁布了财政上诉法院法，成立财政上诉法院来解决争议税务争议，体现税务征收的合法性、公正性原则。

津巴布韦税务纠纷机制有以下四个方式。

一是协商解决。税务机关与争议当事人通过协商解决问题，不需要通过上级税务行政机关和司法机关。协商解决可以减少争议双方的矛盾，缩短争议解决的时间，减少争议解决的环节。但协商解决争议是解决方式中法律效力最低，不确定因素角度，同时会涉及咨询费用。这种解决方式是目前使用最多一种解决方式，也是成本耗费最低的一种解决方式。

二是行政复议解决。这种争议解决方式的法律效率略高于协商解决方式。此种方式由行政机关行使内部监督权的一种表现。相对于协商解决和诉讼较低，而且它不能涵盖所有的税收争议，管辖范围有限。

三是诉讼解决。这种解决方式是最具法律效力、最公平的一种，但诉讼成本较高。企业可以聘请专业机构进行税务诉讼事项，同时提供相应的诉讼材料,通过法院进行税务诉讼,但时间周期较长,诉讼费用较高。

四是其他方式。由于政府层面协调不到位,导致的税务纠纷事项,在处理税务纠纷过程中,可以通过政府部门之间沟通机制来解决。

三、主要税种介绍

（一）企业所得税

1. 征税原则

企业所得税法引入居民企业概念。居民企业是指依照津巴布韦法律成立的或依照外国法律成立但实际管理机构设在津巴布韦的企业。国际协议条款的实施不在此限;非居民企业仅就来源于津巴布韦的收入缴纳企业所得税。津巴布韦注册的企业必然是居民企业而实际管理机构设在津巴布韦的外国公司也可能被认定为津巴布韦居民企业。

津巴布韦企业所得税法规定,从津巴布韦境内的资源或视同从其境内的资源取得的收入减去与公司业务相关的成本后的利润,应缴纳企业所得税,部分特殊的收入为零税率。

津巴布韦境内的居民取得的境外的利息和红利视同从津巴布韦境内取得的收入纳税;管理机构或实际控制机构在津巴布韦境内的企业应视同津巴布韦的居民企业进行纳税。

2. 税率

从 2011 年 1 月 1 日起,居民企业和非居民企业都需要缴纳 25% 的企业所得税,居民企业取得的境外红利收入按 20% 的优惠汇率征税。

除 25% 的基本税率外,还要在应纳企业所得税额的基础上征收 3% 的艾滋病基金（不包括适用特别税率的企业）,这样的话,一般企业的综合企业所得税率为 25.75%。

适用特别税率的企业类型如表 5-2-1 所示:

表5-2-1 适用特别税率的企业类型

企业类型	适用税率
在出口加工区经营和投资并于 2007 年 1 月 1 日之前取得营业许可证的企业	25%

续表

企业类型	适用税率
特殊的矿产企业	15%（加上额外的利润税）
BOOT 和 BOT 项目	
第 1~5 年	0
第 6~10 年	15%
第 11 年起	25%（开始征收 3% 的艾滋病基金）
2010 年 1 月 1 日前开始营业的工业园区的开发商	
第 1~5 年	0
以后	25%
自产产品出口率在 31%~51% 的制造业企业	15%/17.5%/20%

数据来源：Worldwide-Corporate-Tax-Guide-2017。

居民（含个人）在津巴布韦金融机构的存期超过 12 个月的存款利息收入免收所得税和预提所得税。居民从津巴布韦金融机构获得的其他利息收入免收所得税，但需要缴纳 15% 的预提所得税（存款期限为 90 天以上的定期存款利息收入缴纳 5% 的预提所得税）。由非金融机构的投资者、居民购买的：国库券到期收益、银行承兑票据和金融机构交易的贴现票据，也要征收 15% 的预提所得税。征收的时间为金融工具贴现或到期日。利息收入的计算不得扣除任何费用和损失（上述预提所得税除外）。居民收到的其他利息收入按正常的企业所得税法纳税，允许做税前抵扣。

预提所得税：是指从津巴布韦境内向非津巴布韦居民支付的股利、管理费用、技术使用费、利息费用和咨询费等类似的费用时需要由支付方一次性代扣代缴一定比例（一般为 15%）的预提所得税作为最终的所得税。预提所得税必须在付款后 10 天内到税务局申报缴纳。

3. 税收优惠

在过去，出口加工区被设计放在主要的商业中心和边境地区。税收优惠仅限于 2007 年 1 月 1 日以前在这些地区投资并取得许可证的企业。税收优惠的主要方式为降低或免征以下税项，主要类型如下：

（1）企业所得税（前五年税率为0%，五年后的税率为15%）。

（2）资本利得税。

（3）居民和非居民股东的红利税。

（4）非居民企业汇款税、费及版权税。

（5）关税。

（6）货物或服务的增值税（可退还）。

2017年1月1日起生效的2017年预算草案。类似的让步将适用于根据最近颁布的立法规定设立的经济特区。

外国企业在津巴布韦境内提供其发展所需的资金服务免征企业所得税和资本利得税。

金融机构提供的与抵押融资有关的收入和应计项目，免征所得税。

4. 所得额的确定（包含亏损弥补规定）

（1）收入的确定。从津巴布韦境内的资源或视同其境内资源取得的所有收入都要缴纳所得税，下列类型的利息为零税率：①存期超过12个月的存款利息；②个人自己储蓄的银行利息；③投资于特定建筑业协会取得的利息。

其他金融机构存款取得的利息收入及购买短期国库券、银行金融机构发行的贴现票据等金融工具取得的利息收入应缴纳15%的预提所得税作为最终的税费。

（2）成本的确认及税前扣除标准。与取得收入有关的成本一般都允许在税前扣除，下列的成本不允许在税前扣除：①与零税率收入或从津巴布韦境外取得收入相关的成本；②养老保险金超过规定金额的部分；③出席贸易访问团或会议发生的超过规定金额的费用；④租赁或修理与生产经营无关的房屋产生的费用；⑤限制贸易发生的费用；⑥招待费用；⑦支付的超过规定金额的租用客运车的费用；⑧债务与权益比率超过3∶1的公司的超额债务相关的利息（不允许的利息被视为股息；根据2017年的一份预算草案，2017年1月1日起生效，认为向常驻贷款机构发放的股息将被征收常驻股东税）；⑨在试生产阶段，母公司、子公司或外国的母公司收取的总部管理费超过发生的可以税前扣除的成本总额0.75%的部分；在正式生产阶段的扣除标准为1%；⑩向国家运营的或由国家授权机构、宗教组织运营的学校或医院捐献的用于建设、维护和运营的费用在不超过规定比例的范围内允许扣除，向政府许可的科研组织捐赠也可以税前扣除。特定的出口市场开发费用可以双倍扣除。向批准的科学或教育机构捐献的用于工业探索或科学实验目的的费用也允许在税前扣除。

根据《本土化和经济赋权法》，以下数额可用于税收减免：

对已批准的社区股份所有权信托或计划的捐款或捐赠可扣除。

由公司纳税人提供的贷款，由纳税人在该贷款期间以相等的年期分期偿还，以偿还由纳税人支付的股息。

（3）亏损弥补

矿产业可以无限期弥补，其他企业亏损可以在六年内弥补。损失不可逆返结转。

5. 反避税规则（特别纳税调整）

（1）关联交易。企业与关联方之间的收入性和资本性交易均需遵守独立交易原则。目前津巴布韦在当地形成产业链企业并不多，税务机关对关联企业的关注度并不高。

（2）转让定价。津巴布韦颁布了转让定价法，自 2016 年 1 月 1 日起生效。新的转让定价法遵循公平定价原则，并对纳税人规定了文件义务。该立法涵盖所有关连人士之间的交易，适用于国内和国际交易。这些新规定与经济合作与发展组织（经合组织）制定的转让定价原则相一致；因此，法律将经合组织关于该主题的手册作为相关解释来源。

（3）资本弱化。对于因偿还与所得收入有关的合同债务所发生的支出，不论是外国公司的地方分支机构或子公司所发生的，或是由当地公司或其子公司所发生的，由此类债务引发的导致个人的负债与产权比率超过 3：1 的情况是不允许发生的。

（4）其他。出口商品应根据储备银行条例进行报关。津巴布韦矿产品销售公司负责对矿产出口商品的价格进行检测。

6. 征管与合规性要求

津巴布韦的税务年度结束于每年的 12 月 31 日，纳税申报必须于次年的 4 月 30 日前完成，税务机关允许公司使用 9、10、11、12 月份等会计年度作为给定的税务年度，自我评估纳税适用于所有的纳税人（只领取雇佣金的人除外）。

企业所得税必须在相关的税务年度支付，每个季度必须按着规定的当年度纳税总额的比例预付企业所得税，比例及日期如表5-2-2：

表5-2-2　津巴布韦每个季度缴纳企业所得税的比例和日期

日期	支付比例
3 月 25 日	10%
6 月 25 日	25%
9 月 25 日	30%
12 月 20 日	35%

数据来源：Worldwide-Corporate-Tax-Guide-2017。

晚申报或不真实的申报会导致罚款，逾期支付会按 10% 的年利率收取利息。

期间预付的企业所得税可计入到最终缴纳的所得税中。

（二）增值税

1. 征税原则

除非供应的是特别免税或零税率的产品或服务，否则"注册运营商"必须对所提供的所有商品和服务征收销项税。

"注册运营商"是根据"增值税法"注册或被要求注册的企业和个人。它包括在津巴布韦销售商品和提供服务超过注册限额的企业和个人。包括政府当局、地方当局、公司或团体、个人，无论是公司法人还是非法人，也无论是遗产、破产清算款还是信托基金。

2. 计税方式

注册运营商可以通过从销项税中扣除进项税（即为商业目的提供的商品和服务而进行征收的增值税）而增值税在供应品中收取。

关于经代理人向注册经营人支付的货物和劳务的费用，注册运营商要求扣除由指定的增值预提所得税代理商所扣缴的 10% 增值税。应税商品的增值预提所得税率为 10%。超过 1000 美元的供应商必须有完税证明，如果供应商没有完税证明，注册运营商需要在支付货款时扣除 10% 的代扣税。

3. 税率

津巴布韦国家增值税税率包括基本税率 15% 和 0% 税率两种。

（1）标准税率 15% 对应税目。一般而言，所有商品和服务均为标准税率，除非特别豁免，零税率或以特价税率缴纳增值税。

（2）零税率（0%）对应税目。运输和任何辅助运输服务等、糖等基本食品、供应给津巴布韦储备银行用于制造纸币，硬币的各类物资适用 0% 税率。

4. 增值税免税

"免税销售"是指销售的商品和服务不应缴纳增值税，免税销售的经销商不允许抵扣其从其他销售商取得的进项税额。下面为部分免税的情形列举：

①当地提供的金融服务，包括银行金融机构、建筑业基金和保险公司；

②医疗服务；

③在教育部或高等教育机构注册的的组织提供的教育服务；

④铁路或公路等收费交通运输业务；

⑤非营利组织销售的捐赠的商品和服务；

⑥销售的位于津巴布韦境外的不动产；

⑦住宅住宿的租金；

⑧员工住宿；

⑨家庭用的通过管道运输的水；

⑩家庭用电；

⑪地方政府收取的基于资产价值的基金；

⑫通过拍卖行销售的烟草的手续费；

⑬通过拍卖行销售的烟草；

⑭家畜；

⑮大部分的燃料和燃料产品；

⑯基于彩票和游戏法营业的临时赌场许可证取得的收入。

部分免税（混合供应品）：与免税供应品的购买直接相关的增值税不可作为进项税退税。一个注册运营商同时提供免税和应税供应品（混合供应）无法全额退回进项税。

在津巴布韦，如果增值税与免税和应税供应相关，则可以使用两段计算法来确定可抵扣进项税。即对免税和应税部分分别核算确认应税部分进项及增值销项，来抵扣进项税。

5. 销项税额

"应税营业额"是指销售的应按基本税率 15% 和 0% 税率纳税的商品和服务，供应商必须在销售的所有商品和服务价值上加上增值税基本税率，除非税法规定销售的商品免税或 0% 税率。

6. 进项税额抵扣

注册的经营者可以从销项税额中抵扣进项税额，当地发票属自制发票，只有向供方索取符合规定的可抵扣发票才能被税局允许抵扣。因此，需向供方要求和索取符合条件的发票。

同时符合下列所有条件的进项税额可以抵扣：

①发生的成本属于应纳税业务；

②必须有有效的发票或合法的票据（进口票据）；

③抵扣的进项税不属于增值税法特别禁止的；

④进项税包括在津巴布韦购买的商品和服务支付的，以及进口商品和服务支付的增值税。

不可抵扣进项税：购买的未用于应税服务的商品和服务不允许抵扣进项税（例如：商品和服务用于企业主私人用途或者是用于不纳税业务），另外，增值税进项税抵扣也可能被特定的特殊业务所禁止。

7. 征收方式

增值税按进销项相抵后的余额缴纳。

增值税延期：对于进口和专门的用于采矿、制造业、工业、农业、航空或用于健康用途的工厂、设备和机械（大多数情况下，公路机动车除外），可以自进口之日起延期缴纳增值税，延迟时间可长达 90 天、120 天或 180 天。

为了符合此延期要求，此类进口工厂的设备和机器的价值必须为 10 万 ~ 100 万美元（90 天）、100 万 ~1000 万美元（120 天）或 10000001 美元或更高（180 天）。

退税：如果在纳税期内可退回的进项税金额超过该期间应付的产品

税金额，则可以要求退还超额部分。如果在提交相关退款之日起 30 天内没有进行处理并支付退款，津巴布韦税务局必须按照规定的费率支付利息。

在支付退款之前，依据《增值税法》《关税法》和《消费税法》《所得税法》和《资本利得税法》，退款金额应对应于注册人所需应付的任何税，征费，利息或罚款。

8. 征管与合规性要求

增值税每年应税销售额等于或大于 24 万美元的纳税人按月征收，每年应税销售额小于 24 万美元的纳税人可以每两个月征收一次。截止日期为每月 25 日之前。

对于延迟缴纳增值税的用户，将按每月最高税率 100% 的比率进行处罚。在欺诈案件中，可征收相当于相关税收 100% 的附加税。利息按每年 10% 的税率征收。

如果未使用规定的"财政化"电子注册，则需承担每天最高 25 美元的民事罚款。对已批准的电子签名设备供应商以及未能在订单付款后六周内完全供货的财政或非财政化电子登记，应进行类似的处罚。

对于延迟提交增值税申报表，每天将会收取 30 美元的民事罚款。在默认情况下，这些日常处罚前 181 天内仍然存在。如果用户在 181 天后继续违约，将被定罪，一经定罪，可处以不超过 14 级别（5000 美元）的罚款或不超过五年的监禁，或同时处以罚款和监禁。

（三）个人所得税

1. 征收原则

所有从津巴布韦境内资源或视同其境内的资源取得收入的个人都是个人所得税的纳税义务人，不考虑收款人所在地和付款所在地。即：居民纳税人应就其在津巴布韦境内和境外的所得履行全面纳税义务；非居民纳税人仅就在津巴布韦境内的所得履行纳税义务。

2. 申报主体

雇主预提个人所得税按照个人所得税预扣法系统进行。

个体雇主在整个财年雇佣的个人按最终扣减制度征税，除非他们从其他来源获得应税收入，否则无需提交申报税表。

3. 应纳税所得额

津巴布韦个人所得税的收入也分为雇佣收入、个体户收入、股东收入、投资收入等收入类别，其中，雇佣收入包括工资、奖金及其他福利收入。

4. 扣除与减免

可扣除费用。养老金缴款，最高可达每年 5400 美元，可从应税收入中扣除。如果提供养老金和退休基金捐款，最高合并扣除额为 5400 美元。

个人信贷。以下抵税额可从应付的基本所得税中扣除。

表5-2-3　个人信贷的授信类型及额度

授信类型	额度
60 岁以上纳税人	900 美元 / 年
盲人或残疾人	900 美元 / 年
医疗费用，残疾病人的辅助器械成本和对医疗救助协会的捐款	额度的 50%

数据来源：Worldwide Personal Tax and Immigration Guide 2016—2017。

5. 累进税率

2016 年财年，雇佣收入适用以下税率：

表5-2-4　2016年雇佣收入适用税率

年应税收入 （美元）	税率	档内应付税金 （美元）	累积应付税金 （美元）
3600	0%	0	0
3601~18000	20%	2880	2880
18001~36000	25%	4500	7380
36001~60000	30%	7200	14580
60001~120000	35%	21000	35580
120001~180000	40%	24000	59580
180001~240000	45%	27000	86580
240000 以上	50%	—	—

数据来源：Worldwide Personal Tax and Immigration Guide 2016—2017。

对累积应税额征收 3% 的艾滋病税。

6. 征管与合规性要求

雇主预提个人所得税按照所得税预扣法系统进行。

纳税申报表于 3 月份发出，必须在签发之日起一个月内申报。逾期申报可能会产生罚金。

所有纳税人必须在 4 月 30 日之前填写并提交年表个人所得税年度申报表。逾期提交可能会产生罚金。

（四）关税

1. 关税体系和构成

津巴布韦属于南部非洲发展同盟和东南部非洲共同体成员，关税根据本国制定的关税法律制度征收，从南部非洲发展同盟和东南部非洲共同体成员国进口的物资适用优惠税率，依据津巴布韦—纳米比亚自由贸易协定，从纳米比亚进口的物资大部分都没有关税。

2. 税率

海关关税针对共同体与外部国家之间的商品或服务的进出口，实行落地申报。关税税率如 5-2-5 所示：

表5-2-5　关税税率

货物种类	类别	税率
生活基本必需品	I 类	5%
生产原料和设备	II 类	10%
中间投入品及其他	III 类	15%
消费品	IV 类	40%
奢侈品	V 类	95%+ 消费税

数据来源：Customs and Excise（Tariff）Notice，2017。

为了保护本国的制造业，津巴布韦将对部分进口物品加收 25% 的附加税，包括鞋、衣服和食品等。

3. 关税免税

为支撑某个行业或者招商引资的需要，财政部会单独针对某个行业或者某个企业出具的免税文件，免税范围和优惠范围根据免税协议确定。工程类项目免税范围一般为建设该项目所进口物资、机械设备，主要包括钢筋、水泥、沥青、车辆、机械设备等大宗材料（构成永久性建筑物资的主材及临时进口的机械设备，《海关（一般）规律》第140和141条）。免税期限为项目合同上规定的施工期限，如遇工程延期需要向海关提供由业主出具的延期证明并办理延期免税文件。经进口企业申请，对临时进口的物资，可以用关税保函的方式免交进口关税和增值税，临时进口的最长期限为五年。海关要求所有临时进口设备需支付保证金，其将用来支付进口增值税和关税（如适用）。

4. 设备出售、报废或再出口的规定

企业向项目所在地海关监管机构申请鉴定所需出售的车辆、机械和设备，由监管机构鉴定残值后出具书面文件；按残值补缴全额关税并取得结关单后可出售。免税到期后，如果没有后续免税项目，需按鉴定残值补缴关税，企业可自行处理设备；如果转入其他免税项目，需要办理转移登记手续；如果项目结束后设备转场到其他国家，需取得海关监督管理机构的同意，按照核定的残值缴纳1%的出口税。

全额关税进口设备，企业可以自行报废；对海关税收优惠进口设备的报废必须通过海关监督管理机构认定残值，补齐相应关税后进行报废，同时申请海关管理机构进行销关。

在未补齐关税前，可以将需要交纳关税的货物存入海关保税仓库，将货物保管以备日后使用。在这种情况下，可以推迟支付关税，直到补齐关税后，货物从保税仓库中取出用于家庭消费，或者随后将货物出口。

（五）企业须缴纳的其他税种

1. 不动产收益税

（1）财产税（Property Taxes）。财产税由城市、镇及乡村的议会收取，这些机构定期的评估他们所辖区域的资产价值，根据资产的价值百分比按年制定一个税率表，资产的价值目前是由资产评估师评估确定。

财产税纳税义务人为财产所有者，计税基础为资产的价值。

（2）转让税（Transfer Duty）。转让税按照获得的财产的购买价值确定，税率如表5-2-6所示：

表5-2-6　转让税税率

财产价值（美元）	转让税率
0~5000	USD400
5001~20000	5000 以上的部分按 2%
20001~100000	20000 以上的部分按 3%
100001 以上	100000 以上的部分按 4%

数据来源：PwC_Worldwide Tax Summary_2016—2017。

转让税通常是由购买者支付，但是财产转让协议可以规定由谁支付转让税。

（3）资本利得税。津巴布韦国内将按照以下税率收取上市（在津巴布韦证券交易所）或非上市公司持有的不动产或股份资本利得税：① 2009 年 2 月之前购得：上市证券，收益的 1%；财产：收益的 5%；非上市证券，收益的 5%。② 2009 年 2 月之后购得：上市证券，收益的 1%；财产：资本收益的 20%；非上市证券，资本收益的 20%。

2. 印花税

特定的交易需要征收印花税，印花税的征收金额根据每项交易性质不同而确定。

基本交易可归纳如表 5-2-7 所示：

表5-2-7　特定的交易及相应的印花税

交易内容	印花税
债券	0.4%（每 100 美元为 0.40 美元，不足部分按 100 美元计）
证券	0.25%（每 100 美元为 0.25 美元，不足部分按 100 美元计）
购买 / 出售除证券以外的任何动产	0.10%（每 100 美元为 0.10 美元，不足部分按 100 美元计）
购买 / 出售除证券以外的任何不动产	1%（每 100 美元为 1 美元，不足部分按 100 美元计）
非市场份额转移工具	2% 或 2 美元
支票	0.05% 或 0.05 美元

应就上述交易如何分类取得税务建议，确保考虑正确的印花税。

数据来源：PwC_Worldwide tax summary_2016—2017。

3. 公司特别税

艾滋病基金：除一些适用特别所得税税率的企业以外，在应纳企业所得税额的基础上征收 3% 的艾滋病基金。

推定税：对非正规贸易商、跨境贸易商、小规模采矿者、发型师和商用船舶和渔具、出租车、公共汽车、指定货物车辆、驾校、执照和未执照酒店和餐馆，以及家庭手工业按税率征收推定税。（家庭手工业是指涉及家具制造和室内装潢或金属制造的贸易或行业，以及法定文书中规定的其他行业）。已付推定税可以作为信贷与评估应付所得税抵免。

4. 工人补偿款及矿业税工人赔偿

根据"工人赔偿法"，雇主必须向为工伤，残疾和死亡提供现金福利的基金捐款。贡献率应根据固有的职业风险而变化，从大多数低风险商业 / 行政职业的不到 2% 到高风险部门的 11%。

矿业税。自 2012 年 1 月 1 日上调黄金和铂金矿的资源税，分别由 4.5% 和 5% 上调至 7% 和 10%。

重新评估资源开采税，包括开采申请、注册、地表租金，出口许可和勘探许可的费用，以减少抱投机目的的资源持有者。

矿业部将重新评估整个资源开采收费机构。

5. 特别消费税

消费税的征收对象为本国生产和从他国进口的应税消费品，消费税的征收对象和税率如下：①烟：40% 的税率 +5 美元 /1000 支；②高度酒：2 美元 / 升；③葡萄酒：0.5 美元 / 升。

汽油、柴油、照明用煤油的也征收消费税（0% 关税 + 消费税 / 公斤）。

（六）社会保障金

雇员每月应缴纳的社保，即员工每月基本收入前 700 美元的 3.5%，由雇主扣缴，每月支付给国家社会保障局，且雇主应缴纳相等的金额。

人力培训征款：除了一些例外情况外，雇主必须向津巴布韦人力发展局支付 1% 的月度培训税（按工资总额计算）。

标准发展基金：除少数例外，雇主必须向标准发展基金支付季度工资总额的 0.5%。该金额的支付以雇主代表雇员支付的所有款项为基础，包括医疗援助和养老金缴款。

第三节　外汇政策

一、基本情况

目前，津巴布韦正在审查关于外汇管制的立法和条例。

外汇管理部门为津巴布韦储备银行。外汇管制相当严格，资金汇出困难，尤其是美元。官方汇率债券与美元是 1∶1，黑市有汇率波动，但不合法。

2019 年 2 月，津巴布韦储备银行将流通中的现有 RTGS 余额，债券票据和硬币计入 RTGS 元，RTGS 元作为新货币成为津巴布韦多货币体系的一部分，津巴布韦的所有实体（包括政府）和个人都应使用 RTGS 美元，用于货物和服务的定价，记录债务，会计和国内交易的结算。官方汇率美元与 RTGS 元是 1∶2.5，根据市场情况实行浮动汇率。黑市上，RTGS 元与美元的汇率与官方汇率存在较大差异，但不合法。

2018 年 10 月，津巴布韦储备银行规定将所有外币账户（FCA）分为两类，即 Nostro FCA 和 RTGS FCA，以有效实施对 Nostro 外币账户的围栏政策。鉴于成功完成了 RTGS FFA 和 Nostro FCA 的分离，从 2019 年 2 月 25 日起，将建立一个当地的 Nostro FCA 结算平台，以允许国内银行间解决 Nostro FCA 转账。[①]

政府仍然对所有涉及非居民的交易实行广泛的控制。大多数此类交易都需要通过商业银行申请批准。商业银行向津巴布韦储备银行提供特殊项目。

外国投资在主要发行的股票和债券中高达 35% 的投资是允许的，如果资金来自于外汇兑换的内部转移。外国投资者在二级市场的购买和处置需要获得有关部门的具体批准。

在津巴布韦证券交易所投资所得的税后红利和资本收益是完全可转让的。

---

① 数据来源：MONETARY POLICY STATEMENT of ZIMBABWE 01 FEBURARY 2019。

二、居民及非居民企业经常项目外汇管理规定

（一）货物贸易外汇管理

津巴布韦外汇业务需津巴布韦外汇管理局许可，材料采购款汇出需要提供采购材料合同、海关资料等凭证；外币资金汇入目前无政策限制。通过银行账户支付外汇工资，需要提供缴纳个人所得税凭单和工资申请单，申请支付上限为最高1000USD/人每月。

所有进口均需有银行详细信息与收款人姓名和银行账户详细信息相匹配的发票作为支持；使用信用证（LC）进行高价值交易。[①]

（二）服务贸易外汇管理

服务贸易视同资本利得（主要指未在津巴布韦注册的经营机构），盈利汇出需要提供财务报表、利润分配决议等支持性文件，报外汇管理局审批同意后方可汇出。

（三）跨境债权债务外汇规定

有关外国服务（包括借款）的协议，在实施前需向借款人的商业银行登记。超过规定限额的借款需要津巴布韦储备银行的批准。根据外部贷款协调委员会制定的指导方针结合借款的优点做为借款审批的基本理由。该准则规定，只有当外国借款用于为富有成效的、出口导向的企业提供资金时，它们才可能获得批准。这些企业有潜力产生足够的外币贷款本金和利息偿还，而无需求助于外汇市场。购买股票、现有公司或房地产、或为私人消费、个人贷款或零售库存融资的外国贷款通常不被鼓励。

经有关部门批准，税后正常交易利润可在利润产生后一年内100%汇给非居民股东。对汇出的税后交易利润，须经特别批准。

（四）外币现钞相关管理规定

由银行内部管理需要自主出具相关管理办法。比如银行在取款额度超过1万美元或债券等，需要提前预约等。

三、居民企业和非居民企业资本项目外汇管理

资本利得汇出需要提供财务报表、利润分配决议等支持性文件，报外

---

① 数据来源：MONETARY POLICY STATEMENT of ZIMBABWE 01 OCTOBER 2018。

汇管理局审批同意后方可汇出。

四、个人外汇管理规定

个人携带外币入境自由，出关最多可携 2000 美元或等值的现钞。外币现金提取限额为 60 美元 / 天或其他等值货币，无需缴纳手续费和附加税，但实际提取难度很大。

第四节　会计政策

一、会计管理制度

（一）财税监管机构情况

津巴布韦财政部和税务总局为津巴布韦的财税监管机构。

津巴布韦税务总局经财政部授权代表国家进行评估、收集和核算收入。主要任务：①征收税收；②促进贸易和旅行；③就财政和经济问题对政府提出建议；④保护公民社会。

（二）事务所审计

财务报告需要事务所进行审计，按照独立审计准则的要求，对被审计单位的会计报表实施必要的审计程序，获取充分、适当的审计证据，对被审计单位编制的会计报表的合法性、公允性和一贯性发表审计意见。

（三）对外报送内容及要求

企业对外报送的财务会计报告应包括：会计报表主表、会计报表附表、会计报表附注、财务情况说明书。

（1）会计报表主表——资产负债表、利润表、现金流量表。

（2）会计报表附表是反映企业财务状况、经营成果和现金流量的补充报表。

（3）会计报表附注是对资产负债表、利润表、现金流量表等报表中列示项目的文字描述或明细资料，以及对未能在这些报表中列示项目的说明等。附注是财务报表的重要组成部分。

（4）财务情况说明书是财务会计报告的组成部分，指会计单位提供的财务情况至少应当对下列情况作出说明：①企业生产经营的基本情况；②利润实现和分配情况；③资金增减和周转情况；④对企业财务状况、经营成果和现金流量有重大影响的其他事项。

财务会计报告的目标是向财务会计报告使用者提供与企业财务状况、经营成果和现金流量等有关的会计信息，反映企业管理层受托责任履行情况，有助于财务会计报告使用者做出经济决策。

二、财务会计准则基本情况

（一）适用的当地准则名称与财务报告编制基础

津巴布韦适用国际会计准则。以持续经营为基础，根据实际发生的交易和事项，按照《企业会计准则——基本准则》和其他各项会计准则的规定进行确认和计量，在此基础上编制财务报表。

（二）会计准则使用范围

适用于在津巴布韦境内依法设立的居民企业和非居民企业。

三、会计制度基本规范

（一）会计年度

津巴布韦以自然年度为会计记账年度。

（二）记账本位币

记账本位币为美元。

（三）记账基础和计量属性

津巴布韦以权责发生制为记账基础。以本会计期间发生的费用和收入是否应计入本期损益为标准，凡在本期发生应从本期收入中获得补偿的费用，不论是否在本期已实际支付或未付的货币资金，均应作为本期的费用处理；凡在本期发生应归属于本期的收入，不论是否在本期已实际收到或未收到的货币资金，均应作为本期的收入处理。

津巴布韦采用历史成本、现行成本、可变现净值、未来现金流量现值和公允价值五种计量属性

1. 历史成本

资产按照购置时支付的现金或者现金等价物的金额，或者按照购置资产时所付出的代价的公允价值计算。负债按照因承担现时义务而收到的款项或者资产的金额，或者承担现时义务的合同金额，或者按照日常活动中为偿还负债预期需要支付的现金或者现金等价物的金额计算。

2. 现行成本

资产按照现在购买相同或者相似的资产所需支付的现金或者现金等价物的金额计算。负债按照偿付该项负债所需支付的现金或者现金等价物的金额计算。

3. 可变现净值

资产按照其正常对外销售所能收到现金或者现金等价物的金额扣减该资产至完工时估计将要发生的成本、估计的销售费用，以及相关税费后的金额计算。

4. 未来现金流量现值

资产按照预计从其持续使用和最终处置中所产生的未来净现金流入量的折现金额计算。负债按照预计期限内需要偿还的未来净现金流出量的折现金额计算。

5. 公允价值

资产和负债按照在公平交易中，熟悉情况的交易双方自愿进行资产交换或者债务清偿的金额计算。

四、主要会计要素核算要求及重点关注的会计核算

津巴布韦适用国际会计准则，其会计核算要素及会计核算要求与国际会计准则保持一致。

（一）现金及现金等价物

现金是指包括库存现金和活期存款；现金等价物是指随时能转变为已知金额的现金的短期投资，其流动性高，价值变动的风险小。

资产负债表中列示的现金是指库存现金及可随时用于支付的银行存款及现金等价物。现金流量表中列示的现金及现金等价物和 IFRS 准则中概念一致。

（二）应收款项

应收账款是指企业直接向债务人提供资金、商品或劳务所形成的金融资产。应收款项科目记录应收账款的初始计量，按初始价值计量确认，年末应收款项需要按公允价值计量确认。

当应收账款不能全额收回时，要对应收账款计提坏帐准备，所计提的坏账准备不可以税前扣除。但注意只有经税务部门审核批准的坏账才能税前抵扣。

（三）存货

存货是指：在正常经营过程为销售而持有的资产；为这种销售而处在生产过程中的资产；在生产或提供劳务过程中需要消耗的以材料和物料形式存在的资产。

适用于按历史成本制度编制的财务报表对存货的会计处理；

存货的期末计量应按成本与可变现净值孰低来加以计量；

可变现净值，是指在正常经营过程中估计销售价格减去完工和销售估计所需费用后的净额。

（四）长期股权投资

股权投资主要形式分为：通过联营和合营等投资方式形成股权投资；企业合并形成股权投资。

初始计量。联营和合营的股权投资按照付出的成本进行计量；除同一控制下的企业合并外，所有的合并投资都采用购买法进行计量，即为了获取对子公司的控制权支付的现金、票据、其他资产或者法定发行的债券或者股票等支付的对价。

后续计量。国际上通用的是权益法和成本法进行计量核算，两者适用范围是成本法适用于不具有重大影响的股权投资，权益法适用于具有重大影响和控制的股权投资。

（五）固定资产

固定资产是指符合下列条件的有形资产：

（1）企业为了在生产或供应商品或劳务时使用、出租给其他人，或为了管理的目的而持有。

（2）预期能在不止一个的期间内使用。固定资产初始取得时应按最初取得的历史成本进行初始计量，应由其购买价格，包括进口税和不能退回的购买税，以及任何使资产达到预期工作状态的直接可归属成本所组成。

在计算购买价格时，应减去任何有关的商业折扣和回扣。

具体可参考年折旧率为：施工设备及车辆的年折旧率30%；家具年折旧率为30%；商用交通车辆的年折旧率35%；电脑及办公设备年折旧率40%。

其后续支出、折旧、价值重估、使用年限的复审、报废和处置均需参考准则 IAS 16: Property，Plant and Equipment。

（六）无形资产

无形资产是指为用于商品或劳务的生产或供应、出租给其他单位、或管理目的而持有的、没有实物形态的、可辨认非货币资产。以历史成本作为初始计量，无形资产在其购置或完成后发生的支出应在发生时确认为费用，除非该支出很可能使资产产生超过其原来预定的绩效水平的未来经济利益，或者该支出可以可靠地计量和分摊至该资产。若这些条件满足，后续支出应计入无形资产的成本。初始确认后，无形资产应以其成本减去累计摊销额和累计减值损失后的余额作为其账面余额。

（七）职工薪酬

职工薪酬是指所有支付给职工的各类福利，包括以下各项提供的福利：

（1）根据企业与雇员个人、雇员团体或他们的代表所签订的正式计划或其他正式协议。

（2）根据法律要求或通过行业安排，企业需要向全国、州、行业或其他多雇主计划注入资金。

（3）由于非正式的惯例所导致的推定义务。当企业没有现实选择而只能支付雇员福利时，因非正式的惯例而导致推定义务。推定义务的例子是，企业非正式的惯例一旦变化，将导致企业与雇员关系的不能接受的损害。

在当地注册企业还需根据《劳工法》必须给予工人年修假、离职补贴、医疗补贴等，企业还需支付占职工工资总额10%的社保费用企业承担部分，按月及时缴纳至社会保障管理局。

（八）收入

收入是指企业在一定的期间内，由正常经营活动所产生的经济利益的流入的总额。该流入仅指引起权益增加的部分，而不包括企业投资者出资引起的部分。其范围包括：销售商品；提供劳务；他人使用企业的资产而产生的利息、使用费和股利。

商品包括企业为出售而生产和外购的商品，如零售商购进的商品，或持有的待售土地以及其他不动产。提供劳务，其典型方式是企业在承诺的期限内完成合同所约定的劳务。该劳务可仅限于一个会计期间，也可跨越多个会计期间。他人使用企业的资产所产生的收入，有以下形式：①利息，是指因使用企业的现金或现金等价物而支付或应付给企业的费用，不能冲减其他财务费用；②使用费，是指因使用企业的长期资产，如专利权、商标权、著作权和计算机软件等而支付给企业的费用；③股利，是指股东根据其所拥有的资本份额而分得的利润。

2018年起，国际财务报告准则的新收入准则开始实施。

在履行了合同中的履约义务，即在客户取得相关商品或服务的控制权时，确认收入。对于在某一时段内履行的履约义务，在该段时间内按照履约进度确认收入，并按照一定方法确定履约进度。履约进度不能合理确定时，已经发生的成本预计能够得到补偿的，按照已经发生的成本金额确认收入，直到履约进度能够合理确定为止。

（九）政府补助

政府补助是指政府以向一个企业转移资源的方式，来换取企业在过去或未来按照某项条件进行有关经营活动的那种援助。这种补助不包括那些无法合理作价的政府援助以及不能与正常交易分清的与政府之间的交易。政府补助（包括以公允价值计价的非货币性政府补助）只有在以下两条得到合理的肯定时，才能予以确认。

一是企业将符合补助所附的条件；二是补助即将收到。

其会计处理方法主要有两种：资本法，在这种方法下，将补助直接贷记股东权益；收益法，在这种方法下，将补助作为某一期或若干期的收益。

政府补助分为两类：与资产有关的补助和与收益有关的补助。

（十）借款费用

借款费用是指企业发生的与借入资金有关的利息和其他费用，可以包括：①银行透支、短期借款和长期借款的利息；②与借款有关的折价或溢价的摊销；③安排借款所发生的附加费用的摊销；④按照国际会计准则第17号"租赁会计"确认的与融资租赁有关的财务费用；⑤作为利息费用调整的外币借款产生的汇兑差额部分。

借款费用应在发生的当场确认为费用，若该借款费用直接归属于相关资产的购置、建造或生产的借款费用，则该借款费用应作为该项资产成本的一部分予以资本化。

项目在国内总部借款所发生的资金占用费，属于合同支出，被当地税法认可。贷款必须与公司签订内部贷款协议，利息支出也需要有公司盖章的利息支出单。因此该项支出增加时，要办理与国内的各项签证资料。

（十一）外币业务

外币业务相关准则适用于：（1）对外币计价的交易的会计处理。（2）通过合并、比例合并或权益法对已包括在企业的财务报表中的国外经营的财务报表进行换算。

外币交易在初次确认时，应按交易日报告货币和外币之间的汇率将外币金额换算成报告货币予以记录。

交易日的汇率通常是指即期汇率。为了便于核算，常常使用接近交易日的汇率。例如，一个星期或一个月的平均汇率可能用于在当期发生的所有外币交易。但是，如果汇率波动较大，那么使用一个时期的平均汇率是不可靠的。

在每一个资产负债表日：（1）外币货币性项目应以期末汇率予以报告。（2）以外币历史成本计价的非货币性项目应采用交易日汇率予以报告。（3）以外币公允价值计价的非货币性项目应采用确定价值时存在的即期汇率予以报告。

（十二）所得税

所得税准则适用于：（1）所得税会计。（2）在本准则中，所得税包括各种以应税利润为基础的国内和国外税额。所得税也包括应由子公司、联营企业或合营企业支付的、对分配给报告企业的利润的征税，例如预扣税。

企业应当区分临时性性差异和永久性差异，根据可抵扣暂时性差异和应纳税暂时性差异，分别确认递延所得税资产和负债。

本章资料来源:

◎ Worldwide Personal Tax and Immigration Guide 2016—2017

◎ Customs and Excise (Tariff) Notice,2017

◎ PwC_Worldwide tax summary_2016—2017

◎ Monetary Policy Statement of Zimbabwe 01 Oct 2018

◎ Monetary Policy Statement of Zimbabwe 01 Feb 2019

第六章 喀麦隆税收外汇会计政策

第一节　投资基本情况

一、国家简介

喀麦隆共和国（法语：République du Cameroun），通称喀麦隆。位于非洲中西部，西与尼日利亚接壤，东北与东边分别和乍得与中非相靠，南与赤道几内亚、加蓬及刚果共和国毗邻。海岸线紧依邦尼湾，其属于几内亚湾及大西洋的一部分。首都位于雅温得。喀麦隆领土面积 47.5 万平方公里，总人口约 2405 万（2017 年）。官方语言为法语和英语，货币为中非法郎。

二、经济情况

喀麦隆农业和畜牧业为国民经济主要支柱，工业有一定基础。喀麦隆 2015—2017 年 GDP 连续三年增长，GDP 总额分别为 309.16 亿美元、322.18 亿美元和 347.99 亿美元。喀麦隆政府将积极平抑国际金融危机的负面影响，实施重大基础设施项目，解决能源供应短缺等问题，改善投资环境，促进经济平稳增长。

三、外国投资相关法律

喀麦隆颁布的关于投资的法律法规主要有 2002 年颁布的《投资宪章》和 2013 年颁布的《鼓励私有投资法》等。

在喀麦隆，不同的投资主管部门落实不同职能。经济、计划和领土整治部：主管制定国家长期投资规划；推动公共投资；筹备中期财政支出和公共投资预算；与财政部共同管理公共投资预算；与对外关系部等有关部委共同商签和落实贷款协议等。矿业、工业和技术开发部：主管所有矿业和工业领域内的投资合作项目、负责颁发矿业勘探许可证和开采许可证；促进私营投资的发展；制定、发行和跟踪执行《投资宪章》；对投资促进署提供指导等。

喀麦隆支持和促进所有在喀的生产性投资，鼓励在喀麦隆开展下列经济活动：优先利用本国资源；创造新的就业；生产供国内消费或出口的有竞争性的商品和提供有竞争性的服务；增加制成品出口；引进和采用合适的技术；保护环境和改善城乡生活水平。

《鼓励私有投资法》对在喀私有投资行业可享受税收减免、海关直接提货等特殊鼓励政策的事项进行了划定。

所有在喀麦隆投资并成立分支机构的外资企业，其发起人必须进行外国投资预先申报。分支机构的形式可以是分公司、办事处、代表处等。分支机构的成立应该通知外汇交易机构，以便能够调入外汇。分支机构上交总部的利润要按照公司税收制度征税，此外还要缴纳流动资产所得税。

喀麦隆《投资宪章》规定，任何喀麦隆或外国的自然人或法人，不论其居住在何地，都可在喀麦隆从事和开展经济活动。上述自然人或法人可以根据现行的法令和规定或本法规定的共同权利制度，或某一特别制度，以独立的，或以他人合作的形式从事这些经济活动。任何自然人或法人，不论是以独立的或与他人合作的形式，也不论为从事经济活动而选择的法律形式如何，均受喀麦隆法律的完全保护。因此，任何外国的自然人或法人只要遵守有关外国企业的法律和规定，以及喀麦隆与其国家签订的条约和协议，均能享受喀麦隆自然人或法人的同等待遇。任何自然人或法人，不论其国籍如何，只要遵守现行的法律和规定，均可享受各种性质的所有权、特许权和行政审批权。

目前，喀麦隆尚未颁布关于外资并购当地企业的相关规定，尚未由中资企业在喀麦隆进行并购活动。

喀麦隆《劳动法》规定，长期雇佣劳工（3个月以上），雇主必须和雇员签订劳动合同，并为其缴纳社会保险。社会保险由以下三项内容构成：

养老金：工资的7%，其中，雇员支付2.8%，雇主支付4.2%；

工伤：高危行业工资的5%，由雇主支付；

家庭补助：工资的7%，由雇主支付。目前，喀麦隆全国各行业最低月工资标准（SMIG）为38562非郎。

喀麦隆失业率较高，对外籍劳工有严格限制。喀麦隆《劳动法》规定，所有在喀麦隆工作的外籍劳工必须向喀麦隆政府交税，必须向就业和职业培训部申办工作准证，办理签证免费。需要注意的是，外籍劳工拥有居留签证，并不意味着自动拥有工作准证。

四、其他

喀麦隆属于非洲商法协调组织（OHADA）成员国，受该组织统一法的约束。

为鼓励投资建厂，创造就业机会，《投资宪章》规定了一系列税收减免政策。

喀麦隆政府1990年颁布了《喀麦隆免税区制度》及实施细则，并成立国家免税工业区管理局，负责免税区企业的审批及管理。进入免税工业区并享受优惠待遇的企业，其产品必须专门用于出口，在喀麦隆境外市场销售，或仅有20%在境内市场销售，且必须符合环境保护的有关要求。工业免税区享有的免税政策包括关税及税务减免、利润冲销；进出口执照、许可证或配额限制减免；价格和利润额不受监督；外汇及利润汇出便利；劳工、水电通讯等方面的各类优惠。

汇兑优惠政策方面，中部非洲经济与货币共同体（CEMAC）六个成员国适用的中部非洲金融合作法郎（代码XAF）不同于西部非洲经济与货币联盟（UEMOA）8个成员国适用的西非法郎（XOF），两个地区也互不接受对方货币。股息、资本收益、外债的本息、租金、版税、管理费及清算收益等都可以自由地汇出境，但外国直接投资项目的清算需提前30天向财政部申报。此外，商业性的外汇转移须由财政部授权。一般情况下，只要投资者遵守了相关投资的法律法规，这种授权都是例行公事，所需时间一般为12天。

喀麦隆《鼓励私有投资法》规定，加工业及涉及资本创建、增加、重组的私有投资可享受特定的税收和关税鼓励政策；但需要注意的是，《鼓励私有投资法》的实施细则尚未全部颁布，该法目前尚未完全生效。

第二节　税收政策

一、税法体系

喀麦隆税收体系以《税法通则》和《财政法案》为主。

目前和中国没有签订相关的税务协定。

二、税收征管

（一）征管情况介绍

喀麦隆实行税收中央集权制，税收立法权、征收权、管理权均集中于中央，由财政部主管。主要的税法由财政部制定，报国会审议通过，由总统颁布。财政部下设税务总局和国家司库，其中，税务总局被授权解释并执行税法及实施条例，同时税务总局下设征收部、稽查部、研究与改革部（税法研究与革新）、大企业税务部（其权限范围下企业的管理、稽查、收款、诉讼）、立法与国际税务关系部（税法制定和合同相关税务问题处理）、纠纷部，所征收税款统一缴纳国家司库。可进行人工申报和网上申报，人工申报需按照不同类型（特殊企业、大企业、中小企业和公共单位）前往各省相应的税务中心申报。

（二）税务查账追溯期

税务总稽查的查账追溯期为四年。

发现纳税人、扣缴义务人未缴或者少缴税款情况的，在没有任何政令打断的情况下，税务机关在四年内可以要求纳税人、扣缴义务人补缴税款，但是不适用于源头扣税。

对于偷税、抗税、骗税，税务机关追征其未缴或者少缴的税款、滞纳金或者所骗取的税款，不受前款规定期限的限制。

（三）税务争议解决机制

整个税务机关体系内部，下至各省地税上至财政部，都专门成立了税务纠纷部来解决争议税务争议，体现税务征收的合法性、公正性原则。实际操作过程中，企业处于弱势一方，很难在税务诉讼中取得公平待遇。

喀麦隆税务纠纷机制有以下四个方式：

协商解决。税务机关与争议当事人通过协商解决问题，不需要通过上级税务行政机关和司法机关。协商解决可以减少争议双方的矛盾，缩短争议解决的时间，减少争议解决的环节。但协商解决争议是解决方式中法律效力最低，不确定因素较多，同时会涉及咨询费用。这种解决方式是目前使用最多一种解决方式，也是成本耗费最低的一种解决方式。

行政复议解决。这种争议解决方式的法律效率略高于协商解决方式。此种方式由行政机关行使内部监督权的一种表现。如果纠纷金额较大，到达税务总局或财政部级别复议，即使最终判定纳税人方有理，仍需支出相应比例费用。效率相对于协商解决和诉讼较低，而且它不能涵盖所有的税收争议，管辖范围有限，到财政部级别后如仍不能解决，最后递交行政法院处理。

诉讼解决。这种解决方式是最具法律效力、最公平的一种，但诉讼成本较高。企业可以聘请专业机构进行税务诉讼事项，同时提供相应的诉讼材料，通过法院进行税务诉讼，但时间周期较长，诉讼成本较高。

其他方式。由于政府层面协调不到位，导致的税务纠纷事项，在处理税务纠纷过程中，可以通过政府部门之间沟通机制来解决。特殊情况也可诉求于更高级别政府，比如政府外部融资建设大型工程合同条款中税务机构不认可问题，可通过高层政府从外交层面考虑予以特例并建立特殊税制解决，但此种方法受政治因素制约较大。

三、主要税种介绍

（一）企业所得税

1. 征税原则

居民企业是指依照喀麦隆法律成立的或依照外国法律成立但实际管理机构设在喀麦隆的企业，喀麦隆居民企业需就其全球收入纳税；非居民企业仅就其在喀麦隆的收入缴纳企业所得税。

以下情况属于在喀麦隆经营并需缴纳所得税：总部或实际管理机构在

喀麦隆的。在喀麦隆通过常设机构开展业务的。有非独立的代表机构的。整个商业周期都在喀麦隆开展经营活动的。

2. 税率

企业所得税的法定税率是30%。除此之外，同时需按应纳所得税额的10%缴纳附加议会税。因此，所得税的综合税率为33%。分公司和代表处适用33%的税率。

最低定额税率：营业额的2.2%或5.5%，2.2%适用采用真实利润税制的企业，5.5%适用简易税制的企业。均为预缴所得税，可以抵扣最终应纳所得税。无论企业盈亏与否，该税为企业缴纳的最低所得税额。

3. 应纳税所得额

（1）应税收入。应税收入是在OHADA会计准则确认的收入基础上减除不征税收入、免税收入。

（2）成本费用。一般来说，产生的成本费用均能税前扣除，除了以下税法的特殊要求：

①固定资产折旧。固定资产折旧税法要求按照直线法折旧，折旧率如表6-2-1所示：

表6-2-1　固定资产折旧的类别及折旧率

资产类别	折旧率
建筑物	5%~20%
机器设备	5%~20%
便携设备	10%~100%
交通设备	10%~33.33%
铁路	1%~10%
装修装饰	10%~33.33%
捕鱼设备	15%

②向居民或非居民企业支付的总部管理费用、研究费用、技术支持费用、财务与管理费用超过以下标准不得扣除：法律公司税前利润的5%；公共作业项目收入的2.5%；设计、工程服务收入的7.5%。

③向中非共同体其他国家非居民企业支付商标、设计等特许权使用费不超过应税收入的2.5%。该非居民企业直接或间接管理或持股喀麦隆企业。

④向持股 10% 以上的股东企业支付的可移动设备的租金。

⑤不符合 OHADA 统一商法规定的坏账损失。

⑥超过收入 5% 的佣金服务费。

⑦罚金、罚款以及所得税性质的税款。

4. 预提所得税

以下所得适用的预提所得税率分别为：

股利：16.5%，无论向居民企业或非居民企业支付股利均适用该税率，有协定税率的除外；

利息：16.5%，存款金额在 1000 万中非法郎以上产生的利息收入、国债利息收入、2014 年财政法规定向非居民企业支付的利息免除预提税；

特许权使用费：15%；

向境外支付的获取技术服务、数字服务、专业活动以及公共采购产生的费用：5%~15%；

向居民企业或个人支付的特定款项：5.5%；

分支机构汇回税：税后利润的 16.5%，适用于外国企业在喀麦隆的分支机构，无论企业是否将利润汇回均需缴纳，有协定税率的除外。

5. 关联交易与转让定价

（1）关联交易。企业与关联方之间的收入性和资本性交易均需遵守独立交易原则。

（2）转让定价。2012 年，《税法总则》第二部首次引入了关于转让定价的规定。税务机关如发现企业转移利润，有权要求企业提供相关信息和资料，包括：企业与境外关联企业的关系、关联方交易的定价方法、关联方从事的经营活动。

2014 年，进一步明确要求，除了提供现有的证明资料外，企业应提供与持股或被持股 25% 以上的企业之间交易的详细报告。

以上材料均应在汇算清缴日即 3 月 15 日前提交到税务机关。

（3）资本弱化。无资本弱化方面的特别规定。

6. 征管与合规性要求

喀麦隆纳税年度为公历年度，实行"分次预缴，年度清算"的方式。每月 15 日之前按照上月营业额的 2.2% 或 5.5% 预缴，下一年度的 3 月 15

日前完成当年的汇算清缴。

在汇算清缴日前，税务机关根据收入、其他纳税项目可能会向纳税人发函提前征收。如纳税人认为提前征收的税款错误，应在收到函件后向主管税务机关递交申请纠正税额，纳税人和税务机关应在一月内确定最终税额。在收到征收通知的 15 天内未支付税款或未对提前征收表示异议的视同接受提前征收的税额。

（二）增值税

1. 征税原则

增值税是对自然人和法人在喀麦隆境内从事商品销售、提供劳务等经济活动过程中产生增值部分征收的税赋。具体经营活动包括由销售、原料的交换及商品交换而形成的实际交货；提供服务收取的款项（预付款、进度款）、不动产工程（整修）及受益的工程部分；不动产的出租、销售、通过专业管理部门实现的产权转让或转移；金融部门放贷所收取的贷款利息；自供并使用的原料。

2. 计税方式

计税方式分为简易征收和据实征收。根据喀麦隆相关税法规定，仅有采用据实征收方法的纳税人可以收取和抵扣增值税，其年收入额应大于等于 5000 万中非法郎且有增值税应税行为（无论其经常还是偶然发生）。而对于采用简易征收方法的纳税人，则不得开具增值税发票或者进行增值税进项抵扣。

3. 税率

分为 19.25% 和 0% 两种税率。

4. 增值税免税

税法规定的免税项目包括以下活动：从事出口及视为出口的；国际运输及转口的；农业生产资料；药品；生活必需品。

5. 销项税额

增值税税基为销售货物或提供的服务全部价款，包括除增值税以外的所有的税费。

6. 进项税额抵扣

《增值税》第 18、19 条规定下列增税进项税可以抵扣：具有纳税人识别号（NIF）的增值税发票；进口单据；用于自用的申报表；租赁公司的租赁发票。第 20 条规定以下情况不允许抵扣：住宿、餐饮、观看演出；进口后再出口的商品；石油产品（购买用于销售或用于生产电出售的除外）；虚假发票、虚假海关的申报；取得附属于不允许抵扣资产的服务。

7. 征收方式

增值税按进销项相抵后的余额缴纳，留抵余额不能申请退税，只能用于以后抵扣销项税额。

8. 征管与合规性要求

增值税按月申报，截止日期为每月 15 日之前。

（三）个人所得税

1. 征税原则

根据喀麦隆通用税制第 25 条，任何在喀麦隆居住的自然人，不论其国籍，均须缴纳个人所得税，如国际公约或者双边税收协定有额外规定的情况下，从国际公约或者双边税收协定的规定。

喀麦隆税法进一步规定，对外籍人士在喀麦隆停留超过 183 天应被视为在喀麦隆居住，除非能证明在喀麦隆从事的是一项辅助性工作（例如该外籍人士在喀麦隆短期出差，且其出差从事的工作仅占该雇员在喀麦隆境外主职工作的极小比例）。因此，外籍人士在喀麦隆境内停留时间超过 183 天的，这些外籍人士需要在喀麦隆缴纳个人所得税。值得注意的是，在有关喀麦隆签订的税收协定中约定的"183 天"（连续或累计），是指发生在一个公历年度之内。

2. 申报主体

以个人为单位进行申报，由所在企业或者政府机构代扣代缴，并于每月 15 日前申报缴纳。

3. 应纳税所得额

包括了工资薪金及各种补贴；股票等财产收入；工业、商业及手工艺收入；非商业性收入；动产收入；农业收入等。

4. 扣除与减免

（1）可扣除费用。专业费用：应纳税所得额的 30%；社会保险：工资、薪金的 4.2%，每月基数最高不超过 75 万中非法郎；家庭费用：每年 50 万中非法郎。

（2）免税项目。特殊津贴，是合理并特定发放用来履行相关职责和服务的费用，必须用于指定项目且没有超额发放；家庭补助金；援助和保险；支付给工伤事故的受害者和合法索赔者的临时津贴、福利和年金支付；领取的退休金或死亡赔偿或累计领取的死伤或伤害赔偿；根据劳动法所规定的损害赔偿金的份额，其中不包括用于支付薪酬损失的金额。

5. 税率

工资薪金所得适用以下税率：

表6-2-2　工资薪金所得适用的税率

年度应纳税所得额（中非法郎）	税率
不超过 2000000	11%
2000000~3000000	16.5%
3000001~5000000	27.5%
超过 5000000	38.5%

对于通过其他活动取得的个人收入均适用 33% 的税率。

6. 征管与合规性要求

个人所得税按月申报，截止日期为每月 15 日之前。

（四）关税

1. 关税体系和构成

中非共同体海关法律规定，中非共同体内部贸易往来享受零关税待遇，但需征收 3.45% 的共同体税；喀麦隆进口货物需按照海关征收管理办法缴纳关税，具体细项见表 6-2-3：

表6-2-3　喀麦隆进口货物应缴纳关税相应税率

编号	简写	关税法语全称	关税（中文翻译）	税率	计算方式	备注
1	DDI	Droits de douane à l'importation	进口关税	5%~30%	VI × 税率	税率根据进口物资变化
2	DA	Droits d'accise	消费税	25%	VI × 25%	只针对某一类物资

编号	简写	关税法语全称	关税（中文翻译）	税率	计算方式	备注
3	TVA	Taxe sur la valeur ajoute	增值税	17.5%	VI × 17.5%	出口不进行征收
4	CAC	Centimes additionnels Communaux	市政附加税	10%	TVA × 10%	—
5	PCT	Precompte	预提税	10%	VI × 10%	—
6	RDI	Redevance informatique	信息税	0.45%	VI × 0.45%	针对所有海关信息处理系统处理的进口或出口物资
7	TCI	Taxe communautaire d'integration	共同体统一税	0.60%	VI × 0.60%	针对消耗类进口物资
8	CCI	Contribution communautaire d'integration	共同体统一捐税	0.40%	VI × 0.40%	针对消耗类进口物资
9	OHADA	Organisation pour l'harmonisation en afrique du droit des affaires	非洲商法协调机构税	0.05%	VI × 0.05%	
10	SGS	Redevance SGS	SGS商检税	0.95%	FOB × 0.95%	最低 110000 中非法郎
11	CIA	Contribution d'int é gration africaine	共同体捐税	0.2%	VI × 0.2%	—

2. 税率

海关关税针对共同体与外部国家之间的商品或服务的进出口，实行落地申报。关税税率如表6-2-4：

表6-2-4 关税税率

货物种类	类别	税率
生活基本必需品	I 类	5%
生产原料和设备	II 类	10%
中间投入品及其他	III 类	20%
消费品	IV 类	30%

3. 关税免税

为支持某一行业发展或某一项目的建设，财政部会针对某个行业或某个项目出具免税文件。工程类项目免税物资范围一般为建设该项目所进口的物资及机械设备，以政府各相关部门共同签订项目进口大清单的形式来确定。免税期限为项目合同上规定的施工期限，如遇工程延期需要向海关提供由业主出具的延期证明并办理延期免税文件。但生活物资、豪华车辆不在免税范畴。

4. 设备出售、报废及再出口的规定

企业向项目所在地海关监管机构申请鉴定所需出售的车辆、机械和设备，由监管机构鉴定残值后出具书面文件；按残值补缴全额关税并取得结关单后可出售。

免税到期后，如果没有后续免税项目，需按鉴定残值补缴关税，企业可自行处理设备；如果转入其他免税项目，需要办理转移登记手续；如果项目结束后设备转场到其他国家，需取得海关监督管理机构的同意，按照核定的残值缴纳 3% 的出口税。全额关税进口设备，企业可以自行报废；对海关税收优惠进口设备的报废必须通过海关监督管理机构认定残值，补齐相应关税后进行报废，同时申请海关管理机构进行销关。

（五）企业须缴纳的其他税种

1. 消费税

（1）卷烟、饮料、化妆品、奢侈品、老虎机及其他赌博设备适用于 25% 的消费税率。

（2）软饮、发动机排放能力为 3000 cm³ 的私家车适用 12.5% 的税率。

（3）移动通信、网络服务适用 2% 的税率；

2. 不动产税

评估的不动产价值的 0.1%，按年缴纳。从事体育运动的俱乐部、组织和管理机构免除不动产税。

3. 注册税

根据交易性质不同，税率在 1%~15% 之间。其中，注册资本及后续的增加免除注册税。

4. 印花税

贴花金额根据应税凭证的大小和性质确定：

（1）注册文件（42×54）：1500 中非法郎 / 页。

（2）普通尺寸文件（29.7×42）：1000 中非法郎 / 页。

（3）普通尺寸一半的文件（29.7×21）：1000 中非法郎 / 页。

5. 营业执照税

任何个人和法人实体在喀麦隆从事商业活动均需缴纳营业执照税。该税按照年收入的一定比例计算并缴纳，具体如下：

大企业，按照营业额的 0.159% 计算，最低税额为 500 万中非法郎，最高税额为 2 亿中非法郎（对于大企业，其年度营业额应不少于 30 亿中非法郎）。

中型企业，按照营业额的 0.283% 计算，最低税额为 141500 中非法郎，最高税额为 4500000 中非法郎（对于中型企业，其年度营业额应不少于 5000 万中非法郎且不超过 30 亿中非法郎）。

小型企业，按照营业额的 0.494% 计算，最低税额为 50000 中非法郎，最高税额为 140000 中非法郎。

6. 社会保险金

（1）征税原则。应缴纳的社会保险金的计算基础为员工月度薪酬。具体比例如下：住房公积金：雇主承担应税工资总额的 1.5%，个人承担 1%；国家社会保险基金：雇主承担应税工资总额的 11.2%，个人承担 4.2%；工伤保险基金：雇主承担应税工资总额的 1.75%、2.5% 或 5%；国家就业基金：雇主承担应税工资总额的 1%。

（2）外国人缴纳社保规定。外国人在喀麦隆工作需要缴纳社会保险金，目前，中国政府和喀麦隆政府未签订社保互免协议，中方人员在喀麦隆缴纳的社保金在离开时无法申请退还。

第三节　外汇政策

一、基本情况

喀麦隆为外汇管制国家，其货币名称为中部非洲金融合作法郎，简称中非法郎，由中部非洲国家银行发行。

中非法郎与法国法郎保持固定汇率：100 中非法郎 =1 法郎。1998 年欧元启动后，中非法郎与欧元挂钩，655.957 中非法郎 =1 欧元。欧元以外的货币对中非法郎的汇率根据欧元和中非法郎的固定汇率以及该货币与欧元在交易市场上的汇率而确定。美元兑中非法郎汇率 2016 年平均为 1 美元 =600.2 中非法郎，2017 年 3 月 31 日汇率中间价为 1 美元 =619.8 中非法郎。人民币与中非法郎目前尚不可直接结算。

喀麦隆外汇管理规定主要以 2000 年 4 月 29 日制定的、2004 年 1 月 2 日正式生效的第 02/CEMAC/UMAC/CM 号《中部非洲经货共同体成员国外汇协调管理条例》为依据。该《条例》取代了喀麦隆原来的外汇管理办法，其主要特点如下：国家从经济活动领域中退出，将外汇经营和转移管理职能转交给得到政府主管部门授权的中介；取消短期资本流动的监管和行政审批；经常账户交易支付自由化（包括商品和服务、可视物、外汇结购等）；加强对银行在外汇操作和监管事务中的问责。

二、居民及非居民企业经常项目外汇管理规定

1. 货物贸易外汇管理

喀麦隆外汇业务须经喀麦隆外汇管理局许可，材料采购款汇出需要提供采购材料合同、海关资料等凭证；外币资金汇入目前无政策方面的限制。

2. 服务贸易外汇管理

要求与货物贸易项下基本一致。

3. 跨境债权债务外汇规定

银行负责审核和执行不需要经过审批，只需到喀麦隆财政部备案的贷款和借款的唯一授权机构，包括总额不超过 1 亿中非法郎的所有交易，以及银行内部的操作。

4. 外币现钞相关管理规定

由银行内部管理需要自主出具相关管理办法。比如银行在取款额度超过 1000 万中非法郎需要提前预约等。

三、居民企业和非居民企业资本项目外汇管理

喀麦隆作为"中部非洲国家经济货币共同体（CEMAC）"成员国家，在外汇管理方面与其他成员国家适用统一政策（Reglement No.02/00/CEMAC/UMAC/CM du 29 avril 2000）。2017 年 7 月，中非经济共同体的高层会议上提到，今后对向境外投资汇款严格把控并修订相关政策，以保证中非共同体外汇资金存量。

如直接投资金额低于 1 亿中非法郎，需向统计部门申报，相关资金的转移可由经授权的中介方自由操作。如直接投资金额超过 1 亿中非法郎，需向喀麦隆财政部申报，除非直接投资的资金来源是其未分配利润的再投资。另外，资金转移还需得到喀麦隆财政部的批准。

在喀麦隆注册的企业，如其股东为境外法人实体，企业可以将所得利润中股权分红的部分汇出给股东方。红利汇出时，需要向银行提供公司当年的财务报告、董事会关于分红的决议、股东及持股比例说明、资本所得税完税证明（16.5%）作为支持文件。

四、个人外汇管理规定

CEMAC 区居民或非居民在进入或离开边境时，需要对总金额超过 100 万中非法郎的外汇现金进行申报。

在喀麦隆境内工作、居住的居民或非居民在私人旅行或公务旅行的名义下，有权向金融机构申请兑换外汇现金；私人旅行兑换限额为 400 万中非法郎，需提供护照及交通凭证（机票）；公务旅行兑换限额为 1000 万中非法郎，需提供护照、出差证明及交通凭证。在通过边境时要按照规定向

海关进行外汇申报,申报时可以出示金融机构的兑换凭证和上述相关文件以便顺利通过海关。

第四节 会计政策

一、会计管理体制

（一）财税监管机构情况

在喀麦隆注册的企业均需按照非洲统一商法（SYSCOHADA）中的《会计统一法》体系要求建立会计制度进行会计核算。

（二）事务所审计

每年营业额超过 5 亿中非法郎的企业需要由审计机构进行审定,税务局在稽查时会对企业是否进行外部审计予以关注。

（三）对外报送内容及要求

会计报告中主要包含:企业基本信息:行业分类、经营范围、股东情况、公司地址、银行账户信息、税务登记号等。企业经营情况表:资产负债表、利润表。披露信息:费用类、资产类、历年营业额（5 年内）、权益变动。关联交易中,采购定价相关的证明材料及交易申明。

上报时间要求:会计报告须按公历年度编制,于次年的 5 月 20 日前完成。

二、财务会计准则基本情况

（一）适用的当地准则名称与财务报告编制基础

喀麦隆采用 SYSCOHADA 的会计准则。自 2018 年开始所有企业需按新修订后的 SYSCOHADA 准则执行,该体系和 IFRS 逐渐趋同。其中,该国家上市公司自 2019 年 1 月 1 日开始实行 IFRS。

SYSCOHADA《会计统一法》中规定了会计处理的具体核算方法,包括会计科目分类规则（共九类）及其核算具体内容,同时也规定了借贷记账规则。

（二）会计准则使用范围

所有在喀麦隆注册的企业均需要按照会计准则进行会计核算并编制报表。

三、会计制度基本规范

（一）会计年度

《会计统一法》第 7 条规定：公司会计年度与历法年度一致，即公历年度 1 月 1 日—12 月 31 日为会计年度。对于上半年新成立的公司，当年会计年度可以小于 12 个月；下半年成立的公司，当年会计年度可以大于 12 个月。

（二）记账本位币

《会计统一法》第 17 条规定：企业会计系统必须采用所在国的官方语言和法定货币单位进行会计核算。喀麦隆采用中非法郎作为记账本位币，货币简称 FCFA。

（三）记账基础和计量属性

《会计统一法》第 17 条规定：企业以权责发生制为记账基础，以复式记账为记账方法。

《会计统一法》第 35 条规定：企业以历史成本基础计量属性，在某些情况下允许重估价值计量（第 62~65 条）。

《会计统一法》规定：会计计量假设条件，其一般原则有：谨慎、公允、透明（第 6 条）、会计分期（第 7 条）、持续经营（第 39 条）、真实性、一贯性、可比性（第 8 条）、清晰性（第 9 条）。

四、主要会计要素核算要求及重点关注的会计核算

（一）现金及现金等价物

会计科目第五类记录现金、银行存款及现金等价物。会计科目（51）核算现金，会计科目（52）核算银行存款。

资产负债表（BILAN）中列示的现金是指库存现金及可随时用于支付的银行存款，现金等价物是指持有的期限短（从购买日 3 个月以内到期）、流

动性强、易于转换为已知金额现金及价值变动风险很小的投资。主要涉及资产由现金、银行存款。

现金流量表（TAFIRE）中列示的现金及现金等价物和 IFRS 准则中概念一致。

（二）应收款项

会计科目第四类记录应收、预付款项。《会计统一法》规定：应收款项科目记录应收账款的初始计量按初始价值计量确认，同时规定了坏账准备、折扣、可回收包装物的会计处理。

《会计统一法》第 42 条规定：年末应收款项需要按公允价值计量确认；《税法通则》第一卷第 115 条 C（企业所得税法）明确企业资产的坏账准备可以从税前扣除，但 115 条 F 规定对国家及地方政府债权的坏账准备不能税前扣除。

（三）存货

《会计统一法》第 39 条规定：存货初始计量以历史成本计量确认，包括买价及必要合理的支出。存货的初始核算：存货的采购成本不包含采购过程中发生的可收回的税金。不同存货的成本构成内容不同，通过采购而取得的存货，其初始成本由使该存货达到可使用状态之前所发生的所有成本构成（采购价格和相关采购费用）；通过进一步加工而取得的存货，其初始成本由采购成本、加工成本，以及使存货达到目前场所和状态所发生的其他成本构成。《会计统一法》存货由全部商品、原材料和有关的供应品、半成品、产成品以及在盘点日企业拥有所有权的物资组成。具体分类如下：31 商品，32 原材料，33 其他储备品，34 再成品，35 在建工程，36 产成品，37 半产品，38 在途物资，39 存货减值。

《会计统一法》第 44 条规定：存货出库可以采用先进先出法和平均法（移动平均或加权平均）。企业应根据存货的性质和使用特点选择适合的方法进行存货的出库核算。确定存货的期末库存可以通过永续盘点和实地盘点两种方式进行。

《会计统一法》第 43 条规定：存货期末计量以初始成本与可变现净值孰低法，若成本高于可变现净值时，应根据存货的可变现净值与账面价值的差额计提存货跌价准备并计入会计科目（39 存货减值）作为存货的备抵项。

施工企业存货分两种情况：一是在工程账单确认收入方法下，期末采用永续盘点法确认未出库（32 原材料）和已领用未办理结算（35 在建工程）金额。二是在建造合同法确认收入情况下，期末采用永续盘点法确认未出库原材料，并用"工程结算和工程施工"差额确认在建工程。

（四）长期股权投资

《会计统一法》中定义了长期股权投资是投资企业为了与被投资企业建立长期关系或为了自身的经营和发展而持有的被投资企业权益 10% 以上的投资。

会计科目（26）长期股权投资下设四个明细科目，分别核算控制、共同控制、重大影响、其他四种情况的投资。按会计法规的解释：控制是直接或直接持有被投资单位 40% 以上的表决权，且没有其他持有者通过直接或间接持有被投资单位超过 40%；共同控制是由有限的股东共同持有被投资单位的股权，共同决定被投资企业的决策；当直接或间接持有被投资单位有表决权股权的 20% 以上时，视为有重大影响。初始计量按投资成本计量确认，期末计量按会计法第 43 条以成本与可变现净值孰低法确认期末价值；处置长期股权投资时，其成本通过账户 81—处置非流动资产的账面价值结转。不属于长期股权投资的其他投资通过账户 50—短期投资核算。

（五）固定资产

《会计统一法》第 45 条规定：固定资产初始计量以历史成本计量确认，企业应在其预计使用期限内对固定资产计提折旧。

《会计统一法》第 42 条规定：固定资产期末计量按可回收价值计量，如果发生减值，计入减值准备。

（六）无形资产

《会计统一法》中没有单独对无形资产的确认和计量规范，但与固定资产一样适用确认计量的一般规范。具体是：无形资产初始计量以历史成本，企业应在其预计使用期限内对资产计提摊销（第 45 条）。无形资产期末计量按可回收价值计量，如果发生减值，计入减值准备（第 42 条）。

（七）职工薪酬

《会计统一法》中会计科目（42）核算职工薪酬，核算所有支付给职工的各类报酬。包括以下人员的薪酬费用：行政管理人员、普通员工、临时性雇佣员工（代扣5%来源扣缴税）、职工代表、提供服务的企业合伙人。确认和计量方法与中国会计准则的职工薪酬类似。对于建筑工程行业采用BTP惯例（类似于劳动法，规定企业必须给工人年假、年终奖、医疗报销等规定）。

（八）收入

《会计统一法》中会计科目（70）核算企业日常经营活动中取得的收入，核算企业对第三方销售货物、提供服务或劳务取得的经济权利。收入计量按净价计量确认（不包括销售代收的税金和在发票上注明的折扣，但现金折扣例外。）

对于房建和工程建筑企业，企业收入可以采用工程帐单法或者建造合同法确认。

2018年起，国际财务报告准则的新收入准则开始实施。

在履行了合同中的履约义务，即在客户取得相关商品或服务的控制权时，确认收入。对于在某一时段内履行的履约义务，在该段时间内按照履约进度确认收入，并按照一定方法确定履约进度。履约进度不能合理确定时，已经发生的成本预计能够得到补偿的，按照已经发生的成本金额确认收入，直到履约进度能够合理确定为止。

（九）政府补助

政府补助包括三类（前两类也包括第三方补助）：投资性补助、经营性补助和平衡性补贴。

《会计统一法》中会计科目（71）用于核算经营性补助收入，核算方法类似中国会计准则《政府补助》中与收益相关的政府补助。经营性补助是由政府、公共机构或第三方为了弥补企业产品的售价或其经营费用而给予的补助，既不是捐赠也不是投资性补助。经营性补助分为进口产品补助、出口产品补助。债权人放弃债务权利也视同经营性补助计入本科目，年末本科目结转至本年利润。

投资性补助类似于中国会计准则《政府补助》中与资产相关的政府补助，是企业取得的为了购置、建造长期资产或为了提供长期服务而取得的补助。会计科目（14）用于核算投资性补助收入。取得时计入会计科目

（14）和相关资产；年末结转会计科目（14）中当年分配的收益部分至会计科目（865），计入本年收益；处置相关资产时将会计科目（14）尚未分配的余额计入会计科目（865）。

平衡性补贴是政府对企业特别事项的补贴，相当于营业外收入，直接通过会计科目（88）"营业外收入"，并在期末结转到本年利润。

（十）借款费用

借款费用是指企业因借款而发生的利息及其相关成本。借款费用包括借款利息、折价或者溢价的摊销、辅助费用，以及因外币借款而发生的汇兑差额等。

（十一）外币业务

外币交易时，应在初始确认时采用交易发生日的即期汇率折算为记账本位币金额，当汇率变化不大时，也可以采用当期平均汇率或者期初汇率核算。

于资产负债表日，外币货币性项目采用资产负债表日的即期汇率折算为外币所产生的折算差额，除了为购建或生产符合资本化条件的资产而借入的外币借款产生的汇兑差额按资本化的原则处理外，其他类折算差额直接计入当期损益。以公允价值计量的外币非货币性项目采用公允价值确定日的即期汇率折算为人民币所产生的折算差额作为公允价值变动直接计入当期损益。

于资产负债表日，以历史成本计量的外币非货币性项目，除涉及计提资产减值外，仍采用交易发生日的即期汇率折算，不改变其记账本位币金额。流动性较强的科目、有合同约定的科目应采用外币核算，包括：买入或者卖出以外币计价的商品或者劳务；借入或者借出外币资金；其他以外币计价或者结算的交易。

（十二）所得税

所得税采用应付税款法，不区分时间性差异和永久性差异，不确认递延所得税资产和负债，当期所得税费用等于当期应交所得税。本期税前会计利润按照税法的规定调整为应纳税所得额（或由税务局核定的应纳税所得额），与现行税率的乘积就是当期在利润表中列示的所得税费用。会计科目（89）核算所得税，分为当期所得税费用和以前年度所得税费用调整，年末余额结转至本年利润。

五、其他

《会计统一法》中没有单独企业合并准则，但《会计统一法》第5章《合并财务报表》明确该体系接受两种国际标准：

（一）国际会计准则理事会批准的标准，即IASC发布的IAS，其中IAS22企业合并已经被后来IASB发布的IFRS3取代，但由于会计法并没有修订，没有明确是否自动适用IFRS3。

（二）欧洲标准（欧洲共同体理事会第7号指令），然而后来的欧盟也于2005年起上市公司执行IFRS3。

本章资料来源：

◎ 世界银行官网
◎ 普华永道全球税线上指南官网

第七章 卡塔尔税收外汇会计政策

第一节　投资基本情况

一、国家简介

卡塔尔（英语：State of Qatar），位于中东波斯湾西海岸的卡塔尔半岛上，与阿拉伯联合酋长国和沙特阿拉伯王国接壤。南北长 160 公里，东西宽 55~58 公里，国土面积 11521 平方公里，卡塔尔东、北、西三面环海，海岸线长 563 公里。全境地势平坦，最高海拔仅 103 米，多为沙漠或岩石戈壁。卡塔尔是中国和中东、非洲地区之间的贸易中心和枢纽，是陆上丝绸之路和海上丝绸之路的重要交汇点。全国共设 7 个市政区。首都多哈位于卡塔尔东部，是卡塔尔最大的城市，全国的政治、经济、文化中心。卡塔尔主要民族为阿拉伯族，伊斯兰教是卡塔尔的主要宗教。官方语言为阿拉伯语，通用英语。截至 2018 年，卡塔尔人口总量 264 万，其中本地人口 31.3 万，占人口总量不足 12%，外来人口 230 多万，外籍人主要来自印度、孟加拉、尼泊尔、菲律宾以及埃及等国家。城市人口占总人口的比重为 99.34%，农村人口仅为 0.76%。83% 的卡塔尔人口集中在多哈。

二、经济情况

卡塔尔经济是在发现石油和天然气之后进入腾飞阶段，卡塔尔政府借助石油收入发展国民经济，不断提高人民的生活水平，与其他国家相比，卡塔尔国民有着较高的福利待遇，全民享受免费教育和医疗。目前的石油储量位列世界第 13 位，天然气储量位列世界第三位，石化工业是卡塔尔的支柱产业，比重占到卡塔尔 GDP 的 50% 以上。凭借石油天然气的开发，卡塔尔一跃跻身现代发达国家行列。据世界银行统计和测算，卡塔尔 2011—2017 年 GDP 数据如表 7-1-1 所示：

表7-1-1 2011—2017年卡塔尔宏观经济状况表

年份	GDP总量（亿美元）	人口（万）	GDP增长率	人均GDP（美元）
2011	1677.8	190.54	13.3	88055
2012	1868.3	201.56	4.88	92692
2013	1987.3	210.13	4.4	94575
2014	2062.2	217.21	4	94940
2015	1646.4	223.54	3.6	73651
2016	1524.5	256.98	2.2	59324
2017	1676.1	263.92	1.6	63508

数据来源：世界银行统计和全球经济展望。

卡塔尔依靠石油天然气资源出口，为加强外部经贸联系，目前已经加入的世界性和区域性经济组织主要包括：世界贸易组织、海湾合作委员会[①]、阿拉伯联盟和石油输出国组织。

三、外国投资相关法律

卡塔尔的投资主管部门是经济贸易部，简称经贸部，主要法律为《卡塔尔投资法》。根据法律，外国投资者必须获得投资许可后方可在卡塔尔投资。

投资方式上，外国投资者在卡塔尔投资主要通过建立合资公司或参股经营为主，一般而言，外国投资者投资比例不得超过投资总额的49%，但是针对政府性项目和公益性质工程项目承揽，外国承包商可以在当地以注册分公司的形式开展经营活动，该分公司以工程期限为存续期。

投资行业准入上，重点扶持那些可实现最有效利用本国现有原材料的项目和出口工业，可提供新产品、使用新技术的项目，致力于把具有国际声誉的产业国产化的项目，以及重视人才本土化并使用本国人才的项目。针对鼓励的投资项目，也给予很多投资优惠政策，例如：向外国投资者以长期租赁方式划拨土地，首次租赁期不超过50年的，可以续租；免除鼓励投资项目资本的所得税，自投产之日起，不超过10年；与建立该投资项目

---

① 海湾合作委员会（GCC，简称海合会），包括巴林、科威特、也门、沙特阿拉伯和阿拉伯联合酋长国。

所需进口的仪器和设备，免除关税；工业制造加工领域投资项目为生产所需进口的，本国市场没有的原材料和半成品，可予免除关税；允许外国投资者的股份超过项目资本的49%，直至100%股份。除非获得特别许可，禁止外国投资者在卡塔尔银行业、保险公司及商业代理和房地产等领域进行投资，外国投资者也不允许从事贸易代理业务和进口业务。外国自然人不能直接在当地承揽工程承包项目，必须在当地成立合资公司。

卡塔尔本国人力资源匮乏，根据2017年人口统计，卡塔尔拥有260多万总人口，其中，只有30万左右是本地人口。卡塔尔本国公民90%以上在政府或国有企业任职，需要引进少量国外高端人才和大批普通劳动力。之前卡塔尔针对外籍劳务实行当地保人制度，需要当地保人向劳动部申请用工名额，获批之后再到内政部办理工作签证，获得工作签证后，外籍劳务即可进入卡塔尔工作，甚至离境也需要保人的同意，因此，保人和资方在雇佣关系上处于绝对的优势地位。卡塔尔政府自2016年12月13正式废止担保人制度（Kafala制度），启用新的以合同为基础的《劳工法》（2015第21号法令）。新法允许外籍劳工在离境、更换工作方面获得更多自由，也增加了对劳工的一些保护性条款。

第二节　税收政策

一、税法体系

卡塔尔税收法律体系比较简单，除了卡塔尔金融中心施行区内部的税务法规之外，该国税法以2009年21号法案为框架，对非海湾国家外国投资部分征收企业所得税和对非居民企业在卡来源收入征收预留税，即预提所得税。

卡塔尔是一个低税负国家，低税负依赖于本国丰富的油气收入，随着油价波动，卡塔尔也在积极寻求财政收入的多元化。根据海合会协定，组织成员国将引入增值税，目前只有阿联酋和沙特在2018年正式推出增值税，卡塔尔是第二批实施国家，目前尚未有具体的政策文件出台。

目前，卡塔尔已经签订了 60 多个双边税收协定，其中，中国于 2001 年 4 月 2 日与卡塔尔签署了《中华人民共和国政府和卡塔尔政府关于对所得避免双重征税和防止偷漏税的协定》，并于 2009 年 1 月 1 日正式实施。该税收协定对 17 类跨境所得的征税原则进行了明确，通过这 17 类收入征税原则的安排，有效地避免所得税国际征管过程中的双重征税以及偷漏税的现象，提高了双边征收效率。同时，为加强海合会的经贸往来，海合会成员国签订了海湾五国共同关税法，规定海湾五国对外使用统一的关税规则，内部之间采用零关税。

2017 年 11 月，卡塔尔签署了《税基侵蚀与利润转移公约》以及《多边税收征管互助公约》。目前，卡塔尔还没有宣布具体的公约下的税收财务信息的交换日期，但是加入国际公约的选择必将推动卡塔尔国家税制的完善。例如，目前卡塔尔税法关于转让定价的条款很简单，仅列明在税局认为必要的条件下参照可比非受控价格法来评估，但是没有具体的文件提交要求，可以预见未来随着税制完善，纳税人会面临更多的报告披露和合规性要求。

二、税收征管

（一）征管情况介绍

1. 税收征收概览

根据已经披露的历史数据，从 2004—2010 年，卡塔尔的税收收入平均占当年 GDP 的 20% 左右，普华永道会计师事务所和世界银行联合发布的《2016 年纳税报告》显示，在纳税便利程度方面，在报告选取的 189 个经济体中，世界纳税效率最高的前十名国家和地区依次为：卡塔尔和阿联酋（并列第一）、沙特、中国香港、新加坡、爱尔兰、马其顿、巴林、加拿大和阿曼。卡塔尔凭借着 11.3% 的整体税率，每年平均四次的税款缴纳频率和 41 小时的税收遵从成本时间，和阿联酋并列第一名。与之相比，全球的平均整体税率、税款缴纳频率和税收遵从成本时间数据则分别为 40.8%、25.6 次和 261 小时。因此，通过以上数据可以明确，卡塔尔是一个税负低、税务程序简单的国家。

2. 涉税事项程序

（1）纳税登记，取得税卡。凡法人实体属于税收居民，或在卡塔尔建立了常设机构，应在取得营业执照30日内进行税务登记，领取税务卡，且税卡需要每年进行更新。

（2）纳税申报。纳税人应该在一个财务年度截止后的4个月内进行纳税申报并缴纳税款。申报所需具体材料如下：①企业整理报税所需的文件资料；②将所备文件资料送交当地有资质的会计师事务所进行审计；③会计师事务所审计通过后将申报资料上报税务主管部门，并通知企业向税务主管部门指定账号缴纳税款。

（3）税务复审。因为卡塔尔当地税务部门人员较少，且需要适应税务部门员工的当地工作习惯和方式，税务的复审和检查时间会拉的很长，有的需要等到纳税申报后三四年才能反馈，因此，企业的完税周期非常长，很多企业3~4年后才能拿到当年的完税证明。

异议和申诉程序。纳税人可以就纳税状况对税务部门的决定提出异议。如果该异议不能改变税务部门的决定，纳税人可向税务申诉委员会提出申诉。基于纳税申诉委员会的决定，终局申诉既可由纳税人也可由税务机关向法院行政庭提起。

（二）税务查账追溯期

税务局有权在以下时限内对公司纳税情况和财务罚金进行检查：

（1）纳税人提交纳税申报表后的5年内；

（2）从纳税申报表应提交未提交或者纳税人未能在相关部门进行税务登记，到税务局发现纳税人以上活动的10年内。

（三）税务争端解决机制

纳税人可以就纳税状况对税务部门的决定提出异议。如果该异议不能改变税务部门的决定，纳税人可向税务申诉委员会提出申诉。基于纳税申诉委员会的决定，终局申诉既可由纳税人也可由税务机关向法院行政庭提起。

具体的法律规定了每段申诉程序的时限：纳税人可在收到通知起30天内，以附回单的注册信函的方式反对财税部门的决定。财税部门应在反对意见递交日起60天内，处理反对意见，并将处理结果以附回单的注册信函或直接发送给纳税主体/负责人的形式通知纳税主体。60天内未收到对于反对意见的回复,则可视为财税部门否认此意见。

三、主要税种介绍

（一）企业所得税

1. 征税原则

卡塔尔居民企业是按照卡塔尔法律成立,取得商业注册和商业执照,便可以在当地合法经营。可选择的注册形式多样,主要有依托项目的临时分公司、永久性分支机构、注册联营体、代表处,以及卡塔尔金融中心和科技园区的注册企业。未在当地进行注册而开展经营取得收入的非居民企业适用预留税,由居民纳税人代扣代缴所得税。

卡塔尔的企业所得税采用属地原则。外国全资或合资公司中外资部分,应就其在卡塔尔境内活动产生的所得缴纳企业所得税。由卡塔尔公民和由海合会国家公民拥有的全部实体和部分实体在卡塔尔获得的收入,免征企业所得税。

2. 税率

除石油天然气行业以外的行业具体规定外,企业所得税的统一税率为10%,如果是和卡塔尔政府在2010年1月1日前就纳税行为税率问题达成具体协议,按协议中规定的税率继续执行,经营石油天然气适用35%的税率,石油经营活动包括勘探、油田开发建设、钻井、建井及修井、石油生产加工、杂质过滤、储存、运输、装载及船运、建设运营相关能源及水利设施、住房及其他设施、石油经营活动所需的其他必要的设施设备,以及完成上述活动所需的服务,包括所有管理及补充活动;针对非居民企业在当地取得收入适用预留税的规定,与专利、版权、特许权及技术服务相关的适用5%的税率;利息、佣金、中介服务、董事酬金,以及其他全部发生在境内或者部分在境内的服务适用税率7%。

3. 税收优惠

在《投资法》规定的投资范围内,免除外国投资资本的所得税,自投资项目投产之日起,免税期不超过10年。针对外国投资资本与当地合资经营的,出资比例一般不得超过49%,在限额下按照实际出资比例享受经营利润的优惠减免，对于取得政府 100% 的投资许可的，则享受全部股权比例税收减免。税收优惠主要是针对那些符合卡塔尔发展规划的行业或者项目投资且需要事前获得政府的批准。具体包括：农业、保健、教育、旅游观光等行业，以及那些可实现最有效利用本国现有原材料的项目和出口工业，可提供新产品、使用新技术的项目，致力于把具有国际声誉的产业国产化的项目，以及重视人才本土化并使用本国人才的项目。针对政府鼓励的外商投资项目，为建设项目所需进口的仪器和设备，可予以免除关税；工业投资项目为生产所需进口的本国没有的原材料和半成品，可予以免除关税。

4. 所得额的确定

应纳税所得额是指应税收入扣除为实现收入的所有支出、成本和损失后的所得，与应税收入相关的非资本化费用通常可以扣除。

应税收入主要包括在卡塔尔境内从事经营活动所取得的收入，全部或部分在卡塔尔境内履约而取得的收入，来源于卡塔尔境内房地产的收入，向总部、分支机构或关联公司提供服务所取得的收入，以及在卡塔尔境内勘探、开采自然资源所取得的收入。

允许扣除的支出应与应税收入相关，包括有必要从总营业收入中计提的支出，实际发生并有相关文件支持的支出，除了资本属性外列入固定资产部分的折旧，与在纳税年度实施的经营活动相关的支出。

纳税人允许扣除的费用和成本需要满足以下要求：

①与取得收入相关的必要支出；

②实际发生，并且有书面证据作为支持；

③不能增加经济活动中使用的固定资产的价值；

④与纳税年度相关联。

根据 2009 年第 21 号所得税法第 8 条的规定，允许扣除的项目主要包括以下内容：

①开展经济活动所需要的原材料、耗材和服务的成本；

②经济活动使用的贷款利息；

③工资、薪酬、终止劳动合同补偿金和其他类似款项，包括为雇员设立退休养老金或服务终结或对投资基金的捐款；

④房租；

⑤保险费；

⑥坏账；

⑦银行为不良债务以及保险公司为风险所计提的风险准备金，最高扣除限额为发生本项目和下文⑨述及的其他项目扣除之前的净收入的 10%；

⑧固定资产的折旧；

⑨出于慈善的、人道主义的，或资助科学、文化、体育等活动的目的，向国家政府机关、公共主体或机构或其他国家机关主体进行的捐赠、帮助、捐献等，可扣除其价值不超过发生本项以及上文⑦提及的其他项目扣除前净收入的 5%；

⑩除本法规定的所得税以外的其他税费。

纳税人可以从以后年度的净收入中扣除应纳税年度内发生的损失，税务亏损可自发生年度起向后结转三个财政年度，不得向以前年度结转。由免税或非税收入来源造成的损失不得抵扣。

⑪除前文的费用扣除规定之外，经营自由职业个人可以选择扣除其总收入的 30%，代替其他所有可扣除的支出和成本。

在费用税前扣除上，明确注明以下费用和成本不能税前扣除：

①获得免税收入所需的费用和成本；

②违反国家法律而支付的款项；

③违反国家法律而受到的罚款和处罚；

④关于应收或者已收到补偿的支出或损失，即使补偿未计入纳税人的总收入；

⑤总支出中娱乐、酒店住宿、餐厅用餐和本法执行条例规定的限制的份额；

⑥支付给所有者、其配偶和子女、一般或有限合伙的成员，或直接/间接拥有有限责任公司的绝大多数股权的董事的薪金、工资及类似的酬劳包括附加福利。

5. 反避税规则

在卡塔尔税法中有反避税条款，对于转让定价，税法规定税务机关有权在特定情况下按照独立交易原则进行纳税调整。

税务机关可采用实质重于形式的方法来评估双方交易或发生的费用支出的合理性，而纳税人可要求税务机关对其费用支出进行重新考虑或提交相关的支持文件。

卡塔尔的转移定价主要是在反避税框架下进行了介绍说明，主要是对纳税人适用的不同价格的某一经济行为采用公平交易的原则；对没有反映交易实质的合同行为进行重新评估；对涉及逃减税的内部交易安排下的应纳税额进行调整。

关联交易方的定义：针对自然人而言，双方有配偶关系，或者法律上抑或血缘上四代以内关系的，视为关联方；自然人之于法人，自然人独自或者和其有关联方关系的自然人享有50%以上的法人的资本，或者表决权或者收入分配权，视为关联方关系；法人之于法人，当其独自或者和其有关联关系的自然人享有50%以上的法人的资本，或者表决权或者收入分配权，视其为关联关系。

转移定价优先采用可比非受控法，但如果该交易无法使用此种方法，税局认可采用OECD的其他转移定价方法，但是需要提前获得准许，且在申请中提交采用该方法的合理性说明。在当前纳税申报的时候，没有要求一同提交转移定价的相关文件，但关联方交易需要放在审计报告中的说明中加以批露。但是在税务审计的时候，一般对转移定价作为常规的审计内容的可能性很高。目前，对于转移定价不能合理提供证明文件的行为没有专门的处罚，但是因为对于转移定价造成原来申报的应纳税额的调增额会按照每月1.5%收取滞纳金，滞纳金罚款以当年应纳税额为限。

卡塔尔税法没有特定的资本弱化规定，但常设机构支付给其总部或关联方的利息不得税前扣除。

6. 征管与合规性要求

（1）税务登记要求：注册登记要在取得营业执照30天以内，纳税人变更登记的，应将影响纳税义务的变动内容于变化发生日起30天内通知相关部门。全部或部分处置业务或停止营业的，应于处置或停止日起30日内通知财税部门。若停止营业的原因是纳税主体死亡，则应在其死亡日起60天内通知。未能在规定的时间内进行税务登记或停止营业活动却未通知，处罚5000里亚尔。

（2）从事经营活动的纳税主体，应于会计期末起4个月内，以报送应纳税所得额及应交税金的固定格式，向财税部门提交纳税申报表。纳税申报和支付税款的时间一致，逾期申报和备案：按每天100里亚尔进行处罚，最高限额36000里亚尔。逾期缴纳税款：每月或不足一月，按应缴税款的1.5%交罚金，以应缴税款为上限。

（3）预提所得税扣的扣缴义务和交税规定：对非卡塔尔常驻居民特定的服务费的支付，并且其经营活动与卡塔尔永久设立的公司无关的，应适用预提所得税，预扣税预提所得税税额＝支付给适用该税法条款非居民的净额／（1–适用的预扣税预提所得税税率）×适用的预扣税预提所得税税率。纳税人有义务在支付时代扣预扣税并于支付发生后第一个月的16天前，电汇给财税部门。未按规定扣缴预扣税，除按规定补交适用的预扣税，还要支付按未付预提税额的100%进行处罚。

（4）于卡塔尔境内从事经营活动的纳税主体，其与经营活动相关的会计档案应保存10年，未按要求的时间保留财务报表记录将处罚金15000里亚尔。

（二）增值税

一直以来，海合会成员国家（包括卡塔尔）在海合会内积极推进增值税和消费税。阿联酋财政国务部长欧贝德曾于2017年表示："海合会成员国家已签署增值税框架协议，并将于2018年起实施5%增值税税率。"卡塔尔按照原框架安排属于第二批实行增值税国家，但受海合会成员外交危机影响，预计很难于2019年起推行增值税。

（三）个人所得税

满足以下任一条件，通常会被认定为卡塔尔居民纳税人：

在卡塔尔拥有永久居所的个人；

任意12个月期间在卡塔尔累计居住超过183天的个人；

主要利益集中于卡塔尔。

卡塔尔对于在境内取得个人工资性收入的本国公民和外国公民均不征收个人所得税，个人来源于在卡塔尔境内从事工商业等经济活动的收入适用于企业所得税的规定，该情形具体适用企业所得税的相关规定，可以参照上文企业所得税内容。

（四）关税

1. 关税体系和构成

自 2003 年 1 月 1 日起，海合会成员国形成统一关税联盟，就以下原则达成一致：对海合会国家以外进口的商品和服务采用相同的关税税率；海合会国家适用统一的海关法规；海合会内部国家的商品可自由流动，不征收关税。

2. 税率

关税适用于来自于海合会成员国以外国家的商品进口，进口关税通常采用 5% 的从价税；对一些特定的商品税率则较高，例如，烟草类关税税率为 100%。

3. 关税免税

部分商品则暂时享有进口免税，海合会国家关税联盟批准了 417 种免关税的商品，包括粮食类产品、私人物品（服装、化妆品等）、家用电器、用于外交或领事工作相关的商品、军用产品、慈善用品等。

4. 设备出售、报废或再出口的规定

依照海湾国家统一经济公约以及其他国际通行的公约规定，允许免税临时进口货物。故对于机器设备等的进口，在进口申报的时候，一般需要分为永久设备和临时设备申报，临时设备进口需要取得临时设备进口许可证，临时设备入境后在出口时，如果发生短缺，短缺部分需要补缴进口关税。

（五）企业需要缴纳的其他税种

企业获取的资本利得并入一般所得，适用企业所得税规定，从卡塔尔公开股票市场上出售股票获得的收益免税，卡塔尔没有房地产税，但房屋转让时，要一次性缴纳转让房屋总价的 0.25% 的转让费用；房屋在出租时，需要房东在签订合同 30 天内到市政部注册，并缴纳年租金的 1% 作为注册费用。除此之外，卡塔尔目前无其他需要缴纳的税种。

（六）社会保障金

1. 缴纳原则

根据现行政策，一般只有卡塔尔本地员工才享有养老保险计划，雇主需要强制为当地员工缴纳工资的 10% 份额的养老保险。

2. 外国人缴纳社保规定

雇主需要为卡塔尔本国的员工支付社保，但不强制为其他国籍的员工缴纳社保。

第三节　外汇政策

一、基本情况

卡塔尔货币外汇政策管理部门为卡塔尔中央银行，该行正式成立于 1993 年。历史上，卡塔尔在不同的阶段实行过不同的货币兑换政策，在 1980 年之前，本国货币为卡塔尔里亚尔，以 SDR 一揽子货币为锚，作为与外币兑换的依据。从 1980 年之后，采用以美元为锚，且将美元汇率固定在 3.64，自此之后，本国货币始终与美元维持该恒定汇率，卡塔尔中央银行每个工作日早上 8 点至下午 1 点以 3.6385 的固定汇率买入美元、以 3.6415 的固定汇率卖出美元。依托油气出口带来的充足外汇储备，卡塔尔的外汇管理十分宽松，在卡塔尔，外国人和外资企业可持担保人出具的信函在卡塔尔银行开设外汇账户。

涉及外汇的主要法规有《打击洗钱和资助恐怖主义法》（2010 年第 4 号法）、2010 年第 34 号埃米尔令、财政部 2002 年第 12 号令、卡塔尔中央银行对银行的指引（2013 年 9 月）、2014 年第 9 号法、卡塔尔中央银行指引（2013 年 7 月）。

二、居民及非居民企业经常项目外汇管理规定

1. 贸易外汇管理

货物贸易方面，进口须经商业贸易部门许可。黄金和其他贵金属进出口须经许可，且禁止与以色列进行此类贸易。因健康和公共安全原因，进口酒精饮料、枪支、弹药和部分药品须经许可且禁止从以色列进口，也禁止进口猪肉及相关产品。进口商可通过银行在卡塔尔外汇市场购买外汇远

期产品。

除此之外，在贸易项下的资金兑换及进出没有限制，无需事前审批，也没有外汇申报等要求。在实际工作中，央行会每年通过卡塔尔境内开展业务的银行和财务金融机构，随机抽查企业资金收支的用途，并要求提供具体资金收支交易下对应的业务往来单据。

2. 金融机构外汇管理

卡塔尔中央银行给 17 家商业银行与 20 家外汇兑换机构发放牌照，允许其在授权范围内与公众进行外汇交易。

银行业：银行发行债券须经卡塔尔中央银行批准。从外国银行借款不得超过银行一级资本的一半。金融机构提供外币借款，不能超过客户的实际需求，且需考虑客户的资金流和偿还能力。银行外币资产负债率需高于 100%。

货币兑换机构：不与卡塔尔中央银行直接交易，但可以保有境外账户，不仅包括现钞买卖，还可代表客户进行外汇支付与转账。

此外，卡塔尔中央银行有权根据联合国安理会相关决议，冻结已公布的涉恐个人、集团和组织的账户和资金。

三、居民及非居民企业资本项目外汇管理规定

投资资本通过卡塔尔许可的银行和财务公司汇入即可，外国投资者有权随时将转让、清算以及包含与之相关的争议补偿和赔偿的投资资本金汇出任何外部国家。对外国合资公司向国外汇款的唯一限制规定是：如国外与卡塔尔股份合资公司要将其在卡塔尔的年度利润全部汇往国外，该合资公司必须将相当于其年度利润的 10% 存入一个合法的储蓄户头，直至该账户金额至少达到其投资资金的 50%。详细情况如下：

直接投资：非居民可投资简单工艺品、商业、工业、农业等，且可在工业、农业、健康和旅游行业的经营实体 100% 持股。外国投资者投资银行和保险业由政府决定。

资本和货币市场工具：非海湾阿拉伯国家合作委员会成员国的国民持有卡塔尔上市公司股份不得超过 49%。如需继续提高份额，须经政府批准。外国居民在本地发售股票、债券、衍生品交易工具须经批准。投资非公开的投资工具、基金、投资组合的总额不得超过公司资本的 50%。投资单个

基金或投资组合不得超过公司资本的 10%。

房地产投资：在一般情况下，购买房地产仅限制在海湾阿拉伯国家合作委员会成员国公民范围内。

四、个人外汇管理规定

卡塔尔是外来劳工占多数的国家，是印度，巴基斯坦、菲律宾等南亚东南亚国家出口劳务国家赚取外汇的重要来源地，针对个人在卡塔尔取得的收入，只需提供合法收入来源，便可自由兑换和汇出。超过 10 万卡塔尔里亚尔的现金出境需申报。移民转出和转入资产均需获得监管部门批准。

第四节 会计政策

一、会计管理制度

（一）财税监管机构情况

卡塔尔财政部下设公共收入和税务部，具体结构如图 7-4-1 所示：

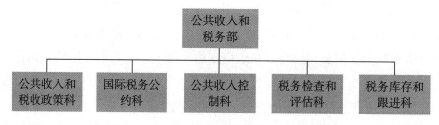

图 7-4-1 卡塔尔税务部门主要组织结构图图名

其主要职责如下：（1）负责协调实体工作，收集、分析和研究税收政策、公共收入和收费。（2）负责预算、监测税收、公共收入和收费。（3）与有关部门联合审查政府实体提交的收据凭单和结算报。（4）提出有关税收、公共收入和收费的法案和法规。（5）与有关实体协调，筹备与税收、公共收入和收费相关的调查和研究。（6）就与税收、公共收入和收费相关的法案、法规、决议、研究报告和统计数据发表意见。（7）根据法律、法规和有效税务决议，追溯和征收税款。（8）制定和完成国际税务协定的条例，并评估其影响。（9）负责与有关行政单位和主管实体的协调工作，跟进和跟踪与国际税务组织的相关的活动和筹备工作。

（二）事务所审计

根据税法要求，总部位于卡塔尔境内，且利润和资本均不超过 10 万里亚尔的企业可以免除卡塔尔认可事务所审计。除此之外的主体均需要求进行合规的审计。如果企业享受免税待遇，则需要在纳税申报表中进行备案。有下列情况之一的，应在提交纳税申报表的同时附送审计后的财务报表：

①利润超过 100000 里亚尔；

②资本超过 100000 里亚尔；

③总部位于卡塔尔境外。

（三）对外报送内容及要求

纳税申报要提交的资料具体要求为：

①在税务机关登记的公司税卡；

②经当地有资质的会计师事务所审计的上一年度财务会计报表和报告；

③当地会计师事务所出具的纳税申报表和报告；

④根据当地会计师事务所认定当年应该缴纳的所得税（如有）的缴款银行凭证。

从提交要求上看，财务报告、纳税申报，以及缴款银行证书都需要事务所出具或者认定，因此，在具体的报税上，当地多数企业一般选择事务所代为报税。

二、财务会计准则基本情况

（一）适用的当地准则名称与财务报告编制基础

卡塔尔没有当地的会计准则，因此境内适用国际会计准则和国际财务报告准则编制和报送财务报告。

（二）会计准则使用范围

适用于境内所有的企业，其中，卡塔尔金融中心企业需要适用金融中心管理当局特定的会计准则。

三、会计制度基本规范

(一)会计年度

纳税人的正常会计期间应为 12 个月,从公历年的 1 月 1 日到当年度 12 月 31 日。但有一些特殊情况,头一个会计期间应不少于 6 个月,或不多于 18 个月。公司清算的,会计期间应从之前会计期间截至日起,直到清算日止。公司停业、转让或出售的,会计期间应从之前会计期间截止日起,直到停业日、转让日及出售日止。纳税人从事临时性活动没超过 18 个月的,会计期间应是经营活动的期间。

(二)记账本位币

卡塔尔允许使用当地法定货币卡塔尔里亚尔和美元作为记账和报告本位币,如使用其他币种货币,需要事先取得许可。

(三)记账基础和计量属性

会计核算以权责发生制为基础,采用借贷记账法记账。各项资产均按取得时的历史(实际)成本入账;如果以后发生资产减值,则计提相应的资产减值准备。计量属性具体应用情况如下,历史成本:用于初始计量,除以个别情况下以公允价值进行初始计量外,均应用历史成本原则,此为最基本的原则。公允价值主要用于金融资产,金融负债,投资性房地产后续计量。可变现净值,用于后续计量,准备处置的长期资产以及流动资产(主要是存货)使用可变现净值进行计量。

四、主要会计要素核算要求及重点关注的会计核算

适用国际会计准则,其会计核算要素及会计核算要求与国际会计准则保持一致。因此在具体科目核算上,只对当地在实际操作中有特殊要求的加以解释说明。

(一)现金及现金等价物

现金是指包括库存现金和活期存款;现金等价物是指随时能转变为已知金额的现金的短期投资,其流动性高,价值变动的风险小。

资产负债表中列示的现金是指库存现金及可随时用于支付的银行存款及现金等价物。现金流量表中列示的现金及现金等价物和 IFRS 准则中概念

一致。

（二）应收款项

应收账款是指企业直接向债务人提供资金、商品或劳务所形成的金融资产。应收款项科目记录应收账款的初始计量，按初始价值计量确认，年末应收款项需要按公允价值计量确认。

当应收账款不能全额收回时，要对应收账款计提坏帐准备，所计提的坏账准备不可以税前扣除。但注意只有经税务部门审核批准的坏账才能税前抵扣。

（三）存货

存货是指①在正常经营过程为销售而持有的资产；②为这种销售而处在生产过程中的资产；③在生产或提供劳务过程中需要消耗的以材料和物料形式存在的资产。

适用于按历史成本制度编制的财务报表对存货的会计处理。

存货的期末计量应按成本与可变现净值中的低者来加以计量。

可变现净值，是指在正常经营过程中估计销售价格减去完工和销售估计所需费用后的净额。

（四）固定资产

卡塔尔对固定资产的入账价值没有具体规定，固定资产折旧采用直线法，可不留残值。固定资产的折旧率：

建筑物、管道、加油站、车道为 5%；

船舶 7.5%；

工厂、机械、办公室用具和设备，建筑和筑路设备，钻井工具为 15%；

卡车、拖车、摩托车、等车辆以及空调、电器为 20%；

电脑、复印机等办公设备按 3 年折旧。

（五）无形资产

无形资产是指为用于商品或劳务的生产或供应、出租给其他单位、或管理目的而持有的、没有实物形态的、可辨认非货币资产。以历史成本作为初始计量，无形资产在其购置或完成后发生的支出应在发生时确认为费用，除非该支出很可能使资产产生超过其原来预定的绩效水平的未来经济利益，或者该支出可以可靠地计量和分摊至该资产。若这些条件满足，后续支出应计入无形资产的成本。初始确认后,无形资产应以其成本减去累计摊销额和累计减值损失后的余额作为其账面余额。

（六）职工薪酬

职工薪酬是指所有支付给职工的各类福利,包括以下各项提供的福利:

（1）根据企业与雇员个人、雇员团体或他们的代表所签订的正式计划或其他正式协议。

（2）根据法律要求或通过行业安排,企业需要向全国、州、行业或其他多雇主计划注入资金。

（3）由于非正式的惯例所导致的推定义务。当企业没有现实选择而只能支付雇员福利时,因非正式的惯例而导致推定义务。推定义务的例子是,企业非正式的惯例一旦变化,将导致企业与雇员关系的不能接受的损害。

在卡塔尔当地注册企业还需根据《劳工法》必须给与工人年修假、离职补贴、医疗补贴等,企业还需支付占职工工资总额10%的社保费用企业承担部分,按月及时缴纳至卡塔尔社会保障管理局。

（七）收入

收入是指企业在一定的期间内,由正常经营活动所产生的经济利益的流入的总额。该流人仅指引起权益增加的部分,而不包括企业投资者出资引起的部分。其范围包括:销售商品;提供劳务;他人使用企业的资产而产生的利息、使用费和股利。

商品包括企业为出售而生产和外购的商品,如零售商购进的商品,或持有的待售土地以及其他不动产。提供劳务,其典型方式是企业在承诺的期限内完成合同所约定的劳务。该劳务可仅限于一个会计期间,也可跨越多个会计期间。他人使用企业的资产所产生的收入,有以下形式:①利息,是指因使用企业的现金或现金等价物而支付或应付给企业的费用,不能冲减其他财务费用;②使用费,是指因使用企业的长期资产,如专利权、商标权、著作权和计算机软件等而支付给企业的费用;③股利,是指股东根据其所拥有的资本份额而分得的利润。

2018年当年或之后开始年度,《国际财务报告准则第15号——客户合约收益》生效,则遵循新颁布的准则:在履行了合同中的履约义务,即在客户取得相关商品或服务的控制权时,确认收入。对于在某一时段内履行的履约义务，在该段时间内按照履约进度确认收入，并按照一定方法确定履约进度。履约进度不能合理确定时，已经发生的成本预计能够得到补偿的，按照已经发生的成本金额确认收入，直到履约进度能够合理确定为止。

（八）成本

在卡塔尔没有成本和费用的区别，费用也可作为计算完工百分比的基础。企业发生的成有成本费用，均可在税前扣除。

另外，卡塔尔税法允许施工企业的分公司或者子公司计提 3% 的上级管理费，其计提公式为：当年计提的上级管理费用 =（当期确认的收入 - 当期分包成本 - 当期进口材料费）× 3%。

（九）政府补助

政府补助是指政府以向一个企业转移资源的方式，来换取企业在过去或未来按照某项条件进行有关经营活动的那种援助。这种补助不包括那些无法合理作价的政府援助以及不能与正常交易分清的与政府之间的交易。政府补助（包括以公允价值计价的非货币性政府补助）只有在以下两条得到合理的肯定时，才能予以确认。

一是企业将符合补助所附的条件；二是补助即将收到。

其会计处理方法主要有两种：《资本法》在这种方法下，将补助直接贷记股东权益；《收益法》在这种方法下，将补助作为某一期或若干期的收益。

政府补助分为两类：与资产有关的补助和与收益有关的补助。

（十）借款费用

借款费用是指企业发生的与借入资金有关的利息和其他费用，可以包括：①银行透支、短期借款和长期借款的利息；②与借款有关的折价或溢价的摊销；③安排借款所发生的附加费用的摊销；④按照国际会计准则第 17 号"租赁会计"确认的与融资租赁有关的财务费用；⑤作为利息费用调整的外币借款产生的汇兑差额部分。

借款费用应在发生的当场确认为费用，若该借款费用直接归属于相关资产的购置、建造或生产的借款费用，则该借款费用应作为该项资产成本的一部分予以资本化。

项目在国内总部借款所发生的资金占用费，属于合同支出，被卡塔尔税法认可。贷款必须与公司签订内部贷款协议,利息支出也需要有公司盖章的利息支出单。因此该项支出增加时,要办理与国内的各项签证资料。

(十一)外币业务

外币业务相关准则适用于:①对外币计价的交易的会计处理;②通过合并、比例合并或权益法对已包括在企业的财务报表中的国外经营的财务报表进行换算。

外币交易在初次确认时,应按交易日报告货币和外币之间的汇率将外币金额换算成报告货币予以记录。

交易日的汇率通常是指即期汇率。为了便于核算,常常使用接近交易日的汇率。例如,一个星期或一个月的平均汇率可能用于在当期发生的所有外币交易。但是,如果汇率波动较大,那么使用一个时期的平均汇率是不可靠的。

在每一个资产负债表日:

外币货币性项目应以期末汇率予以报告。

以外币历史成本计价的非货币性项目应采用交易日汇率予以报告。

以外币公允价值计价的非货币性项目应采用确定价值时存在的即期汇率予以报告。

(十二)所得税

所得税准则适用于:

(1)所得税会计。

(2)在本准则中,所得税包括各种以应税利润为基础的国内和国外税额。所得税也包括应由子公司、联营企业或合营企业支付的、对分配给报告企业的利润的征税,例如预扣税。

企业应当区分临时性性差异和永久性差异,根据可抵扣暂时性差异和应纳税暂时性差异,分别确认递延所得税资产和负债。

本章资料来源:

◎ Law No. 21 of the year 2009 issuing the income tax law

◎ Doing business in Qatar a tax and legal guide pwc

◎ PWC worldwide tax summary 2016—2017

◎ Law No .13 of the year 2000 on organization of foreign capital investment in the ecomomic activity

◎ Customs law and executive regulations

◎ the banking and financial systems in the state of Qatar.

◎ 卡塔尔中国经参处，对外投资合作国别（地区）指南

◎ 国家税务总局，中国居民赴卡塔尔投资税收指南

第八章 科特迪瓦税收外汇会计政策

第一节　投资环境基本情况

一、国家简介

科特迪瓦（法语：Côte d'Ivoire），全称科特迪瓦共和国（法语：République de Côte d'Ivoire），位于西非，东接加纳，南临几内亚湾，西及利比里亚和几内亚，北邻马里、布基纳法索，海岸线长约 550 公里。科特迪瓦分为 14 个行政管辖大区（包括经济首都阿比让和政治首都亚穆苏克罗 2 个自治区），31 个大区，107 个省，省长由中央政府委任。国土面积为 322463 平方公里，人口约为 2400 万（2015 年），其经济首都阿比让（Abidjan）人口 400 万，政治首都亚穆苏克罗（Yamoussoukro）人口 25 万。科特迪瓦共有 69 个民族，全国 38.6% 的居民信奉伊斯兰教，30.4% 信奉基督教，16.7% 无宗教信仰，其余信奉原始宗教等。科特迪瓦的司法体系遵循大陆法传统，主要法律来源为《宪法》、其议会通过的法案和国际法以及主管机关颁布的法规。官方语言和文字为法语，货币为西非法郎（FCFA）。

二、经济情况

科特迪瓦自 2011 年大选危机结束后致力于民族和解，同时大力开展重建，重振经济，通过整顿金融市场、开展基础设施建设、改善投资环境以及积极争取外援和外资等一系列举措，实现经济稳步复苏，社会发展逐步步入正轨。科特迪瓦本国市场购买力随着经济的发展逐年提高。2016 年科特迪瓦经济继续保持高速增长，各项宏观经济指标稳定，营商环境持续改善，外来投资不断增加，经济结构调整和各项经济改革稳步推进。

据科特迪瓦财政部统计，2016 年科特迪瓦 GDP 总量为 21 万亿西非法郎（约合 342 亿美元），经济增长率为 9.3%。根据国际货币基金组织测算，2016 年科特迪瓦实际经济增长率为 7.625%。根据世界银行 2018 年 7 月发布的关于科特迪瓦经济情况的第 7 份报告，2017 年科特迪瓦经济以 7.8% 的增长率保持较快增速，科国由此成为全球范围内经济增长最快的前五位国家之一，这一成绩主要得益于农业增长率达到 10.9%，商业和交通运输领域的发展为服务业带来持续的活力。

科特迪瓦系西非经济货币联盟的成员国之一，该联盟成立的宗旨为促进成员国间人员、物资和资金流通，因此各成员国执行共同的货币和外汇等政策。截至目前，该联盟目前有八个成员国，包括贝宁、布基纳法索、科特迪瓦、马里、尼日尔、塞内加尔、多哥和几内亚比绍。

三、外国投资相关法律

科特迪瓦法律法规较为健全，基本沿用法国法律法规体系，与投资合作经营有关的法律法规有科特迪瓦与贸易相关的主要法规有《投资法》《商品交易管理条例》《进出口管理条例》《贸易准许法》《价格管理条例》《竞争管理条例》《国际仲裁法》《税法》《劳动法》《国家出口禁令》《海关法》等。

除了本国制定的法律外，科特迪瓦作为西非经济共同体[①]的一员，还同时执行非洲商法协调组织（简称 OHADA）批准并实施的一系列统一法，根据"统一法"，任何要通过公司在统一法案条约成员国从事商业活动的人员，不管其国籍如何，必须选择统一法案规定的适合其业务的公司形式，包括有限责任公司、股份有限公司、一般和有限合伙企业以及分公司。除了合营企业外其它形式公司须经商业和信用登记处登记注册。

主管投资及外国投资的是科特迪瓦投资促进中心（CEPICI）[②]和投资促进国家委员会（COM-INVEST）[③]，CEPICI 主要是为投资者设立公司提供

[①] 西非经济共同体是西非法语国家的区域性经济合作组织。1974 年 1 月成立，取代了 1959 年成立的"西非关税同盟"。到 1986 年共有七个成员国：布基纳法索（原上沃尔特）、科特迪瓦（原象牙海岸）、马里、毛里塔尼亚、尼日尔、塞内加尔、贝宁。多哥和几内亚在该共同体设观察员。该共同体的成员国首脑会议是最高决策机构，每年举行一次会议。常设办事机构是总秘书处，由秘书长领导，负责成员国之间的工作联系，并监督首脑会议决议的执行。

[②] 科特迪瓦投资促进中心：CENTRE DE PROMOTION DES INVESTISSEMENTS EN COTE-D'IVOIRE，简称 CEPICI。成立于 2012 年。

[③] 投资促进国家委员会：La Commission Nationale pour la Promotion des Investissements，简称 COM-INVEST

咨询服务和法律服务，COM-INVEST 职责主要是执行政府有关投资的法律政令、监督投资法的执行。根据科特迪瓦《投资法》①的规定，外国企业对科特迪瓦投资没有行业限制。但是投资金额在 5 亿西非法郎以上的，或涉及交通、商业、房地产、公共工程、银行和金融业的投资，投资者应先向 CEPICI 递交申请材料，CEPICI 批复后，投资技术委员会裁定是否给出许可证。除此之外，房地产和公共工程的投资，还必须由建设部核准。银行和金融业投资需财政部和西非央行核准，从材料递交至最后许可证颁发需 45 个工作日。2012 年年底，CEPICI 成立一站式服务大厅，集中了投资咨询、政府行政、海关审核、法律公证等多个服务部门，并承诺在材料齐全的情况下，保证 24 小时之内完成投资公司的注册登记手续，大大便利了投资者。

科特迪瓦《劳动法》规定了四种雇用合同形式：固定期限合同、不固定期限合同、按照个人绩效实行的合同、按照工作周期和工作量实行的合同。解除、终止合同有多种情形：（1）不固定期限合同，雇佣方只要不违法即可解除合同，无须知会劳动监察部门；（2）雇佣方有权在适当时间召开会议，正式通知并通过公司代表、劳工监察员按照有关法律向相关人员解释解聘事宜；（3）雇佣方和受雇方在协商情况下终止合同，这种终止合同的形式允许雇主或受雇方在协商后终止双方关系；（4）在非正常情况下终止合同，应赔偿最多 1 年（特殊情况下 18 个月）的工资损失。

科特迪瓦政府的出入境管理办法规定，外国人在科特迪瓦工作需取得长期居住证，并按规定缴纳社会保险费用，遵守各项法律，享受科特迪瓦对本国劳工同等的权益保护。

四、其他

非洲商法协调组织（OHADA）。1993 年 10 月 17 日，14 个非洲国家在毛里求斯的路易斯港签订了《非洲商法协调条约》，该组织随之产生。成立该组织的目的是对成员国的商法进行统一，推动仲裁成为解决商事争议的

---

① 《投资法》：1995 年 8 月 3 日，N°95-620 法令颁布。该法案于 2012 年重新修订。

手段，为成员国的商业发展提供良好的法律环境。该组织自成立以来已通过大量的统一法，对于确保该地区商法的确定性、可预见性，实现该地区贸易和投资的发展，推动该地区的经济一体化发挥了举足轻重的作用。该组织目前有 17 个成员国：贝宁、布基纳法索、喀麦隆、中非共和国、乍得、科摩罗伊斯兰联邦共和国、刚果（布）、科特迪瓦、赤道几内亚、加蓬、几内亚、几内亚比绍、马里、尼日尔、塞内加尔、多哥和刚果（金）。非洲商法协调组织自成立以来，已批准并实施了 10 部"统一法"：《关于调解的统一法》《仲裁统一法》《会计和财务报告统一法》《破产程序统一法》《商业公司和经济利益集团统一法》《一般商业统一法》《担保统一法》《关于合营公司的统一法》《公路货物运输合同统一法》《债务追偿简易程序及执行措施统一法》。《统一法》在所有成员国内直接适用，对所有成员国有约束力。在这 17 个成员国内进行投资，均受这 10 部"统一法"的管辖。

该组织下设司法与仲裁共同法院（简称 CCJA），明确外国公司和当地公司签署合同时，争议解决由 CCAJ 最终裁决。

第二节　税收政策

一、税法体系

《科特迪瓦税法》基本沿用法国税法，本国的税法制度为《税收总法》（《Code General des Impots》，以下简称"税法"），适用于当地的居民企业和非民企业，居民企业涉及到的主要税种主要分为直接税和间接税，直接税包括工商业企业所得税、工资税、营业执照税及不动产税，大部分的直接税均在每年的第一季度申报，上半年分两次缴纳；间接税主要包括增值税、特殊设备税、预扣税等。根据科特迪瓦税法相关规定，主要税赋和税率如表 8-2-1：

表8-2-1　科特迪瓦主要税赋和税率

税种	税率
企业所得税	25%
国家建设税	2%
特殊设备税	0.1%
增值税	18%
工资税	1%
学徒税	0.4%
工业发展税	18.5%
职业培训税	0.6%
印花税	1 美元

数据来源：科特迪瓦《CODE GENERAL DES IMPOTS》。

科特迪瓦和法国、意大利、瑞士、挪威、比利时、加拿大、英国、德国、突尼斯、摩洛哥，以及西非经济货币联盟成员国签订有双边税收协定，避免双重征税，目前和中国尚未签订相关的税务协定。

二、税收征管

（一）征管情况介绍

科特迪瓦税收实行中央集权制，税收立法权、征收权、管理权均集中于中央，由国家预算部主管。税法由预算部制定，报国会审议通过后，通过总统令颁布。预算部下设税务总局，税务总局被授权解释并执行税法及实施条例。科特迪瓦实行属地税制，即由公司注册地所属税务部门负责征税。税务总局下设大企业税务局和中小企业税务局，分管不同规模的企业的税务征收，所征收税款统一缴纳至国库。税务机关可以书面或口头形式通知所属纳税人提供其认为有用的任何信息、解释、澄清或理由，除非另有规定，纳税人在收到税务机关的请求或通知后的回复期为 30 天，税务机关的主管人员负责核实纳税人所有应缴税款的税基。

（二）税务查账追溯期

对于一般所得税、雇主承担的工资税、职业培训税、学徒税，如果无特殊情况，税务追溯期一般为3年，因税务机关的责任，致使纳税人、扣缴义务人未缴或者少缴税款的，税务机关可以要求纳税人、扣缴义务人补缴税款，但是不得加收滞纳金。因纳税人、扣缴义务人计算错误等失误，未缴或者少缴税款的，且税务机关未发现的，企业可以主动修正前三年的税务申报情况，并重新向税务局递交相关申报表，税务机关同意后，纳税人可以按《税法程序篇》第161条的规定对补缴的税款支付10%的滞纳金。《税法程序篇》第161条规定：在不影响税法规定的其他制裁的情况下，在法定截止日期内未支付的任何金额均需支付5%的逾期利息，每月或每月的一小部分额外延迟会导致支付0.5%的额外利息。

对于偷税、抗税、骗税，税务机关追征其未缴或者少缴的税款、滞纳金或者所骗取的税款，不受前款规定期限的限制。

（三）税务争议解决机制

科特迪瓦税务争议解决机制有以下三种方式：

协商解决。税务机关与争议当事人通过协商解决问题，不需要通过上级税务行政机关和司法机关。协商解决可以减少争议双方的矛盾，缩短争议解决的时间，减少争议解决的环节，但协商解决争议会涉及到咨询费用。这种解决方式是目前使用最多一种解决方式，也是成本耗费最低的一种解决方式。

行政复议解决。由于税务管辖权的限制，纳税人可以将有争议事项提请主管税务机关复议，如果向非主管税务机关提请复议，非主管税务机关无权受理，会将复议申请转送给主管税务机关，最终由主管税务机关复议。

诉讼解决。这种解决方式是最具法律效力、最公平的一种，但诉讼成本较高。企业可以聘请专业机构进行税务诉讼事项，同时提供相应的诉讼材料，通过法院进行税务诉讼，但时间周期较长，诉讼费用较高。

三、主要税种介绍

（一）企业所得税

1. 征税原则

企业所得税法引入居民企业概念，居民企业是指依照非洲商法协调组织（OHADA）和科特迪瓦相关规定在科特迪瓦境内注册成立的法人机构或非法人机构，居民企业就来源于全球的收入缴纳企业所得税。非居民企业指在科特迪瓦境内未注册，但有来源于科特迪瓦境内收入的企业，非居民企业仅就来源于科特迪瓦的收入缴纳企业所得税。

2. 税率

公司企业所得税税率一般为 25%，电信企业所得税税率为 30%，个体商户的企业所得税税率为 20%。如企业当年的应纳税所得额为负数，则应按当年营业额的 0.5% 计算应缴企业所得税额（应缴企业所得税额介于 300 万 ~3500 万西非法郎之间）。

若无特别规定，外国公司的分公司和代表处的所得税比照一般税率缴纳企业所得税；非商业性企业（如职业医生、律师、临时教师、咨询师和专家等）在科特境内发生的交易应缴 7.5% 的预扣税；对科特迪瓦境外公司（非居民企业）从科特迪瓦取得的管理费、设计费、特许权、技术服务等收入，按发票金额的 80% 为税基，税率为 20% 计算预提所得税，由支付方代扣代缴。

3. 税收优惠

科特迪瓦外资优惠政策主要依据 1995 年颁布的《投资法》的规定，外国投资者和科特迪瓦本国投资者享受同等优惠，该法案于 2012 年重新修订，但实质内容变化不大，根据该法案，投资者在被认定投资行为合法情况下可申请相应政策优惠，主要为税收优惠，但具体幅度由各主管部门视情确定。

科特迪瓦政府给予不同区域不同的税收优惠政策，根据区域不同，税收优惠的内容也不相同。科特迪瓦将全国分为三个区：A 区为经济首都阿比让区域，B 区为科特迪瓦其他人口超过 6 万的城市地区，C 区为科特迪瓦其他人口不足 6 万的城市地区；ABC 三个区域分别享有 5 年、8 年和 15 年的减免税优惠政策，即对符合申报制的投资的企业所得税享有 25%~50% 的优惠减免。

4. 所得额的确定

企业所得税的应纳税所得额为公司的营业收入扣除税务成本后及以前年度的亏损（本次申报的前五年）的净额经纳税调整后所得，进行纳税调整增加的项目主要有：会计折旧大于税法折旧的部分、计提的不可扣除的准备金、给股东支付的超出正常水平的利息、给股东个人或股东控制的公司支付的酬金及实物报酬、各种罚款、超出因再投资免税收入的部分、捐款和补助、支付持有有限责任公司 50% 股权以上的管理层的报酬、支付公司其他管理层的职务津贴。进行纳税调整减少的项目主要有：上一年度的计提本年支付的准备金、金融产品的减值、股票的减值。

亏损弥补年限。纳税人某一纳税年度发生亏损，准予用以后年度的应纳税所得弥补，一年弥补不足的，可以逐年连续弥补，弥补期最长不得超过五年。

5. 反避税规则

（1）关联交易。企业与关联方之间的交易均需遵守公允价值原则，否则税务机关有权依据国际上的交易价格重新对关联交易进行评估并征收企业所得税。

（2）转移定价。目前，科特迪瓦还未出台关于转移定价的相关条款，但当地税务局基于企业对税法的滥用，均有反避税的观念。

（3）资本弱化。企业支付给股东的利息支出可以税前扣除，但必须满足如下条件：借款必须在五年内偿还，在此期间，企业不会被清算；借款利率不超央行贷款利率 3 个百分点。

6. 征管与合规性要求

（1）在当地注册的公司均须独立纳税，企业所得税按年度在次年 4 月 15 日之前完成申报和第一次缴纳（申报数的 1/3），并于 6 月 15 前、9 月 15 日前缴纳剩余的企业所得税（每次 1/3）。

（2）企业如逾期申报、未申报、申报不足以及逃税将被处以的罚款及罚息。根据《税法》规定，对于未在法定截止日期前申报缴纳的任何税收，税务局都将处以 5% 的逾期付款利息和 0.5% 的额外利息，对于从源头扣缴的税款、流转税、工资税和年金税，逾期付款利息和额外利息的比例是 10% 和 1%；对申报不足的，根据不足金额占应缴税金的比例承担相应的罚款，申报不足金额占应缴税金不足 1/4，罚款比例为 15%，达到 1/4 的，罚款比例为 30%，如果是欺诈行为，罚款比例为 100%，对于从源头扣缴的税种、流转税、工资税和年金税，申报不足导致的罚款比例相应为 30%、60% 和 150%。

除了税务处罚外，《税法》还规定了关于税务欺诈和税务抵制的刑事制裁措施，主要有：无特殊规定外，任何人欺诈性地逃避或企图以欺诈手段逃避税款的支付，都应当承担责任，无论税收处罚如何，将被处以 50 万 ~ 3000 万西非法郎的罚款和处 1 个月至 2 年的监禁，或者执行其中一条；如果 5 年内再犯罪，纳税人将被处以 150 万 ~1 亿西非法郎的罚款和 1~3 年的监禁，或者执行其中一条；法院将会在科国官方公报和科国出版的 4 份日报中连续 7 次公布判决书全文或摘要，公告费用由纳税人承担。

（二）增值税

1. 征税原则

科特迪瓦增值税课征范围较广，《税法》第 339 条规定，除农业活动和领取工资者的活动外，所有涉及商品交易和服务的经营活动都应该纳税，纳税人包括自然人和从事应税交易的法人实体，主要包括：进口商、生产商、房地产承包商、转售从本国生产商或其他贸易商进口或购买产品的经销商（石油产品经销商除外）、自由职业者、执行与应税交易相关的辅助业务的人员（采掘活动、农业活动等）、属于工商业领域的公共机构。

2. 计税方式

采用一般计税，根据增值税销项税额减去可抵扣的进项税后的余额申报缴纳，无简易征收方式。

3. 税率

《税法》第 359 条规定，增值一般税率分为 18%，牛奶、100% 纯麦面、太阳能产品设备、石油产品适用 9% 的税率。

4. 增值税免税

《税法》第 355~357 条规定了部分经营活动免缴增值税，主要有：邮票销售、政府部门相关的销售、保险、不动产所有权和使用权的转移、作曲、绘画、报纸期刊、书籍、教育及旅游等机构的非营利性服务、运输费用、面包、谷物、面粉、渔业相关、家禽养殖户、园艺师及渔民的销售活动、医疗专家的会员费及医疗护理相关费用、职业训练发展基金管委会批准的培训活动、黄麻和剑麻经营、原木、天然橡胶、肉类、药品和医疗产品器械、聚乙烯制成的且只卖给农户用于可可养护的发酵罐和干燥篷布、生产家畜饲料的投入、化肥及生产化肥及包装袋的投入、杀虫剂及在科特境内用于生产杀虫剂包装物的投入、种子、居民用水电、丁烷气、作者销售的原创艺术品、财政部长和农业部长批准采购的农业设备及配件等。

5. 销项税额

《增值税》第 12~15 条规定增值税税基为销售货物或提供的服务全部价款。符合下列条件的内容不包括在增值税税基内：发票上的现金折扣；与原销售金额一致的销货退回；可回收的包装物（若包装物不退回则需缴纳增值税）。

6. 进项税额抵扣

《税法》第 362~371 条规定了可抵扣的增值税进项税类别，增值税进项税的扣除原则为增值税纳税人购进的用于生产、销售或出口的商品所涉及到的增值税，农牧业企业或综合工业企业购买的专门从事农牧业活动的商品和服务的增值税，可以全额抵扣，汽车租赁公司在购买、维护专用于租赁的车辆所涉及到的增值税等。第 372 条规定以下情况不允许抵扣：工业和类似用途的建筑物和房屋，行政和商业建筑；家具物品；酒店和餐厅费用；代理费用；向石油公司高管或聘用的顾问提供的各种服务；使用现金支付的超过 25 万西非法郎的发票所涉及到的增值税等。

7. 征收方式

增值税按进销项相抵后的余额缴纳，留抵余额可以向税务局申请退税，但比较困难，一般只能用于以后抵扣销项税额。

8. 征管与合规性要求

增值税按月申报，截止日期为每月 15 日之前。对逾期缴纳、申报不足、税务欺诈等行为的税务处罚和刑事制裁措施，与企业所得税相同。

9. 增值税附加税，科特迪瓦无增值税附加税。

（三）个人所得税

1. 征税原则

居民个人就全球收入纳税，对于非居民个人（主要是非科特迪瓦人），应就来源于科特迪瓦境内的收入纳税。个税起征点为：年度总收入不超过 30 万西非法郎的，免除征收个税。

2. 申报主体

以个人为单位进行申报，申报的时候参照家庭情况及婚姻状况和子女数量，由所在企业或者政府机构代扣代缴，并于每月 15 日前申报缴纳；每年 1 月 31 日前，由企业统一进行年度纳税申报。

3. 应纳税所得额

个人收入包括工资、津贴、养老金、年金及所有的现金福利或实物福利，应税收入为全部收入的 80% 扣除工资税和国家贡献税后的净额除以家庭份额来确定。

4. 扣除与减免

年应税收入低于 30 万西非法郎的，免征个人所得税。个人收入分项计算确定，工资总额 6% 以内的社会保险金，薪酬项目中符合免征条件的特殊补助，如：企业发放每个小孩每月不超过 5000 非郎的家庭补贴，战争和工伤的伤残补贴，学生的假期补贴等可以在税前进行扣除。

5. 税率

个人所得税实行超额累进税率，按家庭成员的平均应税收入确定税率和扣除数计算得出。税率及扣除数如下表：

表8-2-2　年度个人所得税计算公式

R/N（平均年应税收入，单位：西法法郎）	个人所得税
低于 300000	0
介于 300000 和 547000 之间	（Rx10/110）－（27273xN）
介于 548000 和 979000 之间	（Rx15/115）－（48913xN）
介于 980000 和 1519000 之间	（Rx20/120）－（84375xN）
介于 1520000 和 2644000 之间	（Rx25/125）－（135000xN）
介于 2645000 和 4669000 之间	（Rx35/135）－（291667xN）
介于 4670000 和 10106000 之间	（Rx45/145）－（530172xN）
大于 10106000	（Rx60/160）－（1183594xN）

数据来源：科特迪瓦《CODE GENERAL DES IMPOTS》。

6. 征管与合规性要求

工业企业、石油及矿业公司在次月 10 日前完成申报和缴纳；商业企业在次月 15 日前完成申报和缴纳；服务类型企业在次月 20 日前完成申报和缴纳。对逾期缴纳、申报不足、税务欺诈等行为的税务处罚和刑事制裁措施，与企业所得税相同。

（四）关税

1. 关税体系和构成

关税按到岸价或市价征税，执行洛美协议的规定。科特迪瓦海关总局隶属于财政部，按照科特迪瓦 1988 年修订的《海关法》行使职权。

2. 税率

科特迪瓦海关进口税率分为四大类，具体如下：

第一类，科特迪瓦急需的书籍等文化产品、科技专利、药品等免收进口关税，只缴纳海关费用，约占货值 1%；

第二类，初级产品如原油等：税率 5%~10%；

第三类，半成品、成品油等：税率 10%~20%；

第四类，成品：税率 20% 以上，汽车等高档消费品为 30% 以上。

3. 关税免税

为支撑某个行业或者是招商引资的需要，科特迪瓦预算部会单独针对某个行业或者某个企业出具免税文件，免税范围和优惠范围根据免税协议确定。工程类项目免税范围一般为建设该项目所进口物资、机械设备，主要包括钢筋、水泥、沥青、车辆、机械设备等大宗材料。免税期限为项目合同上规定的施工期限，如遇工程延期需要向海关提供由业主出具的延期证明并办理延期免税文件。但生活物资、豪华车辆不在免税范畴内。

4. 设备出售、报废及再出口的规定

企业向项目所在地海关监管机构申请鉴定拟出售的免税进口的车辆、机械和设备，由监管机构鉴定残值后出具书面文件；按残值补缴全额关税并取得结关单后可出售。免税到期后，如果没有后续免税项目，需按鉴定残值补缴关税，企业可自行处理设备；如果转入其他免税项目，需要办理转移登记手续；如果项目结束后设备转场到其他国家，需取得海关监督管理机构的同意，按照核定的残值缴纳 1% 的出口税。全额关税进口设备，企业可以自行报废；对海关税收优惠进口设备的报废必须通过海关监督管理机构认定残值，补齐相应关税后进行报废，同时申请海关管理机构进行销关。

（五）企业须缴纳的其他税种

由企业负担的工资税、职业培训税、学徒税。征收对象为居住在科特
迪瓦的居民企业，以其发放给员工的所有现金或实物形式收入的80%为基
数，本地员工税率为1.5%，外籍员工税率为19.4%（单位承担10.4%，个人
承担9%）；职业培训税和学徒税的税基与工资税的基数一样，职业培训税
税率为0.6%，学徒税的税率为0.4%。以上税种于每月15日前申报缴纳。

房产税。根据已建成的房产全年所取得的租金收入按年申报缴纳，一
般公司或法人实体适用4%的税率，自然人适用3%的税率。

土地税。根据对无建筑物的城市地产的估价来征税，正常税率为地产
估价的15%。

未开发房地产税。主要是对在经批准规划范围内的现有或新兴集聚区
内持有的尚未开发的土地和城市建筑物按年度征税，税基为纳税年度1月1
日的市场价值，一般税率为1.5%，属于圣佩德罗港区的税率为0.75%。

营业税。只要是在科特迪瓦从事商业、工业活动的法人或自然人，均是
营业税的纳税人。营业税包括两部分，一部分是按纳税人当年营业额的0.5%
（免租赁税行业的营业税率为0.7%）计算，最低起征额为350000西非法郎，
最高不超过300万西非法郎（适用0.7%的企业无最高限额规定）；另一部分
是按纳税人当年租入经营用房租金的18.5%（不属于县地的企业适用税率为
16%）计算。第一次于次年3月15日前缴纳50%，之后纳税人可根据上年度
财务报表对营业税额的缴纳进行调整，并于7月15日前完成汇算清缴。

设备税。税务局制定该预算外税收是用来弥补税务总局的新工程、修
缮工程及各项装备投资的不足，适用税率为0.1%，以企业不含税营业额作
为纳税基数申报缴纳设备税。

注册税。动产、不动产的转让契约（合同、交易）征税，税率为
0.5%~10%。

印花税。所有民用级法律文书，以及用于书写法院判决书的文件征收
此税，比例税税率为0.25%~1%。

（六）社会保险金

1. 征税原则

科特迪瓦社保构成：包括家庭补助、工作保险及退休金三部分，其中，

家庭补助缴费税率5.75%，全部由雇主承担；工伤事故缴费税率5%，全部由雇主承担；退休金缴费税率14%，其中，雇主方承担7.7%，员工个人承担6.3%。

社保缴费基数：家庭补助和工伤事故缴费基数相同，月工资小于等于70000西非法郎的，按实际工资作为缴费基数，月工资高于70000西非法郎的，按70000西非法郎作为缴费基数；退休金缴费基数，月工资小于等于1647315西非法郎的，按实际工资作为缴费基数，月工资高于1647315西非法郎的，按1647315西非法郎作为缴费基数。

社保申报缴纳时间：雇员人数低于20人的按季度申报，在季度终了后次月15日之前完成申报缴纳，雇员人数超过20人的按月申报，在月度终了后次月15日之前完成申报缴纳。

2. 外国人缴纳社保规定

外国人在科特迪瓦工作需要缴纳社会保险金，与科特迪瓦本国居民无异，所缴纳的社保在雇员离开科特迪瓦时也无法退回。

第三节　外汇政策

一、基本情况

西非经济货币联盟（UEMOA）[1]有统一的外汇管理规定，各成员国均执行该规定。科特迪瓦实行外汇管制，除非得到财政部长的批准，否则外资企业在科特迪瓦境内不允许开设外汇账户，外汇进入科特迪瓦境内首先要兑换成当地币方能提取。外汇汇出时需出具有关贸易单据，经科特迪瓦财政部审核通过指定银行方可汇出。汇出外汇需缴纳约5%的手续费，但不需

---

[1]　西非经济货币联盟（UEMOA）：法语全称为 Union Economique et Monétaire Ouest-Africaine，是由西非国家经济共同体中贝宁等7个法语国家于1994年1月10日成立的，其前身是"西非货币联盟"。总部设在布基纳法索首都瓦加杜古。目前有8个成员，分别为贝宁、布基纳法索、科特迪瓦、马里、尼日尔、塞内加尔、多哥和几内亚比绍。

交税。

科特迪瓦市场只允许西非法郎流通，科特迪瓦作为 UEMOA 的成员国，金融环境相对稳定。西非法郎与欧元挂钩，实行固定汇率，1 欧元等于 655.957 西非法郎。科特迪瓦外汇管理制度相对比较严格，允许用美元、欧元等国际通用货币兑换当地币，美元兑换汇率由各银行根据自己汇率机制定价。

二、居民及非居民企业经常项目外汇管理规定

（一）货物贸易外汇管理

科特迪瓦外汇业务需科特迪瓦外汇管理局许可，商品采购款汇出需要通过 GUCE 网上平台注册企业账号，申请换汇许可（需在线上传合同、发票等交易凭证，指定付款银行），换汇申请会同时递交到财政部指定的部门和付款银行，一般 48 小时内会审核完毕，审核无误后即可向指定的付款银行递交付款指令，汇出采购款；外币资金汇入目前无政策方面的限制。

（二）服务贸易外汇管理

服务贸易视同资本利得，盈利汇出需要提供财务报表、利润分配决议等支持性文件，报外汇管理局审批同意后方可汇出。

（三）跨境债权债务外汇规定

根据西非经济货币联盟的外汇政策，各成员国之间无论是经常项目还是资本项目的资金流动均不受限制，但联盟以外的任何资金转移必须事先经过审批，指定的商业银行可以处理常规的外汇交易事项。

（四）外币现钞相关管理规定

利用出国机票、差旅证明等文件可以在银行换取少量的外汇现金。

三、居民企业和非居民企业资本项目外汇管理

科特迪瓦对股本、股息、利润或投资资金的汇款无限制性规定，对相关汇款也无时间限制。

外汇账户开立需由企业向财政部申请批复同意后，银行予以开立，根据向当地花旗、法兴、Nsia 几个主要银行的了解，截至目前，尚未有企业获得财政部许可开立外汇账户。

四、个人外汇管理规定

外国人携带现金入境没有限制，但超过 100 万西非法郎等值外币需要申报；外国人出境前往非西非经货联盟国家时，禁止携带西非法郎，最多可以携带 50 万西非法郎等值外币，超过这一限值则需将现金转换为旅行支票等其他支付形式带出或出示入境科特迪瓦时的外币现金申报单据。出入境携带超量外币且未申报，一旦被查出，携带者则有可能被海关没收。

第四节　会计政策

一、会计管理体制

（一）财税监管机构情况

在科特迪瓦注册的企业如果有经济业务发生，均需按照非洲统一商法（SYSCOHADA）中的《会计统一法》体系要求建立会计制度进行会计核算。税务局（DGI）为国家预算部下设机构，税务局根据企业规模大小进行分类，由下属部门大型企业税务局（DGE）、中小型企业税务局（按地区下设分局)，对企业进行监管，各企业需要按照统一格式上报会计和税务资料。

（二）事务所审计

税务总局于 2015 年 12 月 18 日颁布的第 2015~840 号有关 2016 年国家预算法的税务附件第 24 条对财务报表的可受理性进行了调整，在年度财务报表申报时，对注册形式是 SA（股份公司）的企业和有限责任公司（SARL）的部分企业的年度财务报表必须经由第三方审计机构进行审计，并在财务报表年度申报时附上审计机构出具的执行审计的证明（Attestation d'execution de la Mission de Commissariat Aux Comptes)，部分有限责任公司指同时满足以下条件中 2 个的企业：

1. 年营业额超过 2.5 亿西非法郎

2. 资产总额超过 1.25 亿西非法郎

3. 企业长期雇员人数超过 50 人

其他类型企业的年度财务报表必须经在当地会计师公会注册的会计师签字确认同意，签字后的同意证明（Attestation de Visa）连同财务报表一并向税务局进行递交。

（三）对外报送内容及要求

年度会计报告中主要包含：（1）在当地会计师公会注册的会计师签字确认的同意证明或执行审计的证明；（2）企业基本信息：行业分类、经营范围、股东情况、公司地址、银行账户信息等；（3）企业经营情况表：资产负债表、利润表、现金流量表和会计报表附注；（4）年度企业所得税申报表、关联交易申报表、境内服务费用明细表。

报告份数及上报时间要求：会计报告一式六份，企业签字盖章后递交给税务局，税务局签字盖章后留存五份，返还企业一份；会计报告须按公历年度编制，于次年的 7 月 30 日前完成年度申报。

二、财务会计准则基本情况

（一）适用的当地准则名称与财务报告编制基础。

科特迪瓦作为西非经济货币联盟的成员，目前采用的的会计准则系非洲商法协调组织批准实施的 SYSCOHADA。由于 SYSCOHADA 部分来源于 IFRS，在修订中也考虑了 IFRS 的最新发展，在很多方面都试图与 IFRS 进行整合，差异不大。

"非洲统一商法"的《会计统一法》规定了会计处理的具体核算方法，包括会计科目分类规则（共九类）及其核算具体内容，同时也规定了借贷记账规则。科特迪瓦的会计核算制度与税法联系紧密，在会计核算中会充分考虑税法规定，所以纳税申报时对会计报表纳税调整项较少，与税务政策趋于一致。会计核算按照"非洲统一商法"执行，在纳税申报时，对与税法不一致的事项进行必要纳税调整，并以调整后的应纳税所得额作为报税依据。

（二）会计准则使用范围

所有在科特迪瓦注册的企业除了银行、保险和非盈利机构外，其他行业的企业均统一执行。

三、会计制度基本规范

（一）会计年度

《会计统一法》第7条规定：公司会计年度与历法年度一致，即公历年度1月1日—12月31日为会计年度。对于上半年新成立的公司，当年会计年度可以小于12个月；下半年成立的公司，当年会计年度可以大于12个月。

（二）记账本位币

《会计统一法》第17条规定：企业会计系统必须采用所在国的官方语言和法定货币单位进行会计核算。科特迪瓦采用西非法郎作为记账本位币，货币简称FCFA。

（三）记账基础和计量属性

《会计统一法》第17条规定：企业以权责发生制为记账基础，以复式记账为记账方法。

《会计统一法》第35条规定：企业以历史成本基础计量属性，在某些情况下允许重估价值计量（第62~65条）。

《会计统一法》规定：会计计量假设条件，其一般原则有：谨慎、公允、透明（第6条）、会计分期（第7条）、持续经营（第39条）、真实性、一贯性、可比性（第8条）、清晰性（第9条）。

四、主要会计要素核算要求及重点关注的会计核算

（一）现金及现金等价物

资产负债表（BILAN）中列示的现金是指库存现金及可随时用于支付的银行存款，现金等价物是指持有的期限短（从购买日3个月以内到期）、流动性强、易于转换为已知金额现金及价值变动风险很小的投资。主要涉及资产由现金、银行存款。

现金流量表（TAFIRE）中列示的现金及现金等价物和IFRS准则中概念一致，但在现金流量的分类、报表格式和编制方法与IFRS相比有很大的区别，编制过程更繁琐复杂，也不如IFRS的现金流量表实用。

（二）应收款项

《会计统一法》规定：应收款项科目核算按应收款项的初始价值计量确

认，同时规定了坏账准备、折扣的会计处理。

《会计统一法》第 42 条规定：年末应收款项需要按公允价值计量确认。

（三）存货

《会计统一法》第 39 条规定：存货初始计量以历史成本计量确认，包括买价以及必要合理的支出。存货的初始核算：存货的采购成本不包含采购过程中发生的可收回的税金。不同存货的成本构成内容不同，通过采购而取得的存货，其初始成本由使该存货达到可使用状态之前所发生的所有成本构成（采购价格和相关采购费用）；通过进一步加工而取得的存货，其初始成本由采购成本、加工成本、以及使存货达到目前场所和状态所发生的其他成本构成。《会计统一法》存货由全部商品、原材料和有关的供应品、半成品、产成品以及在盘点日企业拥有所有权的物资组成。具体分类如下：31 商品、32 原材料、33 其他储备品、34 再成品、35 在建工程、36 产成品、37 半产品、38 在途物资、39 存货减值。

《会计统一法》第 44 条规定：存货出库可以采用先进先出法和平均法（移动平均或加权平均）。企业应根据存货的性质和使用特点选择适合的方法进行存货的出库核算。确定存货的期末库存可以通过永续盘点和实地盘点两种方式进行。

《会计统一法》第 43 条规定：存货期末计量以初始成本与可变现净值孰低法，若成本高于可变现净值时，应根据存货的可变现净值与账面价值的差额计提存货跌价准备并计入会计科目（39 存货减值）作为存货的备抵项。

（四）长期股权投资

《会计统一法》中定义了长期股权投资是投资企业为了与被投资企业建立长期关系或为了自身的经营和发展而持有的被投资企业权益 10% 以上的投资。

会计科目（26）长期股权投资下设四个明细科目，分别核算控制、共同控制、重大影响、其他四种情况的投资。按会计法规的解释：控制是直接或直接持有被投资单位 40% 以上的表决权，且没有其他持有者通过直接或间接持有被投资单位超过 40%；共同控制是由有限的股东共同持有被投资单位的股权，共同决定被投资企业的决策；当直接或间接持有被投资单位有表决权股权的 20% 以上时，视为有重大影响。初始计量按投资成本计量确认，期末计量按会计法第 43 条以成本与可变现净值孰低法确认期末价值；处置长期股权投资时，其成本通过账户 81—处置非流动资产的账面价值结转。不属于长期股权投资的其他投资通过账户 50—短期投资核算。

（五）固定资产

《会计统一法》第 45 条规定：固定资产初始计量以历史成本计量确认，企业应在其预计使用期限内对固定资产计提折旧。

《会计统一法》第 42 条规定：固定资产期末计量按可回收价值计量，如果发生减值，计入减值准备。

企业应对每种固定资产在其预计使用年限内计提折旧，每种固定资产的预计使用年限由企业自行决定；企业一般按照年度计提折旧，在计算年度折旧费用时，在增加和减少固定资产的当月都应计提折旧。

（六）无形资产

《会计统一法》中没有单独对无形资产的确认和计量规范，但与固定资产一样适用确认计量的一般规范。具体是：无形资产初始计量以历史成本，企业应在其预计使用期限内对资产计提摊销（第 45 条）。无形资产期末计量按可回收价值计量，如果发生减值，计入减值准备（第 42 条）。

（七）职工薪酬

《会计统一法》中会计科目（42）核算职工薪酬，核算所有支付给职工的各类报酬。包括以下人员的薪酬费用：行政管理人员，普通员工，临时性雇佣员工，职工代表，提供服务的企业合伙人。确认和计量方法与中国会计准则的职工薪酬类似。

（八）收入

《会计统一法》中会计科目（70）核算企业日常经营活动中取得的收入，指企业在日常活动中形成的、会导致所有者权益增加的、与所有者投入资本无关的经济利益的总流入

对于房建和工程建筑企业，企业收入可以采用工程帐单法或者建造合同法确认。

（九）政府补助

政府补助包括三类（前两类也包括第三方补助）：投资性补助、经营性

补助和平衡性补贴。

《会计统一法》中会计科目（71）用于核算经营性补助收入，核算方法类似中国会计准则《政府补助》中与收益相关的政府补助。经营性补助是由政府、公共机构或第三方为了弥补企业产品的售价或其经营费用而给予的补助，既不是捐赠也不是投资性补助。经营性补助分为进口产品补助、出口产品补助。债权人放弃债务权利也视同经营性补助计入本科目，年末本科目结转至本年利润。

投资性补助类似于中国会计准则《政府补助》①中与资产相关的政府补助，是企业取得的为了购置、建造长期资产或为了提供长期服务而取得的补助。会计科目（14）用于核算投资性补助收入。取得时计入会计科目（14）和相关资产；年末结转会计科目（14）中当年分配的收益部分至会计科目（865），计入本年收益；处置相关资产时将会计科目（14）尚未分配的余额计入会计科目（865）。

平衡性补贴是政府对企业特别事项的补贴，相当于营业外收入，直接通过会计科目（88）"营业外收入"，并在期末结转到本年利润。

（十）借款费用

借款费用是指企业因借款而发生的利息及其相关成本。借款费用包括借款利息、折价或者溢价的摊销、辅助费用以及因外币借款而发生的汇兑差额等。

（十一）外币业务

1. 外币交易时，应在初始确认时采用交易发生日的即期汇率折算为记账本位币金额，当汇率变化不大时，也可以采用当期平均汇率或者期初汇率核算。

2. 于资产负债表日，外币货币性项目采用资产负债表日的即期汇率折算为外币所产生的折算差额，除了为购建或生产符合资本化条件的资产而借入的外币借款产生的汇兑差额按资本化的原则处理外，其它类折算差额直接计入当期损益。以公允价值计量的外币非货币性项目采用公允价值确定日的即期汇率折算为人民币所产生的折算差额作为公允价值变动直接计

---

① 中国财政部于 2017 年 5 月修订印发《企业会计准则第 16 号——政府补助》

入当期损益。

3. 于资产负债表日，以历史成本计量的外币非货币性项目，除涉及计提资产减值外，仍采用交易发生日的即期汇率折算，不改变其记账本位币金额。流动性较强的科目、有合同约定的科目应采用外币核算，包括：买入或者卖出以外币计价的商品或者劳务；借入或者借出外币资金；其他以外币计价或者结算的交易。

（十二）所得税

所得税采用应付税款法，不区分时间性差异和永久性差异，不确认递延所得税资产和负债，当期所得税费用等于当期应交所得税。本期税前会计利润按照税法的规定调整为应纳税所得额（或由税务局核定的应纳税所得额），与现行税率的乘积就是当期在利润表中列示的所得税费用。会计科目（89）核算所得税，分为当期所得税费用和以前年度所得税费用调整，年末余额结转至本年利润。

五．其他

《会计统一法》中没有单独企业合并准则，但《会计统一法》第5章《合并财务报表》明确该体系接受两种国际标准：

一是国际会计准则理事会（IASC）批准的标准，即 IASC 发布的 IAS，其中 IAS22 企业合并已经被后来 IASB 发布的 IFRS3 取代，但由于会计法并没有修订，没有明确是否自动适用 IFRS3。

二是欧洲标准（欧洲共同体理事会第 7 号指令），然而后来的欧盟也于 2005 年起上市公司执行 IFRS3。

第九章　科威特税收外汇会计政策

第一节　投资环境基本情况

一、国家简介

科威特国（The State of kuwait），首都为科威特城（Kuwait City）。位于亚洲西部阿拉伯半岛东北部和阿拉伯湾西北岸。与沙特、伊拉克相邻，东濒波斯湾，同伊朗隔海相望。海岸线长 290 公里。有布比延、法拉卡等 9 个岛屿，水域面积 5625 平方公里。大部分土地为沙漠，地势较平坦，境内无山川、河流和湖泊，地下淡水贫乏。科威特属热带沙漠气候，其面积为 17818 平方公里。总人口 423 万（2015 年），其中科威特籍人 131 万，其他为外籍侨民，主要来自印度、埃及、孟加拉国、斯里兰卡等。

阿拉伯语为官方语言，通用英语。伊斯兰教为国教，居民中 85% 信奉伊斯兰教，其中约 70% 属逊尼派，30% 属什叶派。国家元首为埃米尔萨巴赫·艾哈迈德·贾比尔·萨巴赫（Sheikhsabahal-Ahmedal-Jaberal-Sabah），2006 年 1 月 29 日登基，为科第 15 任埃米尔。国家货币为科威特第纳尔（KD），辅币为菲尔斯（Fils），1KD = 1000Fils。与美元汇率比为：1 美元 = 0.3035KD（2018 年 12 月 31 日）。科威特为君主世袭制酋长国。埃米尔是国家元首兼武装部队最高统帅。一切法律以及与外国签订的条约和协定均由埃米尔批准生效。科威特主张维护民族独立、国家主权与领土完整，发展民族经济，实行高福利制度。海湾战争后，科威特迅速开始战后重建工作，加强国防建设，在政府部门和经济机构中逐步推行科威特化，放松对反对派的限制。目前，萨巴赫家族统治地位牢固，政局相对稳定，安全形势良好。

二、经济情况

2017 年 GDP 总计 1202 亿美元，人均 GDP2.94 万美元，排名世界第 58

位。[①]石油、天然气工业为国民经济主要支柱,其产值占国内生产总值的45%,占出口收入的9%。近年来,政府在重点发展石油、石化工业的同时,强调发展多元化经济,着力发展金融、贸易、旅游、会展等行业,并提出2035年发展愿景,将科威特建设成为地区商业和金融中心,发挥私营企业在科威特经济发展中的重要作用,保障人民生活全面均衡发展,实现社会公正。科威特政府在重点发展石油、石化工业的同时,强调发展多种经济,减轻对石油的依赖程度,不断增加国外投资。工业以石油开采、冶炼和石油化工为主,其他工业有面粉、建筑材料、食品加工等。科威特可耕地面积约14182公顷,无土培植面积约156公顷。政府重视发展农业,农业产值占国内生产总值的0.5%。以生产蔬菜为主,农牧产品主要依靠进口。渔业资源丰富,盛产大虾、石斑鱼和黄花鱼。年产量在1万吨左右,产值约1300万科威特第纳尔。对外贸易在科威特经济中占有重要地位。出口商品主要有石油和化工产品,石油出口占出口总额的95%。进口商品有机械、运输设备、工业制品、粮食和食品等。主要贸易对象为美国、日本、英国、韩国、意大利、德国、荷兰、新加坡等。

三、外国投资相关法律

科威特对外贸易及投资的相关法律主要包括:《贸易公司法》《公共招标法》《外国直接投资法》《自由区法》《公共招标法》《商业代理法》《合营公司法》《补偿计划》《所得税法》等。科威特工商部是负责所有外国直接投资提案的权威机构,确定的引资重点领域均为高科技领域,如电子网络建设、电信、环保、石油技术等,而不鼓励投资那些能力过剩的行业,如旅馆业等。外资投资委员会(FIC)的主席有工商部大臣担任,委员来自私营企业和国营部门,该委员会按照个案处理的原则,在《吸引外国投资法》的规定下,制定并实施投资的优惠政策。科威特对外资进入科威特实行非常严格的代理制度,没有在科威特建立合法的注册实体而希望在科威特开展业务的外国公司,必须通过科威特代理来实现。科威特政府规定,领取进口许可需在科威特工商部进行登记注册,进口商必须为科威特本国居民,

---

① 数据来源:世界经济信息网:https://www.fmprc.gov.cn/web/gjhdq_676201/gj_676203/yz_676205/1206_676620/1206x0_676622/。

全部合伙人均为科籍居民的公司、或者科威特的有限责任公司，外国公司只能通过科威特的代理商、中间人、批发商向科威特进出口商品、参与对内招标项目等。

由于科威特本地劳动力主要集中在政府机关、银行、能源等系统的管理层，各行业的基本运作主要依靠外来劳务，因此政府曾非常鼓励外来劳务人员在本地务工就业，但近年来科威特政府和人民对外来人口过多、人口比例失衡的问题日益关注，甚至把交通拥堵加剧、治安状况变差归咎于外国人。政府更是出台了10年削减100万外籍人口的计划。随着政府产业政策的调整，技术型人才的引进相对宽松，对于纯体力型劳务，比如力工、佣人的入境，申请手续和审核将更为严格。

科威特对外籍劳务采取代理人管理制，所有外籍技术和普通劳务人员都须有代理人进行申请、担保、注销等一系列务工程序。另外，按照《科威特私营部门劳动法》规定，外籍劳务人员都须在社会事务和劳动部申请获取劳动许可证，外籍劳务人员在申请劳动许可时，阿拉伯国家和地区的劳务人员具有优先权。按照《科威特私营部门劳动法》的相关规定，有关部门按下列条件颁发劳动许可证：合法入境的工人、持有效护照的工人、持有居留证的工人和品行良好的工人。每份劳动许可证按社会事务和劳动部的规定收费。劳动许可证有效期为2年，期满后可申请延期。

科威特对劳工配额控制非常严格，要想获得劳务签证十分困难，而且周期长、费用高、环节复杂。劳务配额审批难度大，不可再利用，劳务人员若提前回国，只能重新申请劳工指标。有些黑中介通过伪造文件等手段非法办理外籍劳务入境手续，对此应特别谨慎。

第二节　税收政策

一、税法体系

科威特税赋比较少，实行属地税制。科威特公司不需要缴纳营业税。

科威特属于低税负国家,其税收只占国家财政收入的 5% 左右。该国对本国企业和居民除征收 2.5% 的宗教税外[1],不再征收其他税赋,但对外商投资企业及外商合资企业征收外资股份税(企业所得税)。科威特居民和外国个人均无需缴纳个人所得税。科威特现行税制体系主要包括企业所得税、天课、关税及国家劳动保障税等税种。每个税种分别依据不同的法律法规进行征管,构成了科威特的税法法律体系。

二、税收征管

（一）征管情况介绍

科威特实行属地税制,外国独资企业和合资企业是企业所得税的唯一征收对象,科威特公司不需缴纳企业所得税等流转税,个人也无需缴纳个人所得税,但在科威特股票交易所上市的企业,必须将其收入的国有部分的 1% 捐给科威特科学发展基金,国家雇佣法规定对科威特企业征收 2.5% 的附加税,该税用于支持在私营部门工作的科威特人获得与政府工作人员相同的社会和家庭津贴。另外,科威特财政部规定,各单位、机关、公司必须向财政部报告与他们有业务往来的承包商、分包商的名称、地址等信息及合同复印件,对承包商、分包商的最后付款应被扣留至他们提交了所得税局出具的完税证明后方可支付,扣留的比例应不低于整个合同价值的10%,但是目前该法令的执行并不十分严格。

（二）税务查账追诉期

目前,科威特对税务追诉期并无具体时间要求,但对上传税务机关缴纳税金的相关数据的准确性提出要求。

（三）税务争议解决机制

科威特国内法并未规定向科威特税务机关申请启动相互协商程序的正式程序。如果科威特企业在海外发生税务争议,实际操作层面可以请求科威特税务机关发起与税收协定(或税收安排)缔约对方主管机关的协商谋求根据协定规定达成一致意见解决争议。

---

[1] 数据来源:中国与科威特经贸关系发展战略研究:http://www.ems86.com/touzi/html/？53995.html。

三、主要税种介绍

（一）企业所得税

1.征税原则

科威特仅实行来源地管辖权，对境外所得及境外资本利得不征税。由于科威特居民个人及企业均无需缴纳所得税，外商独资企业及外商合资企业是企业所得税的唯一征收对象，因此，科威特对居民纳税人及非居民纳税人的概念并没有严格区分。

2.税率

表9-2-1 科威特需缴纳税及税率

科目	税率
企业所得税率	15%
资本利得税率	15%
分公司税率	15%
预提税	—
股息	15%
利息	0%
特许权使用费	0%
管理费	0%
分公司利润汇出税	0%

3.税收优惠

（1）科威特自由贸易区。为鼓励出口和再出口，政府在舒韦赫港口附近设立了科威特自由贸易区（Kuwait Free Trade Zone，KFTZ）。KFTZ提供以下优惠：允许和鼓励外资持股最高可达100%；所有企业和个人所得免税；所有进口到KFTZ的交易和自KFTZ出口的交易免税；KFTZ内的资本及利润可自由汇出KFTZ外，不受外汇管制限制。此外，还有Al-Abdali和Al-Nuwaiseeb两个新建自由贸易区。

（2）1996年56号《工业法》。根据1996年56号《工业法》，为鼓励投资本地工业企业，商业和工业部部长可通过发布决议授予以下优惠条款：①降低进口设备及原材料的关税税率；②对进口的竞争性产品征收保护性关税；③本地银行提供低利息贷款；④协助出口；⑤对政府供应合同提供优惠待遇。

（3）1998年12号《租赁和投资公司法律》。1998年12号《租赁和投资公司法律》允许非科威特籍创始人及其股东建立投资和租赁公司，并给以五年免税期。建设—运营—转让（BOT）的承包方法经常用于科威特的大型基础设施项目。BOT合同可以带来可能的税收和关税减免。

（4）2013年116号《促进直接投资法》。科威特于2013年6月16日颁布了《促进直接投资法》（2013年第116号法律），于2013年12月16日生效，同时2001年第8号法律《外国资本直接投资法》废止。根据《直接投资促进法》，科威特成立直接投资促进局（KDIPA）取代了外国投资局。KDIPA是商务和工业部的组成部门。2014年12月14日科威特通过2014年第502号部长令颁布了《直接投资促进法》实施细则。《直接投资促进法》及其实施细则采取负面清单的形式，列举了不可享受《直接投资促进法》下相关税收优惠的商业活动及部门，其中包括石油开采业及国防业。所有未列入负面清单的商业部门及活动都可以享受《直接投资促进法》规定的优惠。《直接投资促进法》维持了现有针对投资者的税收优惠政策，包括但不限于：①获准许可的企业自经营活动实际开始之时享有最多10年的免税期待遇；②进口原材料及设备并持有五年以上，则可豁免关税；③免受科威特相关条件要求限制；④向投资者分配土地及房地产。

此外，《直接投资促进法》允许外国投资者享受避免双重征税税收协定（或税收安排）优惠待遇或其他双边协定待遇。

根据每项投资的种类与性质，其享受的税收优惠与豁免的金额、类型和期限与下列标准相关：①创造就业机会的情况及对劳动力培训的情况；②提供的产品与服务的数量和质量；③本地与海湾国家市场对直接投资的需求及投资对经济多元化的贡献；④增加出口的情况；⑤对缺少类似投资项目或经营活动的地区发展的促进作用；⑥有利的环境影响。

根据《直接投资促进法》，经KDIPA批准，外国投资者可在科威特设立以下投资实体：①100%外资公司；②科威特分支机构；③外国企业代表处，外国企业代表处只能从事市场营销调查，不能从事任何商业活动。

KDIPA 颁布 2016 年第 313 号命令，针对投资许可申请设立了评分机制。投资许可申请的决定将基于根据上述标准确定的总分。

KDIPA 通过许可授予的税收优惠并非没有限制的优惠，而是与投资企业的业绩相关。KDIPA 根据其制定的机制每年对投资企业的业绩进行评估。与授予税收优惠机制相关的 2016 年第 16 号部长令列举了以下评估标准：①总分小于等于 59%：投资许可申请和优惠申请均不予批准；②总分在 60%~69% 之间：只批准投资许可申请（无优惠）；③总分在 70%~79% 之间：批准投资许可申请并可选择一项优惠；④总分大于等于 80%：批准投资许可申请并授予法律规定的全部优惠。

KDIPA 批准投资许可申请后，投资者需要设立公司、分支机构或代表处。KDIPA 通过一站式服务加速设立程序。投资公司每年需提交审计师出具的税收优惠报告。根据对税收优惠报告及支持文件的审阅，KDIPA 会发出税收优惠证明批准当年的税收优惠。税收优惠（税前加计扣除）根据标准不同有所区别：

第一类税前加计扣除与技术转让相关。该类税前加计扣除的计算基于先进设备的成本，加计扣除额为先进设备价值的 20%。

第二类税前加计扣除与为科威特国民创造的就业与培训机会相关。科威特国民具体指超过与确定劳动力相关的 2014 年第 1028 号内阁命令规定的比例的科威特雇员。以下是该类税前加计扣除的计算方法：①税前加计扣除的计算基于支付给科威特国民的工资总额，加计扣除额为支付给科威特籍员工的年度工资的 5 倍。②税前加计扣除的计算基于科威特籍员工总数，加计扣除额为每名科威特籍员工 60000 第纳尔。③税前加计扣除的计算基于为培训科威特籍员工发生的费用，加计扣除额为全年为培训科威特籍员工而发生的费用的 10 倍。

第三类税前加计扣除与提高国产化率相关。以下是该类税前加计扣除的计算方法：①税前加计扣除的计算基于投资公司经营场所的租金，加计扣除额为年租金的 2 倍。②税前加计扣除的计算基于与本地供应商（特别是中小型企业）的交易额，加计扣除额为全年与本地供应商签订合同价值的 2 倍。③税前加计扣除的计算基于所使用的本地资源，例如原材料，加计扣除额为全年所使用本地资源价值的 2 倍。

4. 所得额的确定

应纳税所得额以经审计的财务报表中所披露的利润额,特别是经过扣除税务折旧和不被允许扣除项目调整后的利润额为基础进行核算。

2 号法律引入了有关可扣除项目的新规定,即,应税所得在扣除为实现该所得而产生的所有成本和费用后确定,特别包括:工资、薪金、员工的解雇补助金及类似津贴;法令中规定的除所得税以外的税收;折旧;捐赠、缴费和补贴;总公司费用;在外国公司签署合同后(运营开始之前)发生的试运行费用,签署合同前发生的费用不可扣除。

工作过程中发生的成本可以在相关年份中扣除,只要满足:纳税人能够合理地计量并申报与该成本相匹配的收入,并且该收入不少于该成本。如果相关收入难以合理计算或评估,纳税人也可以在以后的年份确认这些成本。

5. 反避税规则(暂缺)。

6. 征管与合规性要求(暂缺)。

7. 预提所得税

科威特的国内税法只对科威特证券交易所上市公司的投资者所取得的股息收入征收预提所得税,不对其他收入征收,科威特公司向非居民分配股息时应当使用 5% 的预提所得税率。其中,希望根据税收协定(或税收安排)适用更低预提税率的实体,需要到 MOF 申请退税。MOF 允许由海合会成员国家 100% 控股的投资者和来自与科威特签有双重征税协定(或税收安排)的国家(地区)的投资者取得完税证明,以免除或减免其从 KSE 上市公司获得的股息的应纳预提税。科威特公司根据税收协定对非居民支付的利息和特许权使用费不被课征任何的预提税。

(二)个人所得税

科威特居民个人及外国个人均无需缴纳个人所得税。

(三)关税

1. 关税体系和构成

《海合会成员国统一海关法》中并未指定纳税义务人。海合会关税同盟成员对于成员国间的货物贸易往来不征收关税,来自海合会区域以外的进口货物应缴纳关税。货物出口不征收关税。

2.税率

科威特属于海合会关税同盟，对来自海合会区域之外的进口货物适用5%的通用关税（适用自由贸易协定）。2008年1月1日，海合会关税同盟成为了一个共同市场。根据《海合会成员国统一海关法》，大部分从海合会区域以外的地区进口的货物（烟草、酒精及免税产品清单上列举的货物除外）适用5%的单一税率，对少数产品征收较高的关税，如对烟草制品按100%的税率征收关税，酒类按50%征税。货物出口不征收关税。

协议并订有可以免税进口的产品清单，如对于食品、生活必需品、药品以及新设企业所需进口的机械设备免征关税。来自海合会其他国家的工业产品及部分农产品享受免关税待遇。同时，已输入海合会地区的进口货，其后可于区内各地自由运输，毋须缴付额外关税。

另外，科威特在1995年成为WTO成员，根据规定，从2004年起，科威特取消所有与WTO原则相悖的关税和保护性措施。

3.关税免税

根据《海合会成员国统一海关法》第98~106条，以下货物可免交海关关税：

（1）生产用的原材料。持有国家工业生产执照的企业，在进口生产用原材料时，可申请免税。该免税事项由财政及工业部审批。

（2）大阿拉伯自贸区货物。产自大阿拉伯自贸区成员的货物，进口时可享受免税。企业须提供原产国主管部门出具的原产地证书。大阿拉伯自贸区成员包括：约旦、突尼斯、苏丹、叙利亚、伊拉克、黎巴嫩、摩洛哥、巴勒斯坦、利比亚、埃及、也门、阿尔及利亚，以及海合会成员国（阿联酋、阿曼、巴林、卡塔尔、科威特、沙特阿拉伯）。

（3）退运货物。符合监管条件的退运进境货物，可免除关税。包括：本国原产货物退运进境、他国货物退运进境、暂时出口货物退运进境等。

（4）个人及家庭用品。个人在符合下列条件的情况下，可免税带进个人用品及使用过的家庭用品，一是本国人须在自境外迁回阿联酋居住的最后一次进境时申请免税；二是外国人迁入阿联酋居住的，需在第一次进境时申请免税；三是相关物品必须已使用过；四是物品必须与申报相一致；

五是数量应在合理范围内。

（5）外交物品。符合条件的国际组织、外交机构及使领馆人员进口相关物品的，可享受免税。

（6）军事物品。军事机构或内部安全机构进口武器、弹药、军用装备、交通工具及相关零部件的，凭相关机构出具的文件，可享受免税。

（7）慈善捐赠物品。慈善机构以非营利为目的进口用于人道主义、社会发展、教育、科研或宗教领域及其他慈善目的的物品，可申请免税。

（8）旅客携带的少量物品。旅客携带限量范围内的少量物品的，可享受免税。

4.设备出售、报废及再出口的规定（暂缺）。

（四）企业须缴纳的其他税种

1.科威特科学发展基金会（KFAS）会费（KFAS Subscription Fee）

KFAS是科威特企业为支持科学发展而建立的。根据KFAS章程，股份公司需要每年向基金会缴纳企业净利润的1%。

在实际操作中，KFAS和商务部均接受，KFAS的缴费基数是扣除累计结转亏损和当年法定盈余公积后的净利润。

只有法定盈余公积的提取可扣除。一年内任何自愿性法定盈余公积（即超过10%的法律强制比例的提取，或超过股本的50%的提取）都不得在计算KFAS缴费时扣除。

2.国家劳动保障税（National Labour Support Tax）

根据旨在促进国内劳动力在非公共部门就业的2000年19号法律，国家劳动保障税向在科威特证券交易所上市的企业开征，用来资助促进私人部门劳动力就业的方案。

这一税收的税额相当于上市公司分配利润的2.5%。税收从2001年5月21日起开始实施（2001年26号财政部长决议）。

对于海合会成员国在科威特证券交易所上市的公司而言，2005年23号部长令声明，只有当取得的利润归属于在科威特境内展开的经济活动时，这些公司具有缴纳该税的义务。对上述公司从境外活动中取得的利润不征税。

根据2000年19号法律，部长委员会（the Council of Ministers）有权对

工业、商业和职业执照的颁发和更新收取额外费用，对外籍人员的工作许可和工作执照收取额外费用，以防止国内劳动力受到竞争。

3. 天课（Zakat）

（1）概述。根据2006年46号法律，科威特（及其他海合会成员国）国民全资持有的（公开式或封闭式持股）股份公司应按其年度净利润的1%缴纳天课。由海合会成员国国民完全拥有的其他形式的企业、国有企业，以及受1995年3号所得税法令管辖的企业，均不属于本税的征收对象。

（2）应纳税额。天课的计税基础为企业净利润，应纳税额为企业净利润的1%。财政部通过2007年58号部长令（2007年11月25日）颁布了2006年46号法律的实施条例。实施条例规定，从本税税基中扣除的费用当满足以下条件：①为实现利润所必需；②实际发生，且有书面证据支持；③与相应纳税年度相关。

条例还规定，从（未合并）附属公司或关联公司取得的现金股息和利润分配允许从该税税基中扣除。准备金一般不允许扣除，银行和保险公司应法律法规要求做出的除外。法律没有明确规定该税种适用的年度，但按照一般理解，该税种适用于2007年1月1日及之后开始的纳税年度。集团的控股公司或母公司根据集团合并财务数据计算其天课纳税义务时可以抵扣集团子公司缴纳的天课。

4. 社会保险制度

科威特实行社会保险制度，该制度仅适用于科威特籍雇员。其采取社保保险计划的形式，由财政部下属的社会保险公共事业单位管理。计划覆盖养老保险、残疾保险及死亡保险。科威特没有国家性的疾病与生育保障计划，但所有居民均可享受免费医疗服务。根据社会保险法，科威特雇员的社会保险缴费每月由雇主和雇员共同交纳。雇主缴纳部分为月收入的11.5%，缴费月收入的上限为2750第纳尔，即雇主缴纳部分每月的上限为316.25第纳尔。雇员缴纳部分计税规则为：①月收入未超过1500第纳尔的，为月收入的10.5%；②月收入超过1500第纳尔但未超过2750第纳尔的，为1500第纳尔的2.5%加上月收入的8%；③月收入超过2750第纳尔的，为1500第纳尔的2.5%加上2750第纳尔的8%。

缴费基数中包含社会津贴（针对家庭状况和高物价）和交通补贴，但不包括附加福利以及与雇员的工作表现或工作性质挂钩的其他补贴。社会保险提供较高的补偿待遇，包括退休金和残疾、疾病和死亡补贴。如果雇员是其他海合会成员国的公民，则雇主和雇员以雇员的月工资为基础，每月按照不同比率缴费。

第三节　外汇政策

一、基本情况

科威特货币为第纳尔（KD，第纳尔），1KD=1000Fils（菲尔），可自由兑换。2018 年 7 月第纳尔兑换美元实际平均汇率为：1 美元 =0.303 第纳尔；第纳尔兑换欧元实际平均汇率为：1 欧元 =0.3542 第纳尔。人民币与科威特货币不可直接结算。

现金与资本账户可在科威特境内的任何一家银行或"钱庄"自由兑换，无条件交易。目前，股票、贷款、利息、利润以及个人存款可不受任何限制地转入转出科威特。投资者也可将其投资的全部或部分转让给其他外国或本地投资者。

但据《阿拉伯时报》2016 年 5 月 30 日报道，科威特议会法律事务委员会将很快批准对在科威特外国人征收国外汇款税的法案。征税的税率方案为，向外汇款 100 第纳尔以下的，征收税率为 2%；100~500 第纳尔的，征收税率为 4%；500 第纳尔以上的，征收税率为 5%。所征收的税款将直接缴纳至国库。另外，对通过其他渠道汇款并避税的，将处以 6 个月以下监禁并处最高至 1 万第纳尔的罚金。到目前为止尚未执行。

目前，科威特除中央银行外，共有 11 家银行，主要是科威特国民银行、海湾银行、艾赫里银行、科威特中东银行、布尔干银行和科威特商业银行等。另有 12 家外资银行分行，包括花旗银行、汇丰银行、中国工商银行等。科威特国民银行在中国上海设代表处。

二、居民及非居民企业经常项目外汇管理规定

外国公司在科威特进行贸易与项目融资的渠道很多，其中包括世界级的商业银行、投资公司和伊斯兰金融机构。外国公司只要提供它们的财务报表或者有信誉良好的银行作担保，就可以直接获得科威特银行融资的便利。针对客户委托的要求，科威特的银行可以采取不同的融资方法，包括直接支付、提前付现、单据托收、信用证和保函。在科威特中央银行监管下的商业银行，都符合国际银行的标准，还有 3 家专门的政府银行提供中长期融资。

外国公司可以通过代理来分配与当地银行签订合同的所得。通过当地的代理或者与科威特同行合资的企业，外国公司就可以获得融资。除此之外，外国公司还可以通过当地一些大的代理机构，如投资公司或银行，以公司的名义在科威特发行第纳尔债券。发行债券必须提交公司的财务状况和一份市场调查报告，需要经过科威特中央银行的批准。发行债券作为一种融资手段，其优点在于可以避免在合同期间发生汇率波动。把融资方案包括在项目计划书中，也可以为外国公司带来极大的便利。

科威特各商业银行发行不同种类的信用卡。中国与国际知名公司合作发行的信用卡可以在科使用：Visa 卡、Master 卡和 American Express 卡。

三、个人外汇管理规定

资金进入科威特有没有限制。

第四节 会计政策

科威特没有强制性的会计制度。但是，要求公司遵守国际财务报告准则。海湾合作委员会在讨论会计制度的统一。1990 年，科威特商务部颁布了第 18 号部长决议，该决议要求所有法律类型的公司和机构，无论是上市还是非公开公司，都应根据国际财务报告准则编制财务报表。

一、会计管理体制

（一）财税监管机构情况

工业公共管理局；科威特证券交易所。

（二）对外报送内容及要求

科威特的所有商业公司每年都要保留几本会计账簿，而这些必须用阿拉伯语写成：销售日记账；库存；总账；支出分析书；股票进化报告。

为了创建财务分析，公司需要生成资产负债表和损益报告，必须在财政年度结束后的三个月内提交给工商部进行评估。

二、会计制度基本规范

（一）会计年度

公司会计年度为 12 个月会计期间，该会计期间通常是日历年。

（二）记账本位币

企业会计系统必须采用阿拉伯语或英语和法定货币进行会计核算。

（三）记账基础和计量属性

《国际会计准则》规定：企业以权责发生制为记账基础，以复式记账为记账方法。

《国际会计准则》规定：企业以历史成本基础计量属性，在某些情况下允许重估价值计量。

《国际会计准则》规定：财务报表计量假设条件，其特性有：有关性、忠实表述性、可比性、可验证性、时效性、可了解性。

四、主要会计要素核算要求及重点关注的会计核算

（一）现金及现金等价物

现金和现金等价物以资产形式列于资产负债表中。现金和现金等价物包括库存现金，银行通知存款和货币市场投资工具，扣除银行透支。在资产负债表（平衡表）中，银行透支包含在流动负债的借款中。

（二）应收款项

应收款项泛指企业在日常生产经营过程中发生的各种债权，是企业重

要的流动资产。主要包括：应收账款、应收票据、预付款项、应收股利、应收利息、其他应收款等。

应收款项作为金融工具，初始确认按公允价值计量，后续计量按摊余成本计量。企业应当在资产负债表日对应收账款的账面价值进行检查，有客观证据表明该应收账款发生减值的，应当计提减值准备（坏账准备）。

（三）存货

根据《国际会计准则第 2 号——存货》进行会计处理，存货的初始成本为使存货达到目前场所和状态所发生的采购成本、加工成本和其他成本所组成。存货成本计算方法：个别成本具体辨认法；先进先出法；加权平均法。存货的后续计量按账面成本与可变现净值中的低者来加以计量。

（四）固定资产

根据《国际会计准则第 16 号——不动产、厂房、设备》进行会计处理，如果与该资产相关的未来经济利益很可能流入主体且资产的成本能够可靠地计量，则应确认为资产。

不动产、厂房和设备按取得时的成本进行初始计量。其后续计量通常采用选择成本模式，即账面金额应为其成本扣减累计折旧和累计减值损失后的余额。如果后续发生严重通货膨胀条件下，采用重估价模式，即账面金额为该资产在重估日的公允价值减去随后发生的累计折旧和累计减值损失后的金额。在重估计模式下，应定期进行重估，并且特定类别的资产所有项目都应该重估。

资产负债表日，应确认不动产、厂房和设备项目的可收回价值，如果发生减值，应确认减值准备。

（五）无形资产

根据《国际会计准则第 38 号——无形资产》进行会计处理，无形资产一般包括专利权、非专利技术、商标权、著作权、土地使用权、特许权等。无形资产通常是按实际成本计量，即以取得无形资产并使之达到预定用途而发生的全部支出，作为无形资产的成本。

无形资产的应摊销额为其成本扣除预计残值后的金额。如果无形资产为无限使用年限，则不摊销，但每年资产负债表日应进行减值测试，确定是否有减值必要。如果被评估为有限的使用寿命，则使用直线法在其使用寿命（通常为 3~7 年）内摊销，如果有迹象表明他们可能已经减值，则应进行减值测试。

（六）职工薪酬

要求核算所有支付给职工的各类报酬，包括行政管理人员，普通员工，临时性雇佣员工，职工代表，提供服务的企业合伙人。

（七）收入

根据《国际会计准则第 18 号——收入》进行会计处理，收入是指企业在一定的期间内，由正常经营活动所产生的经济利益的流入的总额。该经济利益流入仅指引起权益增加的部分，而不包括企业投资者出资引起的部分。具体包括：出售的商品取得收入，在重大风险和报酬已转移给买方、卖方已丧失实际控制权、且成本能够可靠地计量时确认；提供的服务取得收入，完工百分比法确认；对于利息、特许使用费和股利性收入：①利息实际利率法。②特许使用费在权责发生制的基础上根据协议的实质确认。③股利在股东的收款权利已被确立时确认；按照《国际会计准则第 11 号——建造合同》处理工程承包和符合《国际财务报告解释公告第 15 号——房地产建造协议》情形的房地产建造业务。

收入的计量应以已收或应收的公允价值进行计量。交易所产生的收入额通常由企业与资产的购买方或使用方所达成的协议来决定。该项金额是以企业已收或应收的价款的公允价值为根据，并考虑了企业允诺的商业折扣和数量折扣进行计量。

2018 年当年或之后开始年度，《国际财务报告准则第 15 号——客户合约收益》生效，则遵循新颁布的准则：在履行了合同中的履约义务，即在客户取得相关商品或服务的控制权时，确认收入。对于在某一时段内履行的履约义务，在该段时间内按照履约进度确认收入，并按照一定方法确定履约进度。履约进度不能合理确定时，已经发生的成本预计能够得到补偿的，按照已经发生的成本金额确认收入，直到履约进度能够合理确定为止。

（八）政府补助

根据《国际会计准则第 20 号——政府补助和政府援助的披露》进行会计处理。其中，政府补助是指政府为了专门对符合一定标准的某个企业或一系列企业提供经济利益而采取的行为；政府援助是指政府以向一个企业转移资源的方式，来换取企业在过去或未来按照某项条件进行有关经营活动的那种援助。

与资产相关的政府拨款，包括以公允价值计量的非货币性补助，在财务状况表中提出，可以是将补助款作为递延收入，或在到达资产的账面价值时扣除补助款。

（九）借款费用

根据《国际会计准则第23号——借款费用》进行会计处理，借款费用是指企业因借款而发生的利息及其相关成本。借款费用包括借款利息、折价或者溢价的摊销、辅助费用以及因外币借款而发生的汇兑差额等。

对于可直接归属于符合条件的资产的购置、建造或生产的借款费用，仅当此类费用将很可能导致主体获得未来经济利益并且能够可靠地计量时，才可予以资本化。不符合资本化条件的均应在发生时确认为费用。

对于为获得某项符合条件的资产而专门借入的资金，符合资本化条件的借款费用金额为本期内发生的实际借款费用减去任何以该借款进行临时性投资所取得的投资收益。

（十）外币业务

根据《国际会计准则第21号——外汇汇率变动的影响》进行会计处理，外币交易时在初次确认时，应按交易日报告货币和外币之间的汇率将外币金额换算成报告货币予以记录。

在每一个报告期末，外币货币性项目应按期末汇率折算；以历史成本计量的外币非货币性项目应按交易发生日的汇率折算；以公允价值计量的外币非货币性项目应按公允价值计量日的汇率折算。由于在折算货币性项目时采用不同于折算前期财务报表所用的汇率而产生的差额，应在其形成的当期计入损益。

如果一项非货币性项目产生的利得或损失在其他综合收益下确认，该项利得或损失的汇兑部分也应当在其他综合收益下确认，相反，如果其利得或损失直接计入损益，该项利得或损失的汇兑部分也应当直接计入损益。

（十一）所得税

所得税核算采用资产负债表债务法，企业应根据资产负债表比较资产、负债的账面价值与计税基础并以应税利润为基础确认计算当期所得税及递延所得税。

当期所得税根据由税前会计利润按照税法规定的标准表格调整计算（工程企业主要涉及的是会计折旧与税法资本减免的调整）或由税务局核定而得到的当期应纳税所得额，乘以适用的税率计算而得；因资产或负债的账面价值与计税基础不一致形成的未来期间可收回或应付的税款应确认递延所得税资产或递延所得税负债。

所得税费用根据当期应交所得税、预缴或被预扣的所得税、递延所得税资产或负债等分析填列，年末余额结转至本年利润。

参考文献：

一方尹，陈俊华，代欢欢．"一带一路"背景下海湾国家投资环境综合评价［J］．世界地理研究，2018，27（02），36–44．

第十章 克罗地亚税收外汇会计政策

第一节　投资环境基本情况

一、国家简介

克罗地亚共和国（以下简称"克罗地亚"），位于欧洲中南部，巴尔干半岛西北部，首都是萨格勒布。克罗地亚官方语言为克罗地亚语（Croatian），货币为克罗地亚库纳（英文：Croatia Kuna，货币符号：HRK，以下简称"库纳"）。

克罗地亚国土面积为 56594 平方公里，2016 年全国人口约 417 万，每平方公里人口平均约 74 人，其中城市人口占比近 60%。主要民族有克罗地亚族（90% 左右），其他为塞尔维亚族、波什尼亚克族等共计 22 个少数民族。主要宗教是天主教。

克罗地亚森林和水力资源丰富，全国森林面积 223.2 万公顷，森林覆盖率为 40%；此外，还有石油、天然气、铝等资源。

二、经济情况

克罗地亚是前南斯拉夫地区经济较为发达的国家，经济基础良好。旅游、建筑、造船和制药等产业发展水平较高。根据世界银行数据，2016 年克罗地亚的国内生产总值（以下简称"GDP"）为 504.25 亿美元，人均国民收入为 12110 美元，经济增长率为 2.93%。2016 年，克罗地亚的失业率为 13.5%，通货膨胀率为 –1.1%。

克罗地亚库纳（Kuna）是克罗地亚目前的流通货币，货币编号 HRK，辅币单位是利帕（Lipa），1 库纳 =100 利帕。目前 100 库纳约兑换 15 美元，与人民币汇率约为 1：1.1。

克罗地亚经济以第三产业为主。据世界银行统计，2015 年服务业约占其国内生产总值 69.5%，工业则占 26.2%，农业仅占 4.3%，劳动力分布则分别为 64%、27% 和 9%。旅游业在克罗地亚经济中居主导地位，占国内生产总值达 20%。其他主要经济领域包括资讯科技、汽车、食品、医药、物流、金属及纺织品。

克罗地亚是世界贸易组织、世界银行、国际货币基金组织及联合国工业发展组织等国际组织的成员国。

三、外国投资相关法律

克罗地亚拥有不断完善的外商投资优惠政策。克罗地亚 2012 年颁布了新的《投资促进与改善投资环境法》(以下简称《投资促进法》),在鼓励投资和增加就业方面给予了具体优惠政策。在克罗地亚投资设立企业的形式包括一般公共企业、股份制企业、股份公司、有限责任公司、经济利益联合体、合伙企业等。成立股份公司的最少资本金为 20 万库纳,单股票面价值最少为 10 库纳。成立一家有限责任公司的最少资本金为 2 万库纳,个人持股额最少为 200 库纳。克罗地亚投资的模式主要有特许经营权、BOT 和 PPP 等形式。

(1)外商投资制度。克罗地亚法律规定外国投资者享有国内公司同等待遇,同时履行互惠条件。根据克罗地亚公司法相关规定,外国投资者可在克罗地亚设立各种类型的法人实体。外国投资者可以独立或合资形式与本国法人或自然人合作,外资股份比例不受限制。根据克罗地亚《股份制企业收购法》,购买上市公司股份达 25% 以上,需要向克罗地亚证券委员会报告。

(2)投资行业限制。根据克罗地亚法律,需要特许审批的投资领域包括:矿山开采;港口扩建;公路建设;铁路建设等。克罗地亚以上各类项目的投资建设,均需通过国际公开招标。外国自然人只有获得手工业执照才可以在克罗地亚经营手工业。

(3)赴克罗地亚办理的工作准证。克罗地亚负责外国人工作许可管理的部门是克罗地亚内务部和地方警察局。实施严格的外国人工作许可配额制度。

申办工作许可时,需提供的材料包括:劳动合同、雇员工作地点、工种、劳动条件等情况,雇员的专业技能证书,公司注册证书,公司未负债证明,公司招工合理性说明。满足上述条件后,只有当该雇员工种配额未满时，克罗地亚警察局才可能发放工作许可。

四、其他

1995 年中国和克罗地亚两国之间签署了《关于避免双重征税和防止偷漏税的协定》协议，协议主要规定了缔约国之间在利润、股息或分红、利息、特许权方面相关优惠税率。

第二节　税收政策

一、税法体系

克罗地亚的税收制度根据欧盟标准制定，由直接税和间接税组成。克罗地亚税收体制规定，所有纳税人（即本国、外国的自然人、法人）地位一律平等；克罗地亚建立起了以所得税和增值税为核心的税收体系，除了地方税上的差异之外，克罗地亚实行全国统一的税收制度。主要税种包括企业所得税、增值税、个人所得税、消费税、不动产转让税、关税、博彩税和由各地方政府制定的税种（省级税，市政税）。省级税包括遗产税、机动车船税等，市镇税包括收入附加税、消费税、公共土地使用税等。克罗地亚继续执行前南斯拉夫同一部分国家签订的避免双重征税协议。

二、税收征管

（一）征管情况介绍

克罗地亚税务局进行具体税款征收工作，并接受克罗地亚财政部管理，根据税收形式，所有税款可以通过两种方式支付：税务机关出具的缴税决定书和企业自助缴税。

（二）税务查账追溯期

根据克罗地亚税收基本法的规定，税务检查内容覆盖期间为：检查可在核定纳税义务的时效未届满前进行；对大型纳税人的检查应当追溯至先前检查涵盖的最后纳税期间（持续检查）；一般地对其他纳税人的检查应当围绕纳税申报的最后纳税期间进行；有事实显示延长检查可能显著变更核定税额的，可延长前款针对其他纳税人的检查。税务追溯期最长为七年。

（三）税务争议解决机制

克罗地亚税务争议可以通过协商解决、仲裁或司法诉讼程序进行解决。克罗地亚税务纠纷机制有以下三个方式。

协商解决。税务机关与争议当事人通过协商解决问题，不需要通过上级税务行政机关和司法机关。协商解决可以减少争议双方的矛盾，缩短争议解决的时间，减少争议解决的环节。但协商解决争议是解决方式中法律效力最低，不确定因素角度，同时会涉及咨询费用。这种解决方式是目前使用最多一种解决方式，也是成本耗费最低的一种解决方式。

行政复议解决。这种争议解决方式的法律效率略高于协商解决方式。此种方式由行政机关行使内部监督权的一种表现。相对于协商解决和诉讼较低，而且它不能涵盖所有的税收争议，管辖范围有限。

诉讼解决。这种解决方式是最具法律效力、最公平的一种，但诉讼成本较高。企业可以聘请专业机构进行税务诉讼事项，同时提供相应的诉讼材料，通过法院进行税务诉讼，但时间周期较长，诉讼费用较高。

三、主要税种介绍

（一）企业所得税

1. 征税原则

企业所得税的纳税人是指在经济活动中以赚取利润，获得收入或以经济利益为目的的公司或其他法人。同时也包括选择缴纳企业所得税而非个人所得税的自然人。

根据企业所得税法，以下情况下属于纳税人：在克罗地亚境内，以获得利润、收入或其他应税利润为目的而从事经济活动的公司、法律实体和自然人；被认定为常设机构（Permanent Establishment，缩写为PE）的非居民企业；进行应税经济活动，但选择不缴纳个人所得税，而缴纳企业所得税的自然人。

进行应税经济活动，并符合下列任一情况的企业/自然人也将被认定为企业主：在一个纳税期内，主营业务收入超过200万库纳；或在一个纳税期内，总收入超过400万库纳；或固定资产超过200万库纳；或在一个纳税期内平均雇用超过15名员工。

克罗地亚的企业分为居民企业和非居民企业。居民企业，是指依法在克罗地亚境内注册成立，或者依照外国（地区）法律成立但实际管理机构在克罗地亚境内的法人或自然人。在克罗地亚境内依法登记其商业活动且拥有习惯性住所的自然人企业主也将被认定为克罗地亚居民。居民企业应当就其来源于克罗地亚境内、境外的所得缴纳企业所得税。非居民仅就其来源于克罗地亚境内的所得缴纳企业所得税。

2. 税率

企业所得税基本税率为18%（2017年1月1日起实施）。同时，对于年收入低于300万库纳的中小型企业纳税人，其税率则为12%（2017年1月1日起实施）。非居民企业所使用的税率与居民企业相同。

3. 税收优惠

克罗地亚《投资促进与改善投资环境法》规定了下列税收减免和激励政策：在满足一定条件后，企业最长可以在十年内适用税收激励政策。一般的激励政策适用于满足下列条件的投资所取得的利润：

表10-2-1　企业所得税优惠条件

投资额（欧元）	税收优惠率	年限（年）	需聘请的员工数（人）
150000~1000000	50%	10	5
1000000~3000000	75%	10	10
大于3000000	100%	10	15

数据来源：1-Pravilnik o porezu na dobit（The Income Tax Act）；2-Pravilnik o porezu na dobit（The Income Tax Regulations）。

另外，小微企业也有相应的税收优惠：最低投资额只需为50000欧元，并提供最少三个就业岗位，即可以在五年内享受50%的税率减免。

税收优惠额度不得超过企业的投资额。同时对研究开发方面的投资企业也有国家补贴和税收优惠。

外国税收抵免。如果一个国内纳税人已经为来源于国外的收入在海外缴纳了税款，则这部分税款可以在企业所得税申报表中列示，但不得超过同等情况下以克罗地亚企业所得税税率计算的税款金额。那么，只有国外实际已缴纳的税款金额才能全部用于抵扣国内应纳税款。

4. 所得税额确定

企业每一纳税年度的收入总额，减除不征税收入、免税收入、各项扣除项目以及允许弥补的以前年度亏损后的余额，为应纳税所得额。对居民企业，将对其在克罗地亚境内和境外的利润进行征税；针对非居民企业，仅针对其来源于克罗地亚的利润征税。

企业以货币形式和非货币形式从各种来源取得的收入，为收入总额。包括：销售货物收入；提供劳务收入；特许权使用费；资本利得收入；股息收入；利息收入；境外收入和其他收入。

调增项目：以公允价值计量且其变动计入当期损益的金融资产因价值调整产生的未实现损失；超过企业所得税法案规定的折旧金额；企业发生的与生产经营活动有关的娱乐费支出，可按发生额的 50% 扣除。

不征税和免税收入：符合条件的居民企业之间的股息、红利等权益性投资收益不征税。

调减项目：股息和红利；以公允价值计量且其变动计入当期损益的金融资产因价值调整产生的未实现利得；在以前的纳税期间未作为支出从应纳税所得额中扣除的核销坏账回收产生的营业外收入；在企业所得税法所规定的金额之内，且未在以前纳税期间内确认的折旧金额，可以在当期扣除；符合特殊规定的税收激励政策，可享受税收减免或免税的金额。

扣除项目：折旧；商誉；开办费用；利息费用；坏账；慈善捐赠；罚款；税款；净营业损失；向国外分支机构付款。

弥补以前年度亏损：亏损可在亏损发生之日起五年内结转和弥补，且必须按照亏损发生的先后次序进行。除合并、分立、收购的情形外，亏损不得转移至任何第三方。

5. 反避税规则

（1）关联交易。关联方判定标准。根据克罗地亚税收基本法，关联方的定义十分宽泛。包括直接或间接参与另一方的管理、控制或提供资本的实体。关联方可以理解为与某实体有某种关系并且该关系可能影响管理层的决定或直接与间接参与其事务并做出决定。具体来说，有以下情况的双方应被视为关联方：

第一，履行税收义务的两个或两个以上的自然人和法人由其中一方直接或间接的控制其他方，或直接或间接对其他方产生重大影响而构成单一风险。

第二，除产生重大影响之外，关联方也包括那些经济和财务状况的恶化或改善会导致另一方经济和财务状况的恶化或改善的自然人或法人，因为其有可能转移损益或偿付能力。

关联交易基本类型。根据克罗地亚相关法规，关联交易的规定是根据经合组织转让定价指南进行制定的，主要包含以下四个方面：

第一，有形资产的购销、转让和使用，包括建筑物、交通工具、机器设备、商品等有形资产的购销、转让和租赁业务。

第二，无形资产的转让和使用，包括土地使用权、版权、专利、商标、客户名单、营销渠道、牌号、商业秘密和专有技术等特许权。

第三，融通资金，包括各类长短期资金拆借和担保以及各类计息预付款和延期付款等业务。

第四，提供劳务及服务，包括市场调查、行销、管理、行政事务、技术服务、维修、设计、咨询、代理、科研、法律、会计事务等服务的提供。

（2）转让定价。转让定价规则适用于在克罗地亚共和国境内或跨境进行的关联方交易。如果境内交易的某一方处于亏损或者符合税收减免资格，则也同样使用转让定价规则。克罗地亚所规定的转让定价方法与经合组织转让定价指南所规定的相一致。关联企业之间进行转让定价时可以采取不同的标准，相应的转让定价方法为可比非受控价格法、再销售价格法、成本加成法和其他合理方法，包括利润分割法及交易净利率法等。

（3）资本弱化。根据克罗地亚税法相关规定，资本弱化的相关法规于2005年1月1日开始实施。克罗地亚适用于固定比例法。在该规则下，如果借款是由持有纳税人百分之二十五及以上股份或表决权的股东或关联方提供的，为了可以在所得税前扣除向关联方支付的借款利息，公司向关联方借款的负债总额和公司注册股本的比例不能超过4∶1。上述规则不适用于银行或其他金融机构。此外，由股东担保的第三方借款也将被视为由股东所提供的借款。

6. 征管与合规性要求

根据克罗地亚《企业所得税法》规定，企业报税期限最迟不能超过纳税年度结束后的 4 个月。所得税的缴纳由纳税人根据以前年度的税收余额和纳税申报表完成。纳税人有义务向税务机关提交纳税申报期间的纳税申报表。纳税人也有义务填写上一年度的税收余额。年度内，企业所得税以月度预缴款的方式支付，其金额按上一年度的税收申报中列示应纳税所得额为基础确定，最终进行汇算清缴。没有按期缴纳预缴税或企业所得税的，纳税人有义务按照税收程序和税收管理的法律计算和支付利息。

纳税人在经营情况出现重大变化时，纳税人可根据最新经营情况重新递交财务报表，并按照新的财务经营情况申报企业所得税预缴税。

（二）增值税

1. 征税原则

增值税是企业销售货物或提供服务、进口货物以及在共同体内部采购货物时应缴纳的税种。2013 年 7 月起，克罗地亚已正式加入欧盟，并进入欧盟共同市场。欧盟国家必须根据欧盟相关法律来协调其增值税与欧盟的一致性，且每一笔商品和服务的交易，均只在一个欧盟国家征税。此外，本地企业向欧盟外的国家进口货物和购买服务均应缴纳增值税。克罗地亚的增值税体系与欧盟的增值税指引保持一致。

2. 计税方式

克罗地亚对增值税采用一般计税方式，无简易征收模式。

3. 税率

克罗地亚的增值税基本税率为 25%。特殊行业增值税纳税人可适用 13% 或 5% 的低税率。特殊行业如下：住宿服务；无特定媒体义务的出版商出版的报纸（除日报）和杂志（完全或主要内容为广告的出版品除外）；源自植物或动物的食用油脂（有特殊条款细则）；汽车儿童座椅、儿童食品和加工的谷类婴幼儿食品（有特殊条款细则）；法律规定的通过公共供水和排水系统进行的水运输（市场上贩售的瓶装及其他包装水运输除外）；音乐会门票等。

4. 增值税免税

克罗地亚免征增值税项目如下：出租住宅取得的租金（个别特例除

外）；授信及信贷担保服务；利息、赌博奖金；发行法定货币，证券及股票；文化领域的公共机构提供的服务或商品，如博物馆、画廊、图书馆、剧院、宗教团体和机构、中小学、大学的学生餐厅和宿舍；邮政服务；公共广播电视活动；医疗服务，包括个人从业的医生、牙医、护士、物理治疗师和生化实险室；社会关爱机构和儿童、青少年护理机构提供的服务；房地产转让，新修建筑物除外（缴纳房地产转让税），但使用不满两年的建筑物转让仍需缴纳增值税；对部分进出口货物及服务免征增值税。

5. 销项税额

增值税的销售额是提供货物和服务所取得的或应该取得的全部价款和价外费用。不考虑其他情况，增值税税基应当被认定为货物或服务的市场价值。进口商品的增值税税基是海关的计税价格，加上关税、进口关税、特种税以及其他清关费用。

6. 进项税额抵扣

进项税额是指纳税人购进货物或者接受应税劳务，所支付或者负担的增值税额。当增值税销项税额大于增值税进项税额时，当期应缴纳增值税。当增值税销项税额小于增值税可抵扣进项税额时，纳税人可以选择退税或将二者的差额作为增值税留抵额，在以后申报期间使用，考虑现金流占用情况，企业都选择直接退回，税法未明确留抵具体期限。

7. 征收方式

增值税每月按进销项相抵后的余额缴纳，留抵余额可以申请退税，退税时间一般在两个月左右，也能用于以后抵扣销项税额。

8. 征管与合规性要求

纳税人应于次月 20 日前提交上期增值税申报表并缴清税款，并应该在纳税年度次年 2 月底前提交年度增值税申报表并补缴增值税差额。

增值税相关处罚包括按年化率 12% 征收的逾期利息及处以 1000~50 万库纳的罚款。

（三）个人所得税

1. 征税原则

根据克罗地亚个人所得税法案，个人纳税人区分为居民纳税人和非居民纳税人。符合以下条件的为居民纳税人：在克罗地亚境内拥有房地产或拥有对房地产的使用权 / 处置权，且在一个或两个自然年度内超过 183 天；在一个或两个自然年度内在克罗地亚居留的时长超过 183 天。否则为非居民纳税人。

克罗地亚的居民纳税人将就其来源于全球的收入缴纳个人所得税。在克罗地亚，个人所得可按是否需要进行年度汇总纳税申报分为两类：一种是需要汇总入年度汇总纳税申报的收入，应纳税所得额为收入减去扣除项目和不征税收入后按累进税率计算应纳税额；另一种是无需汇总入"年度收入"的"最终收入"。非居民纳税人仅就来源于克罗地亚的收入进行纳税。

2. 申报主体

以个人为单位进行申报，由所在企业或者政府机构在发放时代扣代缴，并于次月 15 日前申报缴纳。

3. 应纳税所得额

需要进行年度汇总纳税申报的"年度收入"包括就业所得、个人经营所得、其他未被视为"最终其他收入"。"最终收入"不需要进行年度汇总纳税申报，包括财产和所有权收入、资本收益、保险收入、其他最终收入。

个人所得税的计算方法如下：

应纳税额 = 应纳税所得额 × 相应级数的税率 – 境外税收抵免额 = 210000 × 24% + 超过 210000 的部分 × 36% – 境外税收抵免额

应纳税所得额 = 年度总收入 – 不征税收入（最终收入）– 税收扣除总额

其中，境外税收抵免的金额不能超过在克罗地亚相同情况下取得的收入所计算出的税额。

4. 扣除与减免

克罗地亚规定个人所得税基本的税前扣除额为每月 3800 库纳。

克罗地亚个人所得税法规定以下扣除项目及金额：

表10-2-2　个人所得税扣除细则

个人免征额，特殊救济，豁免和激励	税收居民纳税人	税收非居民纳税人
个人免征额：		
个人月度免征额：		
HRK 3800	是	是

续表

个人免征额，特殊救济，豁免和激励	税收居民纳税人	税收非居民纳税人
每位受供养家庭成员月度扣除额：		
HRK 1750	是	（＊）
受抚养子女月度扣除额：		
第一个子女：HRK 1750 第二个子女：HRK 2500 第三个子女：HRK 3500	是	（＊）
每位残疾纳税人 / 受供养家庭成员 / 受抚养子女月度扣除额：		
HRK 1000	是	（＊）
每位残疾纳税人 / 受供养家庭成员 / 受抚养子女：100% 残疾，以及 / 或者因为残疾需要接受他人照料：		
100% 残疾：HRK 3750 / 人	是	（＊）
在纳税人没有其他保险的情况下，不超过规定数额的强制性健康保险金	是	是 （仅限于在克罗地亚缴纳的金额）
克罗地亚境内用于特定用途的且不超过规定金额的捐款	是	是 （仅限于克罗地亚境内捐赠）
对克罗地亚残疾退伍军人，牺牲士兵、被俘人员或在克罗地亚国家战争（Croatia Homeland War）期间失踪军人的家庭成员的豁免：		
有克罗地亚国土战争中退伍残疾军人身份的，根据其既定的残疾程度，不对其就业收入和养老金征收所得税	是	是
牺牲士兵、被俘人员或在克罗地亚国家战争期间失踪军人的家庭成员不对其家庭养老或补偿金征收所得税，最大免征额为家庭养老金金额	是	是
对受支援地区的减免政策：		
在武科瓦尔市地区从事个人经营活动的纳税人，长期雇用 2 名以上员工，且 50% 以上的员工居住在第一类受支援地区或武科瓦尔市地区的，就这些商业活动所取得的收入免征所得税	是	是

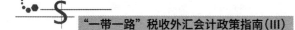

续表

个人免征额，特殊救济，豁免和激励	税收居民纳税人	税收非居民纳税人
在第一类受支援地区从事个人经营的纳税人，长期雇佣 2 名以上员工，且 50% 以上的员工居住在第一类受援地区或武科瓦尔市地区的，满足上述条件的商业活动所取得的收入免除 50% 的所得税	是	是
就业激励：		
从事个人经营活动的纳税人，在所得税纳税期间内，可以额外获得以下减免：		
支付给特定类型工作的第一年新员工的工资和社会保险费用	是	是
支付给特定类型工作的残疾员工前三年的工资和社会保险费用	是	是
国家教育和培训补助金及技能培训和学徒培训补助金	是	是
研发激励：		
纳税人从事个人经营活动的，可以在研究开发费用发生的纳税期间，最多按照会计报表上所列示的研发费用的 100%，额外将其在营业支出中扣除	是	是

数据来源：1–Zakon o porezu na dohodak（The Personal Income Tax Act）；2–Pravilnik o porezu na dohodak（The Personal Income Tax Regulations）；3–Zakon o strancima（Foreigners_Act_13）。

5. 累进税率

2016 年，克罗地亚议会通过了旨在刺激经济和改善商业环境的税收改革方案。其中包括个人所得税将从三档税率变为两档，即 24% 和 36%；以及将个人基本费用扣除额从每月 2600 库纳提高到 3800 库纳。

克罗地亚的个人所得税采用累进税制，适用于年度汇总纳税申报计算得出的应纳税所得额（为工资薪金所得）。适用年度汇总纳税申报的收入，在计算应纳税额时适用以下个人所得税税率表（从 2017 年 1 月 1 日开始实施）：

表10-2-3　个人所得税税率

全年应纳税所得额（单位：库纳）		税率
超过	不超过	
0	210000	24%
210000		36%

数据来源：1–Zakon o porezu na dohodak（The Personal Income Tax Act）；2–Pravilnik o porezu na dohodak（The Personal Income Tax Regulations）；3–Zakon o strancima（Foreigners_Act_13）。

6. 征管与合规性要求

个人所得税的纳税年度截至每年 12 月 31 日，个人所得税纳税申报表在纳税年度结束的次年 2 月底之前进行提交（个别特殊情况可以顺延）。一般而言，税务评估结果从纳税年度结束后的次年 4 月开始发布。税款缴纳需要在申报期结束后的 15 日内进行缴纳，纳税人可以选择由企业进行代缴，或者自行前往税务机关缴纳。

（四）关税

1. 关税体系和构成

2013 年 7 月 1 日，克罗地亚加入欧盟关税同盟，制定了共同的关税贸易、政策和程序。在任一欧盟成员国海关完成清关程序，进口货物可以在欧盟成员国之间自由移动，不再有任何附加关税程序。从非欧盟国家进口的货物须进行进口清关，从欧盟海关出境的货物须进行出口报关。为了加快海关清关流程，每个人都可以向海关申请取得一个欧盟国家进出口企业登记号，在清关时使用。海关总署是克罗地亚进出关境（进出境）监督管理机关，属于克罗地亚财政部的下属部门负责克罗地亚海关事务的直接管理机构。

2. 税率

克罗地亚的海关管理依据为《海关法》。对于来自欧盟境内的商品无需在海关申报，无需缴纳关税，克罗地亚针对同一类商品的不同使用目的或其他情形确定具体的关税（即同一商品根据具体情况设置不同税率）。以下是克罗地亚针对非欧盟区域主要商品的进口关税税率：

表10-2-4 主要商品关税征收幅度

商品名称	关税税率	商品名称	关税税率
纺织品、服装	0%~8%	电子产品	0%~14%
鞋类	0%~17%	光学仪器	0%~7%
农产品	0%~26%	自行车、摩托车	0%~15%
冶金产品	0%~9%	玩具	0%~4.7%
陶瓷玻璃制品	0%~11%	塑料及其制品	0%~6.5%

数据来源：1–Zakon o provedbi carinskog zakonodavstva Europske unije（Act on the Implementation of Customs Union Legislation of the European Union）。

3. 关税免税

根据克罗地亚《海关税率法》的规定，海关每年会公布新的海关税则表，在税则表中分别列出普通关税和优惠关税两种不同的税率。优惠税率只适用于与克罗地亚签署优惠贸易协定的国家，目前欧洲关税同盟、中欧自由贸易协定国和土耳其与克罗地亚签署了相关协议。

4. 设备出售、报废及再出口的规定

在克罗地亚境内出售设备时，企业按与买方确认的价格进行交易，同时开具含增值税的发票给买方支付，无需聘请其他独立第三方进行评估，在进口环节已缴纳关税或货物进口来自于欧盟境内的，无需补缴关税，发生报废情形的，按照账面剩余价值与已累计计提折旧的差额确认为账面损益。对于再出口设备交易，企业无需缴纳关税和增值税。

（五）企业须缴纳的其他税种

消费税。克罗地亚对特定产品征收特种税（消费税）。特种税（消费税）是根据税法以定额或比例税率征收的，由生产者或进口商支付。特种税（消费税）以增值税的完税基础进行征税。

（1）纳税义务人。特种税（消费税）的纳税义务人是产品的生产者、进口商。

（2）征收范围及税率。

表10-2-5　征收税目及税率（额）

税目	税率（额）
石油衍生物	从 HRK 100 到 HRK 3801 每 1000 升 / 千克
天然气	HRK 4.05 每兆瓦时（商业用途）
	HRK 8.10 每兆瓦时（非商业用途）
焦炭，焦煤	HRK 2.30 每吉焦
电力	HRK 3.75 每兆瓦时（商业用途）
	HRK 7.5 每兆瓦时（非商业用途）
烟草制品：	
香烟	每 1000 支按不低于 EUR 64 征税（按库纳缴纳）
	最低按加权平均零售价的 57% 计征
雪茄和小雪茄	HRK 600 每 1000 支
细切烟草	HRK 450 每千克
其他吸食用烟草	HRK 380 每千克
啤酒	HRK 40 每百升啤酒（1% 酒精浓度）
酒精制品：	
15% 或更高酒精浓度	HRK 800 每百升
15% 以下酒精浓度	HRK 500 每百升
无水酒精	HRK 5300 每百升

不动产转让税。不动产转让税的税基为不动产的市场价值。如果房地产买卖合同中买方和卖方之间达成一致的价格与市场价格相符，税务机关将接受该价格作为税基。否则，将自行评估增值税，税率为4%。纳税人必须在触发不动产转让税责任的决定交付日期后 15 天内支付确定的税额。

公共土地使用税。公共土地使用者缴纳，由各地区自定。

（六）社会保险金

1. 征税原则

克罗地亚的社会保障系统包含养老保险，健康和失业保险。养老保险金缴纳比例为 20%，其中，第一支柱养老保险缴纳比例为 15%（该部分缴纳至当地社保机构），第二支柱养老保险缴纳比例为 5%（该部分由雇员自主选择缴纳至当地不同的投资管理公司），缴纳基数为工资总额。此外，雇主还需为员工缴纳社会保险，基数为工资总额（未设置限额）。缴纳比例如下：健康保险，15%；工伤保险，0.5%；失业保险，1.7%。

除特殊情况外，雇用超过 20 名员工（包含 20 名）的雇主如果未雇用规定数量的残疾员工（员工总数的 2%~6%），则需要每月按照应雇用残疾员工的人数和社会最低工资的 30% 缴纳残疾人保障金。

2. 外国人缴纳社保规定

外国人在克罗地亚工作需要缴纳社会保险金，缴纳标准与克罗地亚当地雇员一致。目前中国政府和克罗地亚政府未签订社保互免协议，中方人员在克缴纳的社保金在离开克罗地亚时无法申请退还。

第三节　外汇政策

一、基本情况

克罗地亚的外汇管理部门克罗地亚中央银行，克罗地亚库纳（Kuna）是克罗地亚目前的流通货币，货币编号 HRK，辅币单位是利帕（Lipa），1 库纳 =100 利帕。目前，100 库纳约兑换 15 美元，与人民币汇率约为 1：11，欧元兑库纳基本维持在 7.4 左右采取盯住欧元的浮动管理原则，货币相对稳定。根据克罗地亚《外汇法》，在克罗地亚注册的外国企业可以在克罗地亚开设外汇账户，用于进出口结算。外汇进出克罗地亚需要申报。

二、居民及非居民企业经常项目外汇管理规定

（一）货物贸易外汇管理

货物贸易是根据克罗地亚的海关条例进行具体执行，相应的外汇管理按照克央行外汇管理办法执行，居民及非居民企业在支付境外材料、设备采购等外汇时，应具备合同、发票等支付依据；货物贸易形成的外汇收入

目前无政策方面的限制，无强制性结汇要求。企业每个月 10 日之前应将上个月外汇进出情况向克央行进行报备。

（二）服务贸易外汇管理

居民及非居民企业在向境外单位支付服务贸易相关的外汇时，应具备服务合同以及服务的阶段性成果等支持性文件；服务贸易形成的外汇收入目前无政策方面的限制，无强制性结汇要求。企业每个月 10 日之前应将上个月外汇进出情况向克央行进行报备。

（三）跨境债权债务外汇规定

跨境债权债务在具备贷款或融资协议的情况下，对于相应的债权债务外汇现金流动，目前，克罗地亚无限制性政策。

（四）外币现钞相关管理规定

克罗地亚外汇管理办法规定，居民或非居民企业在克罗地亚境内不能使用外币现金进行交易，唯一可以提取外币现金的情况为职工因公境外出差所需差旅费，在出差之前，公司需填写出差决定书，并由公司授权人签字，之后凭提现申请单提取相应外币。

三、居民企业和非居民企业资本项目外汇管理

根据克罗地亚现有外汇管理办法，在有合法商业关系和商业合同的前提下，资本项目的外汇流入和流出在克罗地亚都不受限制，程序上资本项目外汇流出只需提供完税证明，对于利润出境的规定，也只需企业提供完税证明即可转移，但分、子公司有别，分公司在转移净利润时无需再缴纳额外税负，子公司则需要在转移环节再缴纳 15% 的代扣代缴税（鉴于中国与克罗地亚有避免双重征税协议，中国子公司只需缴纳 5% 或 10% 的贷款代缴税）。

四、个人外汇管理规定

克罗地亚外汇管理办法规定，每个自然人的义务是：在携带超过 1 万欧元或等值 1 万欧元其他货币越境（入境，出境）时，应主动向海关主管部门进行申报。个人可以将完税后的收入从本人在克开户行自由汇出至国外。

第四节 会计政策

一、会计管理体制

（一）财税监管机构情况

克罗地亚财税监管机构是克罗地亚税务局，税务局为财政部下设机构。在克罗地亚注册的企业如果有经济业务发生，均需按照当地规定建立会计制度进行会计核算。当地规定，需采用"国际财务报告准则"的公司类型为上市公司，需采用克罗地亚财务报告准则的公司类型为微型企业和小规模企业，既可采用国际财务报告准则，又可采用克罗地亚财务报告准则的公司包括中型企业和大型企业。

（二）事务所审计

同时满足以下两个条件的企业有义务每年邀请独立第三方审计机构进行审计：年营业额超过3000万克罗地亚库纳、总资产超过1500万克罗地亚库纳、年平均雇员人数超过25人。出现合并或并购交易行为的需要在交易发生的当年度进行审计。

（三）对外报送内容及要求

根据克罗地亚法律，在克罗地亚经营和进行商业活动的企业都必须根据由全国金融标准委员会制定的标准编制年度财务报表。大型企业或上市公司按照国际财务报告准则编写年度财务报表。全国金融标准委员会制定的标准即克罗地亚财务报告准则，与国际财务报告准则的差异主要表现在，国际准则比当地准则内容更具体。年度财务报表必须包括以下基本内容：①财务状况报表（资产负债表）；②全面收益表（损益表）；③现金流量表；④资本结构表；⑤附注。

上报时间要求：会计报告须按公历年度编制，于次年的4月30日前完成。

二、财务会计准则基本情况

（一）适用的当地准则名称与财务报告编制基础

克罗地亚上市公司或大型企业适用国际会计准则，非上市企业、中、小或微型规模企业适用克罗地亚会计准则（Croatian Financial Reporting Standards），但是也可以自行选择采用国际会计准则

（二）会计准则使用范围

所有在克罗地亚注册的企业均需要按照会计准则进行会计核算并编制报表。

三、会计制度基本规范

（一）会计年度

公司会计年度与历法年度一致，即公历年度 1 月 1 日—12 月 31 日为会计年度。

（二）记账本位币

克罗地亚采用当地币库纳作为记账本位币，货币简称 HRK。

（三）记账基础和计量属性

根据克罗地亚《会计法》，克罗地亚以权责发生制为记账基础，历史成本、重置成本、可变现净值、现值以及公允价值为计量属性。

四、主要会计要素核算要求及重点关注的会计核算

（一）现金及现金等价物

会计科目第一类记录现金、银行存款及现金等价物。会计科目代码从 100~109 分别记录现金、银行存款及现金等价物。会计科目（101）核算现金，会计科目（100）核算银行存款。

现金等价物是指企业持有的期限短、流动性强、易于转换为已知金额现金、价值变动风险很小的投资，根据银行账单，所有的变化都必须记录在簿记中。

（二）应收款项

会计科目第一类记录应收、预付款项。会计科目代码从 120~199 分别记录各类应收和预付性质的业务。

应收账款是指企业在正常的经营过程中因销售活动或提供劳务而形成的债权。根据应收账款账面价值，应至少每年进行一次减值准备测试，应收账款计提的坏账准备不允许在税前扣除。应收账款通常按实际发生额计价入账，计价时需要考虑折扣因素。

（三）存货

会计科目第三类记录存货业务。会计科目代码从 300~359 分别记录各类存货业务。存货出库采用先进先出法，每年需进行存货跌价准备测试。

存货是指企业在日常活动中持有以备出售的产成品或商品、处在生产过程中的在产品、在生产过程或提供劳务过程中耗用的材料或物料等。企业的存货包括下列三种类型的有形资产：①在正常经营过程中持有待售的存货；②为了最终出售正处于生产过程中的存货；③为了生产供销售的商品或提供服务以备消耗的存货。

购买存货的成本包括购买价格，进口关税和其他税收（实体随后可从征税当局追回的税款除外），以及直接归属于购买存货的运输费，处置费和其他费用等。在确定存货采购成本时，会扣除贸易折扣，回扣和其他类似抵扣业务。其他方式取得的存货在入账价值确认方面和中国概念一样。

（四）长期股权投资

会计科目第 0 类记录长期股权投资业务。

是指通过投资取得被投资单位的股份。企业对其他单位的股权投资，通常视为长期持有，以及通过股权投资达到控制被投资单位，或对被投资单位施加重大影响，或为了与被投资单位建立密切关系，以分散经营风险。长期股权投资下设四个明细科目，分别核算控制、共同控制、重大影响、其他四种情况的投资。核算办法分为成本法和权益法两种。

（五）固定资产

会计科目第 0 类记录固定资产业务。会计科目代码从 030~039 分别记录各类固定资产业务。

按照国际会计准则第 16 章和国际财务报告准则第 13 章的定义，克罗地亚关于在固定资产的定义、确认条件方面如下：固定资产是指企业为生产产品、提供劳务、出租或者经营管理而持有的、使用时间超过 12 个月的、价值达到一定标准的非货币性资产，与该固定资产有关的经济利益很可能流入企业，同时，该固定资产的成本能够可靠地计量。唯一不同点为，克罗地亚土地可以私有化，土地所有权永久性归属于所有者，地上建筑和土地一并按照固定资产进行计量和核算。

固定资产的初始计量成本包括：①扣除贸易折扣及回扣后的购买价格，包含进口关税及不可退还的购置税。②直接归属于使该资产能够按照管理层预期的方式运输到目的地所产生的任何费用。企业可以选择成本模式或者重估模式作为其会计政策，并将该政策应用与所有类别的固定资产。

表 10-4-1 是规定的年折旧率：

表10-4-1　固定资产折旧率

资产	折旧年限（年）	折旧率
登记总吨位超过 1000 吨的建筑和船	20	5%
私家车	5	20%
无形资产、设备、车辆（不包括私家车）和机器	4	25%
电脑、电脑软硬件、移动电话和电脑网络配件	2	50%
其他资产	10	10%

数据来源：1–Zakon o računovodstvu（Accounting Act）。

（六）无形资产

会计科目第 0 类记录无形资产业务。会计科目代码从 010~019 分别记录各类无形资产业务。

无形资产指企业拥有或者控制的没有实物形态的可辨认非货币性资产，克罗地亚关于无形资产的相关规定完全按照国际会计准则第 38 章相关内容核算和计量，私有化的土地可按照固定资产核算。

（七）职工薪酬

会计科目第五类记录薪酬业务。

职工薪酬是指企业为获得职工提供的服务而给予各种形式的报酬以及其他相关支出，包括货币性和非货币性薪酬福利（如：职工住宿、伙食、医疗、劳保等）。

（八）收入

克罗地亚现行收入的定义和确认办法，完全按照国际会计准则进行处理。企业以货币形式和非货币形式从各种来源取得的收入，为收入总额。

对于房建和工程建筑企业，企业收入只能采用建造合同法确认。

（九）政府补助

政府补助是指企业从政府无偿取得货币性资产或非货币性资产，但不包括政府作为企业所有者投入的资本。克罗地亚政府补助主要包括本国政府财政补贴以及欧盟给予的补贴。

（十一）外币业务

外币交易时，应在初始确认时采用交易发生日的即期汇率折算为记账本位币金额。

于资产负债表日，外币货币性项目采用资产负债表日的即期汇率折算为外币所产生的折算差额，除了为购建或生产符合资本化条件的资产而借入的外币借款产生的汇兑差额按资本化的原则处理外，其他类折算差额直接计入当期损益。以公允价值计量的外币非货币性项目采用公允价值确定日的即期汇率折算为库纳所产生的折算差额作为公允价值变动直接计入当期损益。

于资产负债表日，以历史成本计量的外币非货币性项目，除涉及计提资产减值外，仍采用交易发生日的即期汇率折算，不改变其记账本位币金额。流动性较强的科目、有合同约定的科目应采用外币核算，包括：①买入或者卖出以外币计价的商品或者劳务；②借入或者借出外币资金；③其他以外币计价或者结算的交易。

（十二）所得税

关于所得税的定义和核算，克罗地亚是结合国际会计准则第12章和克罗地亚所得税法执行。

会计科目（803）核算所得税，分为当期所得税费用和以前年度所得税费用调整，年末余额结转至本年利润。

本章资料来源：

◎ 国家税务总局国际税务司国别投资税收指南课题组．中国居民赴克罗地亚投资税收指南

◎ 克罗地亚所得税法

◎ 克罗地亚会计法

第十一章　肯尼亚税收外汇会计政策

第一节　投资基本情况

一、国家简介

肯尼亚位于赤道非洲的东海岸。面积 58.2646 万平方公里，人口约为 4800 万人。位于非洲东部，地跨赤道，东与索马里为邻，北与埃塞俄比亚、南苏丹共和国接壤，西与乌干达交界，南与坦桑尼亚相连。东南濒临印度洋，海岸线长 536 公里，境内多高原，平均海拔 1500 米。英语和斯瓦希里语是官方语言，货币是肯尼亚先令。肯尼亚的法律体系较为健全，沿袭了英国的法律体系，非常重视法律条文和法律程序。

肯尼亚的首都是内罗毕，面积 648 平方公里，海拔 1680 米，人口 300 万，是肯尼亚政治、经济、文化、工业和交通中心，是非洲的国际化都市之一。

二、经济情况

肯尼亚是撒哈拉以南非洲经济基础较好的国家之一，实行以私营经济为主、多种经济形势并存的混合经济体制，私营经济占整体经济的 70%。农业、服务业和工业是国民经济三大支柱。旅游业较发达，为主要创汇行业之一。2008 年，肯尼亚政府正式启动经济发展《2030 年远景规划》，提出优先发展旅游业、农业、服务业、制造业和批发零售业等重点产业，到 2030 年，将肯尼亚建设成新兴工业化、中等发达和具有国际竞争力的国家。

肯尼亚的经济主要依赖于农业、制造业及交通运输业。2017 年 GDP 约 761.7 亿美元，GDP 增速为 4.9%，通货膨胀率 8%。预计 2018 年 GDP 增速为 5.8%。肯尼亚签署了旨在促进贸易往来的诸多协议，以使肯尼亚的产品进入世界市场时能享受优惠政策。肯尼亚是世贸组织的成员，是人口约 8000 万的东非共同体成员，还是人口约 3.8 亿的东非和南部非洲共同市场的成员，出口和进口享受优惠政策。肯尼亚的产品进入欧盟享有免除配额限制的优惠政策。

中资企业最早于20世纪80年代进入肯尼亚市场，由援外工程做起，树立了中国品牌和信誉。在工程承包市场，中资企业由小到大，目前在建项目几户占据肯尼亚承包市场的半壁江山。中资企业利用中非论坛提供的契机，通过中国"两优"贷款，为肯尼亚基础设施建设和改造做出了巨大贡献。

三、外国投资相关法律

肯尼亚的投资管理部门主要有肯尼亚投资促进局、肯尼亚国家投资委员会和肯尼亚竞争管理局。肯尼亚鼓励投资的相关法律为《外国投资保护法》，该法案生效于1964年，已经过多次修订。鼓励投资的领域有：农牧渔业、旅游业、基础设施、交通运输、信息与通讯技术、能源、水资源与卫生服务、制造业、服务与培训、金融等。肯尼亚对外国自然人在当地开展投资并无特殊限制。

肯尼亚主要的企业形式有：公司（包括有限责任公司和股份有限公司）；在肯境外注册公司的分公司；合伙企业。

肯尼亚政府为鼓励投资制定有一系列优惠政策，如投资补贴、加速折旧、亏损结转、关税减免等。肯尼亚政府已批准在蒙巴萨和基苏木建自由贸易区，自贸区将实行一系列关税和贸易优惠政策，为货物转口等提供便利。肯尼亚出口加工区为出口型企业提供具有吸引力的投资机会，为企业提供一系列优惠政策以保证入驻企业在短时间建成并以低成本运作。

肯尼亚限制非技术性劳务人员进入肯工作，并实行严格的工作许可制度。肯尼亚政府的出入境管理办法规定，外国人入境分为旅游/商务访问、临时工作和长期工作三种情况。旅游/商务访问取得签证即可出入境；临时工作签和长期工作签必须经移民局审批同意后方可生效。肯尼亚政府规定，外国企业员工必须办理工作签方可在肯尼亚工作，临时工作签每次最长可办理3个月，并可延期一次，费用为15000先令/月；长期工作签每次最长可办理两年，费用为20万先令/年，政府规定，长期工作签续签需要在时效过期前的3个月内办理。不能按期办理完有关手续的，也要按照有关规定办理临时工作签或持有正在办理许可手续的证据。肯尼亚政府会视某些特定项目免除参与该项目的外国雇员的工作签费用。但企业需要提供业主的支持函、项目合同，向肯尼亚财政部提出申请，获批后即可免除工作签费用。

第二节　肯尼亚税收概述

一、税法体系①

肯尼亚属于税收体系相对复杂的非洲国家，肯尼亚本地企业的跨境经营所得、肯尼亚居民的海外工作收入等，都应向肯尼亚当局纳税。肯尼亚主要的税种有所得税、增值税、消费税和关税。肯尼亚税务局（Kenya Revenue Authority）是肯尼亚税收的征收、管理、监督部门，负责估税、征税和执行税法。肯尼亚税法基本沿袭英国税法，各项税法制度体系较为完备。

肯尼亚主要的税收法律包括《所得税法》（Income Tax Act 2014）、《增值税法》（VAT Act 2013）和《关税和货物税法》（Customs and Excise Act 2010）等。

近两年来，肯尼亚的重大税制改革主要有《税收程序法案 2015》和《经济特区法案 2015》。其中，肯尼亚颁布《税收程序法案 2015》旨在制止国际公司通过转让定价逃税。新法案给予肯尼亚税务局权力审查、调查及处罚企业以逃税为目的的特殊定价机制。肯尼亚总统正式签署的《经济特区法案 2015》，旨在成立经济特区，促进本地和国际投资，开发和管理对投资者有利的环境。

为了有效弥补税收征管漏洞，高效完成征税目标，肯尼亚税务局于 2013 年建立了在线平台——iTax 税务系统，并于 2014 年 3 月 1 日对其征税系统全面实行电子化操作，所有纳税人均需通过此网上系统进行在线纳税

---

① 税法体系：根据肯尼亚国会法案第 469 章成立，于 1995 年 7 月 1 日生效。

登记、申报和税款缴纳。

在双边税收协定上，肯尼亚分别与加拿大、丹麦、法国、德国、印度、挪威、瑞典、英国、赞比亚、阿联酋和韩国 11 个国家签订了具有效力的税收协定。

中国与肯尼亚的双边税收协定于 2017 年 9 月 21 日，由国家税务总局副局长孙瑞标和肯财政部首席秘书 Kamau Thugge 共同签署。税收协定内容包含营业利润、股息、利息、特许权使用费、财产收益、个人劳务所得等不同类型所得的征税原则，消除双重征税的方法，非歧视待遇，相互协商程序，涉税信息交换等，主要有利于降低中国企业和个人在肯尼亚的税收负担。截至目前，肯尼亚财政部并未在任何正式文件中对协定内容进行公示，也未对肯尼亚国家税务总局税收征缴政策施行调整，《协定》尚未进入落实阶段。

二、税收征管

（一）征管情况介绍

肯尼亚税务管理局是根据肯尼亚基本法（Laws of Kenya）中议会法案（Act of Parliament）469 章建立，1995 年 7 月 1 日生效。肯尼亚税务局作为政府机构，代表肯尼亚政府征收税款。税务局首席执行官即税务局长由财政部长任命。税务局设有下列部门，由税务局长统领。包括关税服务司、国内税收服务司、调查执行司、技术支持司和综合司。其中，国内税务部门负责个人和公司所得税和境内增值税等；海关部门对进口货物征收进口关税和增值税，除外还征收其他税款包括石油发展基金、铁路发展基金、进口报关费和汽车费车辆许可证等。各项税费征收的税率在各税法条款中都有规定。

（二）税务查账追溯期

肯尼亚《税收程序法案》第 23 章规定，肯尼亚的财务资料至少应保留五年。这就意味着税务查账追诉期为五年。但财务资料保留期限在以下情况有特殊规定：①对于修改的申报资料超过五年期限，相关资料需保存到税务局下发同意修改通知的 1 年后；②在五年内被起诉的相关资料需保存到诉讼结束。以上情况下，税务查账追诉期也会相应改变。

因纳税人、扣缴义务人计算错误等失误，未缴或者少缴税款的，情节严重的、有迹象表现为有意疏忽的，纳税人将承担补交税款 75% 的罚款；一般疏忽的，纳税人将承担补交税款 25% 的罚款。

对于偷税、抗税、骗税，税务机关追征其未缴或者少缴的税款、滞纳金或者所骗取的税款，纳税人将面临不超过 1000 万肯先令罚款和当年应纳税额双倍的罚款（二者较高值），或者 10 年以内的监禁，或者罚款和监禁并罚。

（三）税务争议解决机制

为体现税务局税务征收的合法、公平和公正，税务局设有独立的税务法庭来解决税务争议，但在实际操作过程中，企业处于弱势，很难通过税务局税务法庭取得公平待遇。

肯尼亚税务纠纷机制有以下三个方式。

协商解决。税务机关与争议当事人通过协商解决问题，不需要通过上级税务行政机关和司法机关。协商解决可以减少争议双方的矛盾，缩短争议解决的时间，减少争议解决的环节。但协商解决争议是解决方式中法律效力最低。这种解决方式是目前使用最多一种解决方式，无需承担高昂的诉讼费用，成本耗费最低，但解决的结果存在不确定因素，税务局可能重翻旧案。

诉讼解决。这种解决方式是最具法律效力、最公平的一种，但诉讼成本较高。企业可以聘请专业机构进行税务诉讼事项，同时提供相应的诉讼材料，通过法院进行税务诉讼，但时间周期较长，诉讼费用较高。

根据《肯尼亚税收程序法案》[①] 第 52、53 章节规定，纳税人不满税务局审计小组的审计结论，可向税务局的税务法庭提出上诉；如果纳税人对税务法庭作出的决定不服，可在接到通知 30 天内向高等法院继续上诉；如果纳税人对高等法院作出的决定仍然不服，可在接到通知 30 天内向上诉法院提出上诉，上诉法院是终审上诉法院，作出的判决决定是最终判决结果。

其他方式。通过两国政府间签订的相互协商程序规定解决税务纠纷，

---

① 《肯尼亚税收程序法案》：于 2015 年颁布，肯尼亚议会颁布。

目前中国与肯尼亚的税收协定及相互协商程序未正式生效。

三、主要税种介绍

（一）企业所得税

1. 征税原则

肯尼亚所得税法引入居民企业和非居企业概念。居民企业是指在肯尼亚成立的公司；或者在肯尼亚境外成立的但公司日常事务的管理和控制在肯尼亚境内执行的公司；或者内阁财务部长在《肯尼亚公报》中宣布为居民企业的公司。非居民企业是指除居民以外的法人。居民企业就全球所得纳税，非居民企业就来源于肯尼亚的所得纳税。

2. 税率

肯尼亚税法针对不同性质和规模的企业规定的企业所得税率差异较大，对于居民纳税人和非居民纳税人（包括外资在肯分公司和分支机构）分别征收 30%、37.5% 的所得税税率。

3. 税收优惠

肯尼亚的主要税收激励体现为对吸引投资和出口的激励。

（1）在肯尼亚股票市场上市公司在上市前 3~5 年内享受 20%~27% 的所得税税率；（2）对于出口加工区的企业，自企业开业年度起前十年不征收企业所得税，接下来十年征收 25% 企业所得税；（3）对于经济特区的企业，自企业开业年度起前十年征收 10% 企业所得税，接下来十年征收 15% 企业所得税。（4）以下实体豁免企业所得税：不动产投资信托公司、一些政府指定的肯尼亚国营公司、业余体育协会、农产品协会、当地政府机构、养老金信托、以救助贫困遇险公众及促进宗教、教育进步为目的的慈善机构等。

4. 所得额的确定

肯尼亚税法规定，应纳税所得额（不包括资产利得）是指企业每一纳税年度的收入总额，减除不征税收入、免税收入、各项扣除项及允许弥补的以前年度亏损后的余额。肯尼亚税务局在审计稽查中对部分成本费用是否可税前抵扣有严格要求。

可税前扣除的成本有：①税务官认定为用于商业目的而产生的贷款利息支出；②有证据证明无法收回的坏账；③支付给工人的退休金补贴（有

一定限额）；④税务官认为公平合理的经营范围内的广告费用；⑤向已注册的慈善机构或者相关法案豁免注册的慈善机构的捐赠款；⑥公司可承担每个员工每年48000肯先令的食物补贴（该条款在2014年6月13日起生效）等。

不允许税前扣除的成本有：①可收回的保险费用；②对肯尼亚政府不予承认的各种捐赠和赞助；③不管以任何名义，支付给合伙人、董事的报酬和款项；④支付给公司领导层和员工的不属于其工作范围的其他报酬；⑤超出一定限额的贷款利息支出（资本弱化规定）；⑥罚金及罚息等费用。

企业纳税年度发生的亏损，作为合法税项抵扣额度，允许向以后年度结转，用以后年度的所得弥补，年限不超过九年。若企业需申请延长抵扣期，可提交相关证明材料及原因，经财政部长同意后，可将结转期延长至十年及以上。

5. 反避税规则

（1）关联方交易。在肯尼亚，关联交易应遵循独立交易原则，以确保关联交易的合理性。根据所得税法中转让定价条款的规定，符合以下条件的企业或者个人将被认定为关联方：企业或者个人直接或间接参与另一企业的日常经营管理，控制、持有另一方的股份、或者一方通过中间第三方对另一方间接持有股份。

根据肯尼亚所得税法规定，以下企业之间的关联交易适用特别纳税调整规则：

①跨国公司内部的关联公司之间的交易。

②常设机构与其总部或者其他分支机构之间的交易。

关于关联申报管理上，纳税人需在每年进行所得税纳税申报的同时，完成关联交易往来的申报工作。主要申报的内容包括关联方名称、关联方交易的性质和描述和关联方交易的金额。

肯尼亚税法并未强制要求纳税人在进行关联方交易申报的同时提交同期资料报告，但税务局有权要求纳税人在规定时间内提交英文版的转让定价同期资料。具体内容包括：选择的定价方法及其理由；如何采用这种定价方法，包括价格的计算和价格调整的因素；企业的全球组织架构；关联交易的详细资料；选择这种方法的假设、策略和政策；其他可能需要的背景资料。

（2）转让定价各国统一用词。根据肯尼亚税法要求，纳税人与关联方之间发生的关联交易需符合独立交易原则，双方交易需采用公允价格进行核算。肯尼亚的转让定价规则是针对转让定价所采取的各种税收措施，它不是一项专门的税制，而是为了完善税收制度体系的一个组成部分，是政府为了应对跨国公司实施转让定价政策的方法和措施。外国企业在肯尼亚境内设立的公司与其关联企业之间的业务往来，若不按照独立企业之间的业务往来收取或者支付价款而减少其应纳税所得额，税务机关有权按照价格调整的方法对价款进行合理调整。

企业发生关联交易时，税务机关在审核、评估关联交易时均应遵循独立交易的原则，选择合理的转让定价方法。主要的定价方法主要有以下五种方法：可比未受控价格法；转售价格法；成本加成法；利润分割法；交易净利率法。

（三）资本弱化规则

资本弱化是指企业通过加大债务而减少资本投资的方式来增加税前扣除，以减少企业税负的一种行为。为了防范资本弱化，肯尼亚所得税法第 16（2j）章节规定，若企业同时满足以下条件，则构成资本弱化：①企业由非居民个人控制，或者非居民个人与其他人（少于等于四人）共同控制；②企业为非银行或者金融机构；③在任何时候，企业持有的借款总额超过企业所有者权益的 3 倍时，对于采矿、地热、石油行业的企业，比例为 2 倍。

资本弱化的企业借款超过资本弱化规定部分产生的利息费用将不得在税前扣除。且在资本弱化期间，其借款产生的汇兑损失也不可在税前扣除。

6. 征管与合规性要求

企业所得税申报方式：企业可自主选择任意 12 个月期间作为其会计年度，一般默认当年 1 月 1 日—12 月 31 日作为一个会计年度。居民纳税人和非居民纳税人均需在会计年度结束后 6 个月之内进行纳税自我申报。申报时应随申报表附上审计报告。

企业所得税的缴纳方式：企业所得税是按年计算，采用"分类分期预缴、年度汇算清缴"缴纳方式。预缴的所得税有：①车辆预缴税：公司购买的车辆，无论是小轿车还是施工用车，在年度注册的时候必须提前缴交的税款，属于企业预缴的所得税。②账单预扣税：含税工程项目在施工方收取业主工程款时，业主会代扣代缴当期结算账单3%的预扣税，并将扣税证明转交给施工方。③季度预缴：每年按季度分四次预缴，季度预缴税总税额为上年总税额的110%与本年预测应交税金较低额，每次为季度预缴税总税额的1/4，企业应分别在会计年度结束后第4个月的20日、第6个月的20日、第9个月的20日和第12个月的20日内缴纳。年度汇算清缴：会计年度结束后第4个月的30日前，企业将财务利润调整成税务利润（即应纳税所得额），同时考虑上年度已缴纳账单预缴税、车辆预缴税、企业代扣预缴税及季度预缴税，计算补缴（退）所得税差额，并自行申报。

企业若逾期申报、未申报以及逃税将被就相应所得税款处以罚款罚息。根据肯尼亚《所得税法》及《税收程序法案》规定，对逾期申报、未申报以及逃税，将按照缴纳税款的5%或者1万肯先令二者较高额缴纳逾期申报、未申报罚款；同时处以缴纳税款20%的罚款和每月1%的罚息（罚息以应缴纳税款为限）。

7. 企业代扣预缴税

肯尼亚税务局要求在股利发放、支付利息、服务性机构提供服务和合同执行等业务过程中需要由支付方代扣代缴所得税。扣缴所得税税率因居民纳税和非居民纳税有所不同，分为两种不同税率，各项代扣预缴税根据业务内容也有所变化。具体税率如下：

表11-2-1　预缴税

序号	Nature of Payment 交易类别	Resident 居民公司	Non-Resident 非居民公司
1	大于12.5%投票权的股东收益 Dividend > 12.5% voting power	Exempt	10
2	小于12.5%投票权的股东收益	5	10
3	利息 Interest-Housing Bonds	10	15
	利息—其他来源 Interest-Other sources	15	15
	视为利息 Deemed Interest	15	15
4	特许使用权 Royalty	5	20

序号	Nature of Payment 交易类别	Resident 居民公司	Non-Resident 非居民公司
5	年金 Pension/retirement annuity	Tax bands	5
6	专业咨询服务 Management or professional fees	5	20
7	培训 Training fees	5	20
8	分包合同 Contractual fees	3	20

数据来源：普华永道税务咨询报告

但是针对部分业务，双边税收协定缔约国的非居民适用更低的税率，表 11-2-2 为生效的税收协定国家预缴税税率表：

表11-2-2　税收协定国家预缴税税率表

Country 国家	Withholding Tax Rate预扣税率（%）			
	Dividend 分红	Interest 股息	Royalty 特许权使用费	Management or professional fees 专业咨询服务
加拿大	10	15	15	15
丹麦	10	15	20	20
法国	10	15	10	20
德国	10	15	15	15
印度	10	15	10	10
挪威	10	15	20	20
瑞典	10	15	20	20
英国	10	15	15	12.5
赞比亚	10	15	20	20

数据来源：肯尼亚税务局 Itax 税务申报系统。

代扣预缴税在支付款项时扣除，并在次月 20 日之前进行申报和上缴。被代扣预缴税的企业，在年终所得税汇算清缴时可凭扣税凭据抵减当年应缴纳企业所得税。

8. 车辆预缴税

公司购买的车辆，无论是小轿车还是施工用车，在年度注册时须缴车辆预交税，属于一种预缴所得税性质，可在当年所得税汇算清缴时进行抵减。

用于载货的车以载重量计算车辆预缴税，每吨 1500 肯先令，最低不低于 2400 肯先令每年；用于载客的车以载客量计算车辆预缴税，每人 60 肯先令，最低不低于 2400 肯先令每年。

（二）增值税

1. 征税原则

增值税是消费者缴纳的间接税，由制造商、进口商、销售商与零售商代政府向消费者征收，反映了商业交易每一环节的价值增加。经济活动包括进口、销售货物、提供服务，均涉及增值税。

2. 计税方式

在肯尼亚，增值税的计税方式分为一般计税或简易征收两种。12 个月内营业额高于 500 万肯先令的企业，必须进行增值税注册登记，适用一般计税方式，并在提供商品或服务的同时，向购买者开具增值税发票（ETR）；年营业额低于 500 万肯先令的企业，可采用简易征收模式。一般征税方式下应纳税额等于销项税额减进项税额；简易征收方式下，应纳税额 = 营业额 × 征收率，其中，征收率等于 3%。

3. 税率

一般计税方式，税率分为 16% 和 0% 两种税率；简易征收模式，税率为 3%。

4. 增值税免税

增值税免税分为零税率项目及免税项目，其最主要的区别为：免税项目进项税直接计入成本，零税率项目进项税可退税。

增值税法案中对具体的免税项目和零税率项目进行了规定，具体如下：

（1）免税项目主要范围：拖拉机；经国家财政部的内阁大臣批准，直接和专门用于 100 英亩或以上工业和休闲公园建设和基础工程所购买或进口的应税商品；向《经济特区法》规定的经济特区内企业、开发商和运营商供应应税商品；销售、出租、租赁、雇用、租借土地或住宅楼宇的应税服务；保险代理、保险经纪、证券交易券商和茶叶及咖啡经纪服务；经国家财政部内阁大臣批准后，在肯尼亚实施的官方资助项目：如口行框架项目；提供教育服务：幼儿园、小学、中学，技术学院或大学，成人教育、职业培训或技术教育机构；旅行社提供的机票预定服务；医疗、兽医、牙科护理服务；农业、畜牧业和园艺服务；安葬和火化服务；国家政府、县政府及任何相关政府部门提供的社会福利服务；国家政府、县政府及任何相关政府部门提供的停车服务；银行发行借记卡，贷记卡，自动提款机服务，银行账户往来报表，电汇服务，外汇交易，支票办理、结算服务，信用证、保函业务等金融服务；由教育机构组织，并获得内阁大臣批准的文艺表演；由负责文化和社会服务部门组织的运动、游戏或者文艺表演；以下情况的住宿或餐饮服务。经负责教育的内阁大臣批准的供教育培训机构学生和员工使用，经负责卫生的内阁大臣批准的供医疗机构员工和患者使用，企业为员工利益而运营的食堂；其他增值税法规定的免税商品或服务。

（2）零税率项目主要范围：出口的商品或出口的服务；提供给捐赠机构、与肯尼亚有外交认可的双边多边协议的国际组织的供应品；提供给战争公墓委员会的供应品；在《出口加工区法》517章规定的符合免税进口的商品和服务；救灾物资及进口应急物资；提供给全国红十字会和圣约翰救伤队的供应品；其他增值税法案规定的零税率项目。

另外，油料在2013年的增值税法案中被规定为免税物资，有效期为3年，在2016年的财政法案中规定了2年的延长期限。2018年9月2日以后，油料是否征收增值税，待2018年财政法案正式公布后再做核实。

5. 销项税额

销项税额（Output VAT）是指增值税纳税人销售货物和提供劳务，按照销售额和适用税率计算向购买方收取的增值税额。

6. 进项税额抵扣

肯尼亚增值税法规定，购买商品或服务而支付的进项税，与应税收入直接有关可予以扣除。扣除的进项税额不仅限于原料，还包括正常贸易中发生的经营性支出，如电费、广告费、审计费及其他营业性支出。不允许抵扣的进项税范围为：（1）客车或小型公共汽车及其燃油、配件、修理保养费用的进项税不能申报扣除，除非是客车或小型公共汽车的销售企业；（2）休闲餐饮和住宿服务的进项税不能申报扣除，除非该服务是提供给非关联方或非企业职工，或者职工为企业业务出差期间产生的餐饮和住宿服务；（3）如果某一商品或服务不征税，则不允许进行进项税抵扣。

7. 征收方式

企业在增值税申报时，根据增值税类别不同分为三种情况处理：

一是免税项目进项税直接计入成本。

二是含税项目按照进销项相抵扣后的余额缴纳，若进项税高于销项税，抵扣余额可转向以后申报期进行抵扣，不得退回。

三是零税率项目的进项税申报后，需在 12 个月内向税务局申请退税。

肯尼亚增值税法及税收程序法案中规定，政府单位或者税务局指定的企业，在购买物品或者接受劳务后支付供应商时要扣除 6% 增值税并直接缴纳至税务局，供应商在收到 6% 增值税税票后做进项税申报处理。

8. 征管与合规性要求

（1）增值税按月申报，截止日期为每月 20 日之前。增值税进项税发票的有效申报期限为 6 个月。

（2）企业若逾期申报、未申报以及逃税将被处以相应增值税款的罚款罚息。根据肯尼亚《增值税法》及《税收程序法案》规定，对逾期申报、未申报以及逃税，将按照缴纳税款的 5% 或者 1 万肯先令二者较高额缴纳逾期申报、未申报罚款；同时处以缴纳税款每月 1% 的罚息。

（三）个人所得税

1. 征税原则

肯尼亚居民个人就其全球收入所得纳税，非居民个人（纳税年度内停留在肯尼亚累计超过 183 天，或连续两年平均停留肯尼亚超过 122 天的非居民个人）就来源于肯尼亚的收入所得纳税。

2. 申报主体

一般情况下以个人为申报主体，特殊规定如下：

（1）同居的已婚夫妇，除非妻子向税务局提交个税分别申报申请表，否则，在核定丈夫的收入时，妻子的收入将作为丈夫收入的一部分，合并计算个税。

（2）分居的已婚夫妇，双方各自的收入需分别申报个税。

3. 应纳税所得额

个人应纳税所得（不包括个人资产利得）额包括：工资薪金及奖金；

红利、佣金；财产收入；董事费；雇主提供住房的价值；临时但规律的雇佣收入（临时雇佣收入除外）；现金补贴，如住房或租金补贴；雇主为雇员支付的私人支出（房租、杂货单、水电费、电话费等，账单为雇员的名字）；征收房租收入等。

4. 扣除及减免

根据肯尼亚所得税法，个税申报者可享受以下扣除与减免额：

（1）免征额 14200 肯先令。

（2）雇员因工作外出产生的差旅费、生活费或其他津贴，每天不得超过 2000 肯先令。

（3）企业为雇员支付的肯尼亚境内度假的费用，度假期限每年不超过七天。

（4）可享受已注册养老金或公积金缴纳款项的税项抵扣额，为以下三项的较小值：年内雇员向已注册养老金或公积金缴纳款项；年内雇员养老金收入的百分之三十；24 万肯先令。

（5）企业设立的餐厅为雇员提供的膳食价值不超过每年每人 48000 肯先令部分。

（6）每个纳税者可获得每月 1408 肯先令（16896 肯先令 / 年）的个人减税额。为多个雇主服务的雇员只能从一个雇主获得个人减税额。

5. 税率

肯尼亚个人所得税实行超额累进制度。根据肯尼亚 2017 财政修订法案规定，自 2018 年 1 月 1 起，个人所得税将提高各阶梯应纳税所得额，个人每月收入免征额提高至 14200 肯先令。具体税率及计算公式如表 11-2-3：

表11-2-3 个税税率表

序号	月应纳税所得额（肯先令）	税率
1	0~12298	10%
2	12299~23885	15%
3	23886~35472	20%
4	35473~47058	25%
5	>47059	30%

数据来源：《The Finance Act, 2017》。

6. 征管与合规性要求

（1）个人所得税按月申报，截止日期为每月 9 日之前。

（2）企业若逾期申报、为申报以及逃税将被处以相应所得税款的罚金罚息。根据肯尼亚《所得税法》及《税收程序法案》规定，对逾期申报、未申报以及逃税，将按照缴纳税款的 25% 或者 1 万肯先令二者较高额处以罚款及每月 1% 的罚息。

（四）关税

1. 关税体系和构成

肯尼亚税务局下设关税管理机构。2004 年 3 月 2 日，经过了 3 年多的艰苦谈判，东非共同体成员国肯尼亚、坦桑尼亚和乌干达签署了《东非共同体关税同盟》协议，成员国取消相互间进口关税和非关税贸易壁垒，对来自共同体国家以外的进口产品采取同等关税，而对非同盟国家适用正常关税率。

2. 税率

肯尼亚的关税主要有三档：一是进口原材料和生产材料为零关税；二是进口半成品为 10%；三是进口产成品为 25%。但是一些特殊物品的进口征收高关税，主要是针对限制性物品。

肯尼亚 2018 年财政法案规定，自 2018 年 7 月 1 日起，将钢铁产品、纸制品的进口关税由 25% 提高到 35%；进口纺织品和鞋类的进口关税将征收 5 美元一件或者 35%（按二者较高值征收）；木质制品也应缴纳进口关税，其中碎料板 110 美元每公吨、中密度纤维板 120 美元每公吨，胶合板 230 美元每公吨，木芯胶合板 200 美元每立方米。

3. 关税免税

下列情况免关税：①位于出口加工区的企业进口用于生产出口产品的机器和生产资料免征关税；②根据财政部针对某个行业、企业或者项目出具的免关税文件免征关税，免税范围和优惠范围根据免税商务协议确定，免税期限为项目合同上规定的施工期限，生活物资、行政交通车辆不在免税范畴。

4. 设备出售、报废及再出口的规定

免税进口自用设备出售：企业向海关监管机构申请鉴定所需出售的车

辆、机械和设备，由监管机构鉴定残值后出具完税函，企业补缴税费并取得完税报关单后，企业方可出售并转移户主。免税到期后，如果没有后续免税项目，需按鉴定残值补缴关税，企业可自行处理设备；如果转入其他免税项目，需要办理转移申请和批准手续；如果免税设备转场到其他国家，需取得海关监督管理机构的同意后，才能出口。全额关税进口设备，企业可以自行报废。

（五）企业须缴纳的其他税种

1. 资本利得税

资本所得税是对资本转让或销售的利得征税。常见的资本利得包括买卖股票、债券、贵金属和房地产等所获得的收益。肯尼亚在2014年新的财政法案宣布自2015年1月1日起开始征收资本所得税。

税基为个人或单位销售或转让应税资产所有权获得的收益，税率为5%。

2. 印花税

印花税是以经济活动中签订的与在肯尼亚境内资产所有权有关的合同、协议及文件等应税凭证文件为对象所征收的一种税。

与印花税相关的经济活动有：股本的注册及增加、股票或有价证券的转让、债券或抵押贷款注册、保险合同、不动产的转让及租赁等。

印花税的缴纳期限：肯尼亚境内签订、需要缴纳印花税的合同协议，需要在合同签订之日30日内向当地政府部门缴纳印花税；在肯尼亚境外签订、需要缴纳印花税的合同协议，合同在肯尼亚境内被收到之日30日内向当地政府部门缴纳印花税。主要的印花税税率如表11-2-4：

表11-2-4　印花税税率表

类别	计税基础	税率
不动产的转让——城市	转让价格	4%
——农村	转让价格	2%
股本的注册、增加	股本的价值	1%
股本或有价证券的转让	股本/有价证券的价值	1%
租赁——1-3年	租金	年租金的1%
——3年以上	租金	年租金的2%

数据来源：肯尼亚《印花税法》。

获得政府豁免缴纳印花税的经济活动如下：

（1）上市公司有价证券的转让不需缴纳印花税。

（2）经有关部门批准，由于促进教育需要而产生的土地购买合同协议，不需要缴纳印花税。

（3）家庭成员内部不动产所有权的转移不需缴纳印花税；家庭成员的不动产所有权转移至由家庭一员全资拥有的有限公司名下，不需缴纳印花税。

（4）拥有超过对子公司 90% 股份的控股公司与其子公司之间的资产所有权转移，不需缴纳印花税。

3. 国家建设税

国家建筑事务监督局为 2014 年 6 月 6 日后开始的所有建筑工程征收了建筑费。任何价值超过 500 万肯先令的建筑工程，工程业主方需缴纳合同价值的 0.5% 的建设税。此税种征税范围涵盖道路、水利、建筑、水利等工程项目。

4. 消费税

消费税是政府针对特定货物及服务的生产和进口征收的税种。征收范围主要包括啤酒、葡萄酒、烈性酒、香烟、香水、矿泉水、移动无线电话及通信上网费等。每个商品类别的消费税有不同的细分，大多数商品的税率为 10%。

肯尼亚 2018 年财政法案规定，自 2018 年 7 月 1 日起，对单笔金额超过 50 万肯先令（约 5000 美元）的银行转账征收万分之五的 Robin Hood Tax "劫富济贫"税。但由于肯尼亚银行协会上诉反对此项税收，目前该规定已于 2018 年 7 月 19 日被暂停实施。

5. 铁路发展基金

肯尼亚政府自 2013 年 6 月规定凡通过海关进口的各类物资、设备等均应缴纳货物总价 1.5% 的铁路发展基金。该基金主要用作修建铁路，提高铁路运输能力。2014 年的财政法案对其进行修订，政府间贷款项目的进口物资不需要缴纳铁路发展基金（该条款自 2014 年 9 月 19 日生效）。

6. 石油发展基金

肯尼亚政府自 2006 年起对所有石油以石油制品（包括沥青）征收石油

发展基金,每1升(1公斤)石油产品征收0.4肯先令费用,进口石油和石油制品需要在清关时缴纳。

7. 进口申报费

该费用由肯尼亚标准局征收,主要针对进口到肯尼亚的生活物资、办公用品、家具沥青等征收货物总价2.25%的进口申报费。

(六)社会保障金

1. 缴纳原则

(1)医疗保险。医疗保险是为补偿疾病所带来的医疗费用的一种保险。职工因疾病、负伤、生育时,由社会或企业提供必要的医疗服务或物质帮助的保险。肯尼亚税法规定,有月收入的个人都必须缴纳医疗保险费,医保费由员工个人承担,由公司代扣代缴,缴纳标准如下:

表11-2-5 医疗保险费表

序号	工资总额	医疗保险费	序号	工资总额	医疗保险费
1	小于5999	150	10	50000~59999	1200
2	6000~7999	300	11	60000~69999	1300
3	12000~14999	500	12	70000~79999	1400
4	15000~19999	600	13	80000~89999	1500
5	20000~29999	850	14	90000~99999	1600
6	30000~34999	900	15	大于100000	1700
7	35000~39999	950	16	半雇佣(特殊)	500
8	40000~44999	1000			
9	45000~49999	1100			

数据来源:来源于《The National Hospital Insurance Fund Act》。

医疗保险缴纳期限:每月9号之前上缴上月员工医疗保险费,逾期将处以未付医疗保险费5倍罚款。

(2)社会保险。社会保险是国家和社会根据一定的法律和法规,为解决劳动者在达到国家规定的解除劳动义务的劳动年龄界限,或因年老丧失劳动能力退出劳动岗位后的基本生活而建立的一种社会保险制度。NSSF社保①不仅适用于已经在社保局注册过的员工，还适用于个体劳动户及没有注册的临时工人。

NSSF 社保的上缴标准是职工个人按月收入的 5% 缴纳，企业承担 5%，上限为企业和个人各承担 1080 肯先令每月。除了政府规定的企业、个人每个月各承担 5%（上限 1080 肯先令）的社会保险费，雇员还可以自愿增加对自己社会保险的贡献度来提高他们的养老金储蓄，但自愿增加的社会保险部分金额，企业没有义务为其承担一样的社保额。

社会保险缴纳期限：每月 15 号之前上缴上月员工社会保险费，逾期将处以未付社会保险费每个月 5% 的罚款。

社会保险提取时间：雇员在 50~55 岁期间可以将已缴纳的社会保险费本金及利息，从社保局提取出来使用。

（3）国家工业培训税。所有雇主必须按每位雇员 50 肯先令每月向工业培训董事会缴纳国家工业培训税。

2. 外国人缴纳社保规定

外国人在肯尼亚工作需要缴纳医疗保险、社会保险和国家工业培训税，标准与肯尼亚当地居民一致。

第三节　外汇政策

一、基本情况

肯尼亚外汇管理的主要依据是《肯尼亚中央银行法》的外汇业务指引（Guidelines on Foreign Exchange）以及肯尼亚中央银行发布的有关通知。

肯尼亚设立肯尼亚中央银行，专门负责对外汇的收支、买卖、借贷、转移以及国际结算、外汇汇率和外汇市场等实行控制和管制。

---

① NSSF 社保：NSSF 社保是根据肯尼亚议会法案第 258 章于 1965 年设立的，该基金最初作为劳工部的一个部门运作，直到 1987 年该法案得到修正，将该基金转变为一个由董事会管理的国家公司。

肯尼亚首都内罗毕是非洲东部的金融中心,金融业比较发达。肯尼亚实行自由经济体制,开放程度较高,没有外汇管制。在肯的外资公司的本金和利润可自由汇入汇出,金融机构需向肯尼亚中央银行报备交易金额超过1万美元的重大外汇交易。

肯尼亚目前实行浮动汇率制度。肯先令(当地币)的汇率是由肯尼亚国内银行间外汇市场供需决定的,2016年至今以来肯尼亚金融环境相对稳定,肯尼亚先令对美元汇率基本保持在100~104,对欧元汇率基本保持在109~120。

肯尼亚所有的外汇交易必须通过特许经纪商(Authorized Dealers)进行。特许经纪商牌照是由肯尼亚中央银行审批发放的,具体包括两类机构:特许银行(Authorized Banks)和外汇兑换公司(Foreign Exchange Bureaus)。肯尼亚共有40多家商业银行,其中规模较大的有:肯尼亚商业银行(KCB)、公平银行(Equity Bank)、肯尼亚合作银行(Cooperative Bank of Kenya)、肯尼亚渣打银行、巴克莱银行,南非标准银行。

二、居民及非居民企业经常项目外汇管理规定

(一)货物贸易外汇管理

肯尼亚进口商在进口货物时必须取得符合规定的完整的进口文件资料,具体包括如下:进口报关单(IDF),有免税文件的除外;价值超过5000美元的货物需提供海关清关报告(Customs Clean Report);提单(Bill of Loading);原始商业发票;海关入关表格。

(二)服务贸易外汇管理

企业在办理服务贸易外汇交易时,需取得以下规定的文件资料:服务贸易协议的副本;服务贸易的发票;预扣税缴纳证明。

(三)利润出境外汇管理

企业向境外汇出利润时,需取得以下规定的文件资料:经事务所审计过的资产负债表和利润表;宣布利润汇出境外的董事决议;经核实的股东列表复印件;预扣税缴纳证明。

三、居民及非居民企业资本项目外汇管理规定

（一）收境外投资款入境外汇管理

企业收到境外投资款时，需取得以下规定的文件资料：境外投资商所在国政府的批准投资证明（若有）；投资的条款和条件；投资协议。

（二）跨境债权债务外汇规定

企业在办理跨境债权债务外汇交易时，需取得以下规定的文件资料：相关贷款协议；还款计划书；贷款收款记录。

四、个人外汇管理规定

肯尼亚对个人外汇现钞提现及个人结售汇限制未做任何规定，但关于个人携现钞出入境的外汇管理规定，《肯尼亚中央银行法》的外汇业务指引（Guidelines on Foreign Exchange）中规定：个人出入关携带现钞不超过500000万肯先令或者等额5000美元的外币，超出这些限额的数额除非在出入境处有申报，否则无法带离肯尼亚。

第四节　会计政策

一、会计管理体制

（一）财税监管机构情况

肯尼亚税务局是肯尼亚税收的征收、管理、监督部门。税务局设有下列部门，由税务局长统领。包括：关税服务司、中小企业国内税收服务司、大企业国内税收服务司、调查执行司、技术支持司、综合司、风险管理及内部审计司、职业操守及道德司、法律服务司和信息通讯技术司。

（二）事务所审计

肯尼亚当地企业的财务票据需要由审计机构进行审定，事务所在向税

务局提交企业的审计报告时，需同时提交保证提交资料真实性及正确性的承诺书。另外，税务局还要求事务所专业人员在审计时，需记录企业向其提供的账簿及其相关文件，说明对提供的账簿及其相关文件的性质及其审查的程度。

（三）对外报送内容及要求

会计报告中主要包含：①企业基本信息：行业分类、经营范围、股东情况、公司地址、银行账户信息、税务登记号等；②企业经营情况表：资产负债表、利润表。③披露信息：费用类、资产类、权益变动。

上报时间要求：会计报告须按公历年度编制，于次年的 6 月 30 日前完成。

二、财务会计准则基本情况

（一）适用的当地准则名称与财务报告编制基础

在财务会计准则的使用上，自 1999 年 1 月 1 日开始，肯尼亚采用《国际财务报告准则》[①]。政府要求国内上市公司、金融机构、外企在肯上市公司及一些国有企业采用国际财务报告准则。2009 年国际会计准则理事会为满足私营企业的需要，发布了《中小企业国际财务报告准则》（IFRS for SMEs）[②]，中小企业允许采用中小企业国际财务报告准则，但是一些政府持股的中小企业需要采用完整的国际财务报告准则。

（二）会计准则使用范围

目前，肯尼亚各类主体适用的会计准则如下：

（1）内罗毕证券交易所上市的公司及其子公司，类似银行、保险公司等实体，必须采用完整的《国际财务报告准则》（IFRS）执行；

（2）政府及其他事业单位要采用《公共部门国际会计准则》（IPSAS）；

（3）其他普通公司可采用完整的《国际财务报告准则》（IFRS），也可采用《中小企业国际财务报告准则》（IFRS for SMEs）。

---

① 《国际财务报告准则》：又称国际财务报告准则、国际会计准则，是指国际会计准则理事会编写发布的一套致力于使世界各国公司能够相互理解和比较财务信息的财务会计准则和解释公告。

② 《中小企业国际财务报告准则》（IFRS for SMEs）：2009 年 7 月 9 日由国际会计准则理事会针对中小企业发布了一套简化版国际财务报告准则。

三、会计制度基本规范

（一）会计年度

肯尼亚企业会计年度为连续 12 个自然月份，但未明确规定具体起始时间。一般情况下，企业选择 1~12 月作为会计年度。

（二）记账本位币

在肯尼亚，企业可选择美元或者肯尼亚先令作为企业系统的记账本位币，但在进行税务申报时，币种必须使用肯尼亚先令。

（三）记账基础和计量属性

《国际会计准则》第一条规定实体使用会计权责发生制作为记账基础。适用于国际会计准则，公允价值和历史成本是会计中的重要计量属性，充分体现相关性的会计信息质量要求。

四、主要会计要素核算要求及重点关注的会计核算

（一）现金及现金等价物

现金和现金等价物包括库存现金、活期存款、定期存款，用于支付的存款现金等价物是指持有的期限短（从购买日 3 个月以内到期）、流动性强、易于转换为已知数额现金及价值变动风险很小的投资。

（二）应收款项

应收账款在初始计量时按照成本计量，当有客观证据证明公司将无法全额应收账款时，企业对可能发生的坏账损失计提坏账准备。肯尼亚所得税法规定，对有证据证明无法收回的坏账是允许税前扣除的。

（三）存货

存货是指：在正常经营过程为销售而持有的资产；为销售而处在生产过程中的资产；在生产或提供劳务过程中需要消耗的以材料和物料形式存在的资产。

存货按照成本与可变现净值中孰低者来加以计量。在会计期末，对存货进行盘点和价值测试时，若存货可变现价值低于账面价值时，应根据存货的可变现净值与账面价值的差额计提存货跌价准备。

存货出库核算方法：个别成本具体辨认法；先进先出法；加权平均成本

法。企业根据存货的性质和使用特点选择合适的方法进行存货的出库核算。

（四）长期股权投资

长期股权投资是指公司持有的对子公司、联营公司和合营公司的投资以及公司对被投资单位不具有控制、共同控制或重大影响、在活跃市场中没有报价、公允价值不能可靠计量的权益性投资。长期股权投资的成本法适用于以下情况：

第一，企业持有的能够对被投资单位实施控制的长期股权投资。控制，是指有权决定一个企业的财务和经营政策，并能据以从该企业的经营活动中获取利益。控制一般存在于以下情况，如：投资企业直接拥有被投资单位50%以上的表决权资本，投资企业直接拥有被投资单位50%或以下的表决权资本，但具有实质控制权的情况。投资企业能够对被投资单位实施控制的，被投资单位为其子公司，投资企业应当将子公司纳入合并财务报表的合并范围。企业对子公司的长期股权投资，应当采用成本法核算，编制合并财务报表时按照权益法进行调整。

第二，投资企业对被投资单位不具有共同控制或重大影响，且在活跃市场中没有报价、公允价值不能可靠计量的长期股权投资。共同控制是指，按照合同约定对某项经济活动共有的控制，仅在与该项经济活动相关的重要财务和经营政策需要分享控制权的投资方一致同意时存在。投资企业与其他方对被投资单位实施共同控制的，被投资单位为其合营企业。在确定是否构成共同控制时一般可以考虑以下情况作为确定基础：（1）任何一个合营方均不能单独控制合营企业的生产经营活动；（2）涉及合营企业基本经营活动的决策需要经各合营方一致同意；（3）各合营方可能通过合同或协议的形式任命其中的一个合营方对合营企业的日常活动进行管理，但其必须在各合营方已经一致同意的财务和经营政策范围内行使管理权。重大影响，是指对一个企业的财务和经营政策有参与决策的权力，但并不能够控制或者与其他方一起共同控制这些政策的制定。投资企业直接或通过子公司间接拥有被投资单位20%以上但低于50%的表决权股份时，一般认为对被投资单位具有重大影响。

（五）固定资产

固定资产初始以历史成本进行计量，计入固定资产成本的内容包括场地整理费用、首次运输和装卸费用、安装费用及专业人员的服务费用。

固定资产应在使用年限内采用一定的方法进行折旧计提，可采用的方法包括：直线法、余额递减法和工作量法。

固定资产不再使用并且预期从其处置中不能得到未来经济利益时，应从资产负债表中剔除。固定资产报废或处置产生的利得或损失，与资产的账面金额之间的差额，应确认为收益或费用。

（六）无形资产

初始测量：无形资产最初以成本计量。

购置后的计量方法：采用成本计量或重估计量。实体必须为每类无形资产选择成本计量或重估计量以确认该无形资产的价值。

成本计量。在初步确认后，无形资产应在预计使用年限里对其计提摊销和减值损失。

重估计量。无形资产可按重估金额（基于公允价值）减去已摊销和减值损失，确认无形资产价值。

（七）职工薪酬

职工薪酬核算所有支付给职工的各类薪酬。无论职工的职位如何，都应予以确认并申报收入，按相应税法规定计算并缴纳个税。

（八）收入

1. 收入的确认

收入是指企业在正常经营业务中所产生的收益，可以有各种名称，包括销售收入、服务收费、利息、股利和使用费。

（1）收入应在未来的经济利益很可能流入企业，并且能够可靠地计量时予以确认。

（2）收入仅包括在企业自己的帐户中所收到的和应收到的经济利益的流入的总额。不包括代第三方收取的销售税、产品和服务税以及增值税之类。

2. 收入的计量

收入应以已收或应收的对价的公允价值进行计量，扣除企业允诺的商业折扣和数量折扣。对于基建企业，收入可以按计量金额确认收入，也可按完工百分比法确认收入。

2018年起，国际财务报告准则的新收入准则开始实施。

在履行了合同中的履约义务，即在客户取得相关商品或服务的控制权时，确认收入。对于在某一时段内履行的履约义务，在该段时间内按照履约进度确认收入，并按照一定方法确定履约进度。履约进度不能合理确定时，已经发生的成本预计能够得到补偿的，按照已经发生的成本金额确认收入，直到履约进度能够合理确定为止。

（九）政府补助

只有在满足以下两点，才可以确认政府补助。

第一，该企业遵守赠款所附的任何条件。

第二，该企业将收到补助。

补助在在发生该费用期间确认收入，以使其与相关费用相匹配。

非货币性补贴，如土地或其他资源，通常以公允价值入账，但也允许以名义金额记录资产和补贴。

与资产有关的补贴可通过以下方式之一确认：

第一，作为递延收入。

第二，从资产的账面价值中扣除补助金。

与收入有关的补贴可以单独报告为"其他收入"，或从相关费用中扣除。

（十）借款费用

借款成本是因借款而引起的利息和相关费用，如折价或溢价摊销、辅助费用和外币借款所产生的汇兑差额。

（十一）外币业务

外币交易是指以外币计价或者结算的交易。外币交易包括：买入或者卖出以外币计价的商品或者劳务；借入或者借出外币资金以及其他以外币计价或者结算的交易。

外币交易在初始确认时，按外币业务交易日的记账本位币和外币之间的汇率将外币金额换算成记账本位币记录。为了便于核算，通常使用接近交易日的汇率。例如一个星期或者一个月的平均汇率用于当期所有的外币交易，若汇率波动较大，可不使用一个时期的平均汇率。

对于资产负债表日，外币货币性项目，采用资产负债表日汇率折算。

因资产负债表日汇率与初始计量时或者前一资产负债表日汇率不同而产生的差异，计入当期损益。

对于资产负债表日，以历史成本计量的外币非货币性项目，仍采用交易发生日的汇率折算，不改变其记账本位币金额。

对于资产负债表日，以公允价值计量的外币非货币性项目，采用公允价值确定日的汇率折算产生的差异，计入当期损益。

（十二）所得税

本期税前会计利润按照税法的规定调整为应纳税所得额，与现行税率的乘积就是当期在利润表中列示的所得税费用。所得税核算所得税，分为当期所得税费用和以前年度所得税费用调整，年末余额结转至本年利润。

第十二章 老挝税收外汇会计政策

第一节　投资环境基本情况

一、国家简介

老挝人民民主共和国是于中南半岛北部的内陆国家，北邻中国，南接柬埔寨，东临越南，西北达缅甸，西南毗连泰国，其国土面积 23.68 万平方公里，人口 680 万（2015 年），首都是万象。老挝是东南亚国家联盟成员国，也是最不发达国家之一，于 1997 年 7 月加入东盟，已同 138 个国家建交。老挝实行社会主义制度。老挝人民革命党是老挝唯一政党。官方语言为老挝语。货币为老挝基普（KIP）。

二、经济情况

世界经济论坛发布的《2016—2017 年全球竞争力报告》列示的全球最具竞争力的 138 个国家中，老挝排名第 93 位。在世界银行《2017 营商环境报告》公布的 190 个国家和地区中，老挝排名第 139 位。老挝基础设施落后，但是近年来，老挝政府不断吸引外资投资，矿产、水电、道路、机场、供水、供电等基础设施状况大为改观。

据老挝《万象时报》报道，2017 年老挝经济增长率为 6.9%，财政收入为 22.6 万亿基普，约 27.2 亿美元，财政支出为 30.6 万亿基普，约 36.9 亿美元。根据老挝计划投资部（Ministry of Planning and Investment）2016 年发布的数据，2016 年老挝国内生产总值（GDP）为 129.28 万亿老挝基普，约152.15 亿美元，人均为 2408 美元，经济增长率为 7.02%。根据亚洲开发银行的预测显示，老挝 2018 年的 GDP 增速预计将达到 7.0%。

三、外国投资相关法律

老挝政府在中央和地方均设立了投资促进管理委员会（CPMI）。政府针对外国直接投资的政策较为宽松，目前基本形成了以《投资促进法》为主体，包括电力法、矿产法、土地法和环境法等在内的法律体系。老挝近几年还发展形成一系列经济特区、出口加工区、工业园和保税区等政策优惠体系。

老挝法律法规不甚健全，只有总体法律法规体系，较少有具体实施细则等。老挝政府鼓励外国公司及个人对各行业各领域投资并出台了《老挝鼓励外国投资法》和《投资促进法》，与投资合作经营有关的法律法规有《企业法》《电力法》《矿产法》《劳动法》《海关法》《税法》《进出口管理条例》《土地法》《环境保护法》等。此外，老挝政府对禁止投资行业、严控投资行业和专门为老挝公民保留的行业做出了详细规定。

根据《投资促进法》，投资者可以通过"国内外投资者独资""国内投资者与外国投资者合资""合同联营""国有企业与私营企业合资"及"政府部门与私营部门合资"这五种投资形式在老挝投资。根据《企业法》，外国企业（法人）分公司经营以下行业：银行或金融机构；保险；国际航空；国际咨询顾问，可以递交企业注册申请在老挝成立分公司。除上述四类行业可以依法在老挝当地成立分公司外，其他行业均只可在当地成立子公司，不得成立分公司。参与投资的法人应向"一站式"服务部门申报，以按规定进行管理，另外需要到所属地方老挝法院进行公证。

《劳动法》和《投资促进法》规定外国投资者在老挝设立企业须优先雇佣老挝公民，且必须与劳动者签订书面的用工合同；如老挝缺乏专业技术员工，经有关部门批准，可雇佣外国专家或外国专业技术人员，且对外籍员工名额和时间做出限制，并须传授技术给老挝员工。在非技术类工作中，外籍职工人数不得超过公司职工总人数的15%，技术类工作中则不得超过25%。

老挝政府的《出入境管理办法》规定，外国人入境分为旅游者入境，短期入境和长期工作居住三种情况。旅游者办理落地签证即可出入境；但短期入境和长期居住必须经移民局出具邀请函后方可入境。签字分为旅游签、工作签和商务签三种，老挝政府规定，外籍员工进入老挝工作需提前办理工作签证、居留许可证和工作许可证。老挝有三类工作签证，期限分别为3个月、6个月和1年。工作签证到期可续签，但每次续签最长不得超过五年。根据"一站式"政策的规定，老挝政府可向以商务目的进入老挝的外国投资者或外国人签发商务签证，商务签证分为长期和短期两种。申请长期商务签证的外国投资者还应同时获得居留许可。

四、其他

1986 年老挝政府实行了经济体制改革，紧接着实行了全方位的对外开放政策。随后，老挝加入"东盟"和"大西洋白南贸易区"。2011 年"七五"计划（2011—2015 年）大力提倡吸引外资、拓展对外贸易，设立经济特区，加强与周边国家的商贸往来。老挝政府于 2012 年正式加入世贸组织，这一系列举措为老挝经济发展提供了内在的动力和外部的条件，使老挝从一个封闭的国家走上了开放、合作和外部相互交流的国家。

第二节 税收政策

一、税法体系

老挝人民民主共和国于 2005 年 5 月 19 日制定《老挝人民民主共和国税法》，以下简称《税法》，于 2012 年 10 月新修订了《税法》，从 2012 年 10 月 1 日起正式生效实施，2015 年 12 月 15 日老挝国会字第 70 号《税法（修订版）》颁布并成为老挝至今执行的最新税法。

根据老挝《税法》规定，现行税种主要有增值税、消费税、利润税（企业所得税）、所得税、定额税、环境税、手续费和技术服务费七大税种。

根据 1999 年 1 月 25 日签订的《中华人民共和国政府和老挝人民民主共和国政府关于对所得避免双重征税和防止偷漏税的协定》的规定，对在老挝缴纳的公司所得税和个人所得税适用上述协定。

二、税收征管

（一）征管情况介绍

老挝实行税收中央集权制，税收立法权、征收权、管理权均集中于国家中央，由财政部下属税务局主管。主要的税法由财政部税务局制定，报老挝国会审议通过，由国家主席或总理颁布实施。财政部下设税务总局和各省税务局，其中，税务总局被授权解释并执行税法及实施条例，同时税务总局下设征收部、稽查部、法务部（税法制定和税收信息收集）、会计局（主要制定会计法规、会计政策等）。所征收税款统一缴纳国家司库，其中，能源矿产类增值税20%划归地方，80%归属中央。缴税申报地点按照企业注册地划分，其中，个人所得税在项目所在地税务局缴纳，利润税（企业所得税）在企业注册地税务局申报缴纳。

（二）税务查账追溯期

《税法》第69条规定如果因经营者提供的收据信息不准确或税务官员本身的错误，导致计算错误，如：计算两次缴纳、计算不准确与实际比率不符合，导致所缴税款多于应缴税款或有应返还的税款，税务机关必须要详细研究考虑返还纳税者税款，如不可返还，应当把需要返还的税款结转到下月、下期、下年度应缴的同税种或其他税种中抵扣。

税务机关有权进行检查、核算纳税者三个会计年度的纳税情况，如发现有核算、缴纳不准确或不完整，税务机关有权追讨税款，并可按照《税法》的第74条规定进行罚款。《税法》第74条规定如下：

如果纳税者违反税法所载明的有关纳税申报规定，将按下列不同情况被处罚：

（1）如果税务申报和缴纳迟慢，将被处以每日应付税额0.1%的罚款，但罚款不得超过应付的税额；

（2）如果申报税务不正当，纳税不完整、出售商品或提供服务不开发票或开不合法的发票，将被处以下列罚款：

第一次违反：

重新计算缴齐税款；

罚款为重新计算后的应交税款的20%；

按企业会计法以及其他规定进行处罚。

第二次违反：

重新计算缴齐税款；

罚款为重新计算后的应交税款的40%；

按《企业会计法》以及其他规定进行处罚。

第三次违反：

重新计算缴齐税款；

罚款为重新计算后的应交税款的 60%；

按《企业会计法》以及其他规定进行处罚；

命令其停业并向大众媒体公告；

按照情节对其进行法律制裁。

（3）未按法律规定持有账簿、不让主管部门检查、不申报纳税、不按法律规定提供年度财务文件、对税务机关公示的有关计税原则、解释、各种信息不予理睬，将被处以以下罚款：

第一次违反：

按本法第 32 条规定缴纳强制性利润税；

罚款为重新计算后的应交税款的 30%；

按《企业会计法》以及其他规定进行处罚。

第二次违反：

按本法第 32 条规定的缴纳强制性利润税；

罚款为重新计算后的应交税款的 60%；

按《企业会计法》以及其他规定进行处罚。

第三次违反：

按本法第 32 条规定的强制性利润税额缴纳；

罚款为重新计算后的应交税款的 100%；

按企业会计法以及其他规定进行处罚；

命令其停业并向大众媒体公告；

按照情节对其进行法律制裁。

（4）收到缴税命令书后仍滞税，超过催税款单规定日的 15 天，处以应交税款 3% 的罚款；第二次处以应交 6% 的罚款；第三次处以应交税款 10% 的罚款。纳税者应当自每次催款单收到日起的 15 天内进行缴纳税款。

（三）税务争议解决机制

财政部下属税务局专门成立税务纠纷部来解决争议税务争议，体现税务征收的合法性、公正性原则。实际操作过程中，企业处于弱势一方，很难在税务诉讼中取得公平待遇。

老挝税务纠纷机制有以下三种方式：

协商解决。税务机关与争议当事人通过协商解决问题，双方通过谈判达成一致意见签订备忘录，不需要通过上级税务行政机关和司法机关。协商解决可以减少争议双方的矛盾，缩短争议解决的时间，减少争议解决的环节。协商解决争议是解决方式中法律效力最低的，不确定因素较多。但这种解决方式是目前使用最多一种解决方式。

诉讼解决。如纳税者认为所需缴纳的税务不正确，从收到税款缴纳通知书或税务申报单日起30日内有权向当地税务机关递交提议书，如逾期递交，该提议书无效。税务机关自收到有关提议书日起30内，负责审批并以书面形式答复纳税者，如认为纳税者的理由充分，税务机关将按《税法》第69条规定重新进行计算并返还税款超额部分。

如果提议书递交者没有得到审理或经审查处理后认为不符合法律规定，纳税者有权向各级税务机关（县、自治区、首府财政办公室，省级、首都财政厅以及财政部）上诉，或可按照司法程序进行诉讼。

这种解决方式是最具法律效力、最公平的一种，但诉讼成本较高。企业可以聘请专业机构进行税务诉讼事项，需要提供相应的诉讼材料，通过法院进行税务诉讼，但时间周期较长，诉讼费用较高，一般均难以取得满意的效果。

其他方式。由于政府层面协调不到位，加之老挝税务局税务检查的主观随意性，检查官员的自由裁量权很大，导致的税务纠纷事项，在处理税务纠纷过程中，可以通过政府部门之间沟通机制来解决。

三、主要税种介绍

（一）增值税

1. 征税原则

增值税为商品或一般服务的消费者通过商业经营者向国家财政支付的间接税。增值税对在老挝境内自生产、流通、销售、售后服务等各环节间提供商品和服务所产生的价值增长部分按比例进行计税。老挝目前涉及增值税的法律有《增值税法》与《增值税法实施细则》。

2. 计税方式

根据《增值税法》对于年营业收入达到 4 亿老挝基普的纳税人必须进行增值税登记，按照老挝法律规定正确持有账簿，使用合规发票。年营业收入未达到 4 亿老挝基普的纳税人可自愿选择进行增值税登记，如若不进行增值税登记，按税法规定需缴纳定额税。

3. 税率

分为 10% 和 0% 两种税率，两种税率具体如表 12-2-1：

表12-2-1　增值税税率

应税项目	税率
进口货物 / 商品 生产、销售于本国的应税商品 / 服务 出口未制成成品的自然资源	10%
出口货物 / 商品 使用本国产品和进口本国无法生存或生存不足的原料、化学物品、配件、机械及生产车辆设备 出口自然资源产品	0%

数据来源：老挝人民民主共和国增值税法 .033/CP.（2015 年修订版）。

4. 增值税免税

《增值税》第 12 条规定 24 种情况属于免税范围，主要有进口动植物物种，杀虫剂；进口用于科研的设备材料，进口销售疫苗；个人、家族手工产品，自产农、渔、猎、牧产品；课本报刊杂志，出口商品、保险及劳务，土地房屋租赁，出口、教育服务，慈善活动，存款利息、外汇收益；消防、救护等车辆，农用机械设备、捐赠，医疗研究动物器官等。

5. 增值税计税基础

《增值税法》第 13~15 条规定增值税税基如下：①关于从外国进口商品即：以到岸价格的实际买卖价格加上进口关税加上消费税（如有）；②关于在本国销售的商品和服务即：销售的商品和服务价值加上消费税（如有）但不包括增值税；③关于向在老挝境内无籍贯个人购买的服务即：实际服务购买价值，不包括增值税；④关于无登记入增值税系统的个人从外国进口商品即：到岸价格的实际买卖价格加上进口关税加上消费税（如有）加上毛利润。

6. 进项税额抵扣

《增值税》第20~22条规定下列增税进项税可以抵扣：具有纳税人识别号（NIF）的增值税发票；进出口证明文件；所有涉及到应缴纳增值税业务的直接生产，营业或者服务的产品或者服务的进项税，依照政府规定允许可扣除一部分的燃油、电力和固定资产的进项税；进口已缴纳和免缴增值税使用于营业活动的商品和服务，将仅允许扣除增值税缴纳部分；用于本国销售的自然资源物品矿物木材等。第23条规定以下情况不允许抵扣：自用商品和服务；免缴商品；出口不属于成品的自然资源物品；燃油和电力的进项税（除另有规定之外）；无正规发票及合法证明文件的商品和服务等。

7. 征收方式

增值税按进销项相抵后的余额缴纳，留抵余额根据不同情况可以申请返还退税，或用于以后抵扣销项税额。进口商品要在设立于商品进口口岸的国库或者有国库账号的银行中进行支付增值税；在增值税系统中的本国经营者，要在次月15号之前到国库或者有国库账号的银行中进行缴纳上月增值税。每次缴纳增值税，必须要以基普缴纳，如果以外币支付，必须要依照老挝银行当天规定的兑换率计算为基普进行支付。

8. 征管与合规性要求

增值税按月申报，截止日期为每月15日之前。对违反涉及到增值税法律规定的个人，法人和组织将依照轻重情况进行教育，教导，警告，罚款，纪律处分，民事或者刑事处理。《增值税法》第62~65条详细规定了对违反者的处罚措施，包括不同程度的罚款等。（注：此处内容较多未具体表述，详见附件）

（二）消费税

1. 征税原则

消费税属于间接税，按照《税法》专款规定的某些商品和服务消费而进行计算征收的税务。消费税是由业务经营者代理计算向在老挝境内某些商品，生产和服务消费者征收的缴纳进入政府预算的税务。

2. 征税范围

《税法》第18条规定需缴纳消费税的商品如下：

（1）燃油；

（2）车用的煤气；

（3）酒，啤酒，含酒精的饮料；

（4）成品饮料如：汽水，苏打水，健力饮料，矿泉水；

（5）果汁，蔬菜汁和其它类似饮料；

（6）香烟：散装，盒装香烟，雪茄；

（7）用品和装饰品；

（8）价格1000000基普以上的各种类被子；

（9）价值1000000基普以上的成套家具（沙发）；

（10）香水，美容产品；

（11）扑克和获相关部门批准的赌博玩具；

（12）获得相关部门批准的烟火，鞭炮，爆竹；

（13）车辆：摩托车和大车；

（14）零件和车辆装饰品；

（15）快艇，汽艇和机动运动船，包括其零件和配件；

（16）卫星信号用品，电视机，音影机，照相机，电话，录音机，录像机，乐器，包括以上机器的零件和配件；

（17）空调，洗衣机，吸尘机，冰箱，冷藏器；

（18）台球，桌球，保龄球设备，足球玩桌；

（19）各种类游戏台桌。

《税法》第18条规定需缴纳消费税的服务：

（1）娱乐：舞厅，迪斯科舞厅，卡拉OK；

（2）保龄球；

（3）美容业；

（4）电话，有线电视，无线电视，互联网服务；

（5）高尔夫球；

（6）彩票；

（7）赌场和游戏机。

3. 消费税免除

《税法》第19条规定免缴消费税的商品和服务如下：

（1）为了出口目的而进口或在本国生产但出口至国外的本法第18条规

定需缴纳消费税商品；

（2）医疗用的 90 度酒精；

（3）销售商品和提供服务给在老挝境内的学生、研究员、职员、老挝、外国使节和国际组织以及根据专约进口宗教的用品；

（4）政府进口的为重要节日庆祝会使用的烟火，爆竹，鞭炮；

（5）残疾人事业；

（6）根据有关部门提议的用于慈善事业的保龄球，高尔夫球和彩票；

（7）油灶；

（8）交通事故救援车，消防车，公共服务车；

（9）农用生产车；

（10）专用重型机械车，一般重型机械车；

（11）根据规定销售给老挝境内的外国使节机构和国际组织机构的运输工具。

4. 税率

消费税率按照商品和服务种类而定：

表12-2-2 一般商品消费税率表

序号	须缴纳消费税的一般商品种类	相应的比率（%）		
1	燃油	2016—2017 年		2018 年以后
	特殊汽油	35%		39%
	普通汽油	30%		34%
	柴油	20%		24%
	火油	10%		14%
	机油、液压油、脂油、刹车油	5%		9%
2	车辆使用的燃气	10%		
3	酒或含酒精饮料	2016—2017 年	2018—2019 年	2020 年以后
	– 酒或 20 度以上含酒精的饮料	30%	50%	70%
	– 酒、葡萄酒和或含酒精低于 20 度的饮料	25%	45%	60%

序号	须缴纳消费税的一般商品种类	相应的比率（%）		
4	– 啤酒	50%		
5	成品饮料			
	– 汽水，苏打水，矿泉水，果汁，咖啡饮料和类似的其他饮料	5%		
	– 健力饮料	10%		
6	香烟	2016—2017 年	2018—2019 年	2020 年以后
	– 雪茄	30%	45%	60%
	– 散装或盒装香烟	30%	45%	60%
	– 成品根烟	15%	25%	35%
	– 其他类香烟	30%	45%	60%
7	用具或装饰品	20%		
8	价格 1000000 基普以上的各种类被子	15%		
9	价值 10.000.000 基普以上的成套家具（沙发）	15%		
10	香水和美容产品	20%		
11	扑克和获得相关部门批准的赌博器	90%		
12	获得相关部门批准的烟火、爆竹、鞭炮	80%		
13	车辆			
	1. 摩托车			
	1.1 使用燃料的摩托车：			
	110cc 以下	20%		
	111cc~150cc	30%		
	151cc~250cc	40%		
	251cc~500cc	60%		

续表

序号	须缴纳消费税的一般商品种类	相应的比率（%）
13	501cc 以上	80%
	1.2 使用清洁能源的摩托车	5%
	1.3 摩托车零件和配件	5%
	2. 运输车	
	2.1 使用燃料的小型运输车辆：轿车、吉普车、厢式车、皮卡车：	
	1000cc 以下	25%
	1001cc~1600cc	30%
	1601cc~2000cc	35%
	2001cc~2500cc	40%
	2501cc~3000cc	45%
	3001cc~4000cc	70%
	4001cc~5000cc	80%
	5001cc 以上	
	2.2 使用清洁能源的小型运输车辆：轿车、吉普车、厢式车、皮卡车	90%
	2.3 小型运输车：皮卡斗的长度大于前轮中心至后轮中心长度的50%的小型皮卡车（2门）	10%
	– 使用燃料	10%
	– 使用清洁能源	5%
	2.4 中型运输车：	
	– 使用燃料	8%
	– 使用清洁能源	5%
	2.4 大型运输车：	
	– 使用燃料	5%
	– 使用清洁能源	3%
	3. 各型号运输车的配件和零件	5%

续表

序号	须缴纳消费税的一般商品种类	相应的比率（%）
14	车辆装饰品	20%
15	快艇，汽艇，机动运动船，包含零件和配件	20%
16	卫星信号用品、音影机、照相机、电话、录音机、录像机、电视机、乐器，包括以上机器的零件和配件	20%
17	电器：空调、洗衣机、吸尘器、冰箱、冷藏器	20%
18	桌球（台球）、保龄球设备、足球玩桌	30%
19	各种类游戏台桌	35%

数据来源：老挝人民民主共和国税务法 .（70/NA.2016 年修订版）。

表12-2-3　服务消费税率表

序号	须缴纳消费税的服务	比率		
1	娱乐：舞厅、迪斯科舞厅、卡拉 OK	2016—2017 年	2018—2019 年	2020 年以后
		10%	20%	35%
2	保龄球	10%		
3	美容业	10%		
4	电话、无线电视、有线电视、互联网服务	10%		
5	高尔夫球	10%		
6	彩票	25%		
7	赌场和游戏机	35%		

数据来源：老挝人民民主共和国税务法 .70/NA.（2016 年修订版）。

5. 消费税计算方法

（1）商品和服务消费税的计算方法。从外国进口为生产，销售或使用的普通商品：依照报关价值（CIF）加上进口关税和其他手续费（如有）乘于消费税税率；关于本国生产用于销售或自己使用的商品，依照工厂产品的售价（不包含增值税和消费税）乘于消费税税率；关于服务，依照服务的使用价值（不包含增值税和消费税）乘于消费税税率。

（2）交通工具消费税的计算方法。从国外进口的交通工具，按实际买卖价格（CIF）加上进口关税（如有），乘于消费税税率；在本国生产或组装的交通工具，依照组装配件的价格，按如下方法计算：进口的组装配件，按实际的买卖价格（CIF）加上进口关税（如有），乘于消费税税率；本国工厂生产销售的配件，按出厂价（不包含增值税和消费税），乘于消费税税率；工厂自产的配件，按生产成本乘于消费税税率计算。

6. 消费税申报

（1）商品和服务的申报缴纳。缴纳消费税的商品进口者、生产者，提供服务者有责任依照如下规定申报缴纳消费税：普通商品进口者，必须在每次申报进口关税时向海关递交消费税申报单；本国生产者，生产雇佣者和服务提供者，必须在次月15号前向本企业注册地的税务机关递交消费税申报单。

（2）交通工具消费税的申报缴纳。进口，在本国生产或组装交通工具的个人，法人和组织均须按照以下规定申报缴纳消费税：进口交通工具或配件者须在每次申报进口关税时向海关递交消费税申报单。交通工具组装者或生产者必须在次月15号前向本单位注册的税务机关递交消费税申报单。

7. 交通工具消费税的免缴

《税法》第25条规定免缴交通工具消费税的情况如下：使馆，隶属以及不隶属于政府的国际组织按协约条件规定进口的交通工具，老挝接受的国外无偿捐赠的交通工具；按照投资合同为项目服务而临时进口的交通工具；按照专约而进口，在本国生产和组装用于政府机构技术工作的交通工具。

8. 征管与合规性要求

《税法》第74条和97条对逾期申报、未申报以及逃税漏税等违法行为做了详细规定。

（三）利润税（企业所得税）

1. 征税原则

利润税属于直接税。向在国内外有利润收入的老挝生产经营者征收，包括从事生产经营的企业、各类组织及个人。老挝生产经营者无论是否为老挝居民，只要在老挝有长期或暂时性的从事经营活动即需缴纳利润税。在老挝有从事经营活动或属于老挝居民，应就其在海外的经营利润在老挝缴纳利润税。老挝现行税法未对纳税人的居民身份进行明确定义。

老挝《税法》规定，老挝生产经营者与没有在老挝当地注册也不在当地经营的外国企业或组织交易并需对外支付费用时，应缴纳代扣税项，即外国企业预提税。如果外国企业从事的是离岸商业活动，该外国企业预提税包含利润税以及增值税两部分。各类商业活动所应适用的外国企业预提税的利润税税率及核定利润率见表12-2-4。

表12-2-4　外国承包方预提税税率及核定利润率

业务类型	核定利润率	实际预提税率
制造业	3.00%	0.72%
商业活动	5.00%	1.20%
服务业	——	——
客货运输业	5.00%	1.20%
建筑业	10.00%	2.40%
木材、矿产品及其他林业产品开发及贸易	20.00%	4.80%
树木种植及林业产品开发	5.00%	1.20%
黑土、红土、沙石开采及填埋业务	15.00%	3.60%
娱乐业	25.00%	6.00%
法律、工程、建筑以及其他咨询服务	10.00%	2.40%
经纪或代理服务	20.00%	4.80%
土地及房产开发及销售	20.00%	4.80%
其他服务业	10.00%	2.40%

数据来源：老挝人民民主共和国税务法 .70/NA.（2016 年修订版）。

混合业，按收入高于其他的行业的利润率执行。

个人进口商品，利润率按商品价格的 10% 计算，其中包括关税，消费税（如有），但不包括增值税。个人进口商品的利润税税率，按24%的税率执行。

2. 税率

利润税率有如下规定：

（1）本国和外国法人企业适用的利润税税率为24%，在证券市场注册的上市公司将从上市注册日起四年内，利润税税率低于正常利润税税率的5%，但四年后须按照本法的规定执行正常的利润税税率。

（2）生产，进口和销售香烟产品的法人企业适用的利润税税率为26%，在其中2%依照《香烟管理法》第46条规定纳入烟管基金。

（3）个人企业和自由行业经营者的利润税税率，依照下列表12-2-5履行从0%~24%的税率执行：

表12-2-5　利润税（企业所得税）税率

单位：基普

序号	年度利润计算基数	计税基础	税率	各级税	税金总额
1	从3600000以下	3600000	0%	0	0
2	从3600001~8000000	4400000	5%	220000	220000
3	从8000001~15000000	7000000	10%	700000	920000
4	从15000001~25000000	10000000	15%	1500000	2420000
5	从25000001~40000000	15000000	20%	3000000	5420000
6	从40000001以上	—	24%	—	—

数据来源：老挝人民民主共和国税务法.70/NA.（2016年修订版）。

3. 税收优惠

根据老挝现行税法，在资本市场登记的上市公司，自登记之日起四年以内，可享受利润税适用税率降低5%的税收优惠政策，四年期满后，仍按照正常适用税率缴纳利润税。得到政府许可的投资人在老挝境内的优先发展的领域或区域进行投资时，可根据《老挝投资促进法》的相关规定，视其具体的投资地点及行业，享受利润税的税收优惠政策。可享受上述税收优惠政策的区域分为以下三类：

表12-2-6　分区域投资优惠政策

区域	区域描述	优惠政策
区域1	贫困地区；社会经济基础设施投资较少的偏远地区	免除十年的利润税；
		鼓励类行业可额外享受五年利润 税免除的待遇。
区域2	社会经济基础设施投资较多的地区	免除四年的利润税；
		鼓励类行业可额外享受三年利润 税免除的待遇。
区域3	经济特区	以具体政策及磋商结果为准，对于特许经营活动，应遵循相关法律或协议。

数据来源：老挝人民民主共和国投资促进法（2016修订版）。

基于2017年4月正式生效的《投资促进法》修订案，上述所提及的鼓励类行业包括：

（1）高新技术应用、科技研发、创新技术、环保及节能技术应用行业；

（2）无公害农业、制种育种、禽畜养殖业、人工造林、环境保护及生态多样化、促进农村地区发展及减少贫困人口的商业活动；

（3）生态型农产品加工业以及民族传统工艺品加工业；

（4）生态型、可持续发展型、文化及历史遗迹旅游开发业；

（5）教育、体育、人力资源开发以及劳动技能培训、职业培训中心以及教育及体育器材生产行业；

（6）现代医院、医药设备生产、传统医疗行业；

（7）为改善城市交通拥堵而进行的基础设施投资、工农业基础设施及设备投资、国内物流、交通及国际物流基础设施投资；

（8）欠发达地区的政策性银行以及小型金融机构；

（9）促进国产产品及国际知名品牌、国产工业产品、工艺品、农产品销售的现代商业中心、会展中心及博览会等。

另外，投资者使用净收入增加投资或扩大投资规模的，应当在下一年度根据所增加投资或所扩大投资规模的利润比例获得为期一年的利润税免税优惠。

4. 所得额的确定

《税法》规定，从事任何种类、任何水平的经济活动而产生的利润所得都必须缴纳利润税。利润税的计税基础，即税务利润基于会计利润得出。

年度会计利润同时也是经营收入及经营成本的差额。利润税纳税人需基于当年利润总额计算缴纳利润税。"年度利润税"是将税务利润乘以税法规定的适用利润税税率计算得出的。税务利润是将会计利润加上税法规定不允许扣除的成本费用项目,再减去税法规定中允许扣除的成本费用项目。

不可扣除支出,对于个体经营者、法人企业和自由职业者等纳税人,在计算税务利润时,不可从会计利润中减除的支出包括但不限于以下:

(1)利润税;

(2)固定资产采购所支付的增值税进项税额;

(3)会计上已计提的折旧;

(4)消费性支出以及非企业所有的固定资产折旧;

(5)合伙制企业支付给企业职工或管理者合伙人以外的合伙人的薪金;

(6)股东贷款用于增资扩股所支付的利息支出;

(7)非银行贷款利息支出以及支付股东的贷款利息支出;

(8)与企业生产经营无直接关联的贷款利息支出;

(9)与生产经营无关的支出,如高尔夫、跳舞等娱乐活动支出、礼品及奖品支出;

(10)会计年度内未经授权的企业所有者或股东的个人消费性支出;

(11)与生产经营相关但缺失票据或相关票据不合规的费用支出;

(12)与个人未签订合同却向其支付费用的支出;

(13)会计上已计提的各类准备金;

(14)会计上已计提的摊销;

(15)资产减值损失以及汇兑损失;

(16)递延所得税费用;

(17)各类罚金。

企业在计算年度利润税时,不可扣除费用应调增到利润总额中,应一并计算缴纳税款。

可扣除支出,在计算年利润税时,允许计入支出的项目如下:

(1)允许按比例扣除的项目。

①提供监管服务发生的差旅费,占全年收入的 0.6% 的部分可扣除;

②业务招待费、电话费,占全年收入的 0.4% 的部分可分项扣除;

③捐赠、援助款，不超过全年收入的 0.3% 的部分可扣除；

④广告宣传费，不超过全年收入的 0.5% 的部分可扣除。

（2）其他可扣除的项目。

①企业从其他企业取得的股息红利；

②收回以前年度已核销的各类准备金；

③无法收回的应收款项，需提供相关中介机构出具的损失报告；

④递延所得税收益；

⑤会计年度末取得的汇兑收益；

⑥与政府签订的投资协议所约定的捐赠支出。

（3）固定资产折旧。

固定资产包括无形资产及有形资产，其年度折旧额应依照如下所示的最低折旧年限及年度折旧率进行核算（表 12-2-7）：

表12-2-7　固定资产最低折旧年限及最低折旧率

可扣取折旧费的企业固定资产	使用期限	折旧费率/年
1. 无形固定资产		
– 设计和成立企业的开支费用	2 年	50%
– 矿产普查、勘探、经济—技术可行性研究报告的开支费用	5 年	20%
– 用于专业工作的软件	2 年	50%
2. 有形固定资产		
– 用于工业的建筑物	20 年	5%
+ 寿命 20 年以下	50 年	2%
+ 寿命 21 年以上		
– 用于商贸和住宅的建筑物	20 年	5%
+ 永久种类	10 年	10%
+ 半永久种类		
– 用于工业、农业、手工业和其他建设工作的开采、开发、拖运的机械设备、车辆。	5 年	20%
– 水陆运输车辆工具	5 年	20%
– 用于各种专业经营或工作的整套设备或工具	5 年	20%
– 办公设备和用品	5 年	20%
– 轮船、游船、轮渡和类似的其他船只	10 年	10%
– 客运和货运飞机		根据飞行时长

数据来源：老挝人民民主共和国税务法 .70/NA.（2016 年修订版）。

核定征收，纳税体制下的个体经营者、企业法人和自由职业者中，如纳税人存在账目不齐全、财务凭证不正确的，税务部门将对其强制计征利润税。强制计征利润税是根据经营单位的类型，将该经营单位的当年经营总收入乘以总利润率算出年度利润，再乘以税法规定的适用利润税税率。

如果个体经营者、企业法人和自由职业者，无能力切实核算其年度经营收入总额，税务工作人员必须在有关部门配合下与纳税人平等协商共同按照实际的数据信息计算年收入总额。

亏损弥补年限。经过独立性的审计机构或审计公司并由税务机关验证的年度亏损，有权在接下来的连续三个年度内将亏损列入下年的利润中扣除。一旦该期满后，仍留存的亏损金额将不允许再从以后年度利润中扣除。

5. 征管与合规性要求

根据老挝现行税法，所有在老挝境内经营的企业需要向当地税务机关申请税务登记，以获取对应的税务登记证以及纳税人身份号码（Tax Identification Number，TIN）。

纳税人需每年向其注册所在地的税务机关提交各类税款的纳税分期计划。税务机关在收到该计划后需将其与纳税人的实际信息进行比较分析，若发现该计划有不合理之处，税务机关需要求该纳税人重新计算。

（1）个体经营者、法人和自由职业者需按照上一年度的实际收入或财务计划中估计的数值分期缴纳利润税。应缴纳的实际利润税将在财务年度结束时最后一期缴纳款中重新核算。利润税的申报缴纳分四个阶段：

第一阶段：不得超过 4 月 10 日；

第二阶段：不得超过 7 月 10 日；

第三阶段：不得超过 10 月 10 日；

第四阶段：不得超过次年 1 月 10 日。

每个阶段缴纳的利润税被视作提前缴纳，在年度会计报表完成后，需按照财务报告资料申报全年缴纳的利润税，以核算需要缴纳的实际税金；如实际利润税大于提前缴纳的金额，需要补交；如果小于，则需在次年扣除。

财务报告资料需在次年 3 月 1 日之前上报税务部门，如：资产清单、会计收入报告、资产负债表、其他会计资料以及必要的税务报告资料。对于许多从事生产经营的企业或集团，需将资产报表和收入报表汇总上报给当地税务部门。

对于政府投资或在老挝境内进行生产经营的企业，在付款给国外注册、但在老挝实施经营活动的个人或法人实体之前，需代扣利润税且单独申报，并在代扣之日起 30 天内上报给税务部门。

（2）企业如逾期申报、未申报、申报不正当、纳税不完整以及逃税将被处以的罚款及罚息。根据《税法》第 74 条和第 97 条对未按期申报将按照应缴纳税款每日 0.1% 处以罚款，对未申报、申报不正当、纳税不完整以及逃税等行为将被处以的不同程度罚款，触犯刑法的还将追究刑事责任。税法第 97 条对违反税法规定的行为做如下规定：

对本法的违反者，将视情况轻重进行教育，罚款，惩罚，民事赔偿或刑事处罚。

（1）对于税务官员。

如税务官员的违反行为未对税务机关的收入和荣誉造成影响，如：无充分理由无法按照授权完成任务，拖延时间办理文件，玩忽职守等，将被按照法律规定进行教育、警告和处分。

如税务官员的行为触犯刑法，如：滥用权力、强迫、威胁、催讨、索求或受贿，导致个人、集体、国家和组织机构、政府产生损失或勾结生产经营者违反法律、伪造发票、收据或其他文件，未经组织机构的批准征收税款，挪用税款不缴入国家预算，均处以刑事处罚，如该行为导致其他个人或组织机构产生损失，还应偿还相关损失。

（2）对于纳税者。不递交纳税申报表、不申报纳税、不记账，不使用发票，不贴印花税，不使用纳税人识别号，将被教育、警告和引导合法履行；如果违反法律规定导致国家预算产生损失，应当重新缴齐税金款，并按照本法第 74 条规定的不同情况进行处罚（详见上文表述）；如果催讨税款的期限到期，纳税者不缴纳应交税款，税务官员将履行如下措施：根据本法第 81 条第 5 分条规定，通知银行从纳税者银行存款账户中扣除未缴税款；提议有关部门命令暂停 1 个月经营业务；在 15 天内签发命令没收或扣押资产，包含银行存款，逾期后 1 个月内命令暂停经营业务并且提议有关部门撤销营业执照，特许权登记证和各个批文；拍卖资产以偿付未缴税金。拍卖资产的余额将返还给其所有者，如拍卖所得不够偿付未缴税金，应当向相关责任人追讨直到付齐税金为止，法庭判决破产的情况除外；如果有犯罪行为，如：破坏凭证资料、伪造文件、隐藏和掩藏与纳税有关的收入、贿赂或给奖金、勾结盗用政府款项、伪造收据、发票或其他文件、玩忽职守、威胁、伤害税务官员，将被处以刑事惩罚并且赔偿该行为造成的损失。

（3）对于其他个人及组织。如违反本法规定，将根据情节的轻重予以教育、处罚、赔偿损失或处以刑法的惩罚，如：拒绝提供资料、勾结经营者掩盖和促进偷税的违反行为，贿赂、合伙盗用政府款项，违反本法规定，轻视、威胁、伤害税务官员身体。

（四）所得税

1. 征税对象

所得税是指向在老挝享有收入的个人或法人而征收的一种直接税。所有享有收入者均需向政府缴纳所得税。

在老挝人民民主共和国有居住地但到国外工作和在国外享有收入者，如在国外免缴所得税，需要在老挝申报缴纳所得税。驻老挝人民民主共和国的大使馆、领事馆、国际机构享有收入的老挝员工，必须要在老挝申报缴纳所得税。来老挝工作的外国人，并在老挝或国外获得工资者，需在老挝申报缴纳所得税。老挝国会批准的《为避免双重征收、防止国家间逃避缴纳所得税的协议》以及政府与投资者之间签订的投资合同规定的除外。

2. 所得税计税基础

《税法》第46条规定必须纳税的收入有：

（1）来自工资、劳务费、加班费、职务金、年度奖金、董事会或经理会会议费以及其他实物或货币形式的收益所得；

（2）支付给控股人或股东的分红或利润或其他利益的收入；

（3）个人、法人出售或转让股份的收入；

（4）贷款利息收入，个人或法人之间的中介费、代表费收入，根据合同或其他约束合约规定的担保金收入；

（5）非政府机构、建国阵线、公众或社会机关的经营收入；

（6）500万基普以上的奖金、彩票奖金及有价财物的收入；

（7）土地、房子、建筑物、车辆、机械及其他财物的租赁收入；

（8）知识产权的收入，如：个人或法人的专利证书、版权、商标以及其他权利；

（8）土地、建筑物或土地连带建筑物的买卖及转让收入。

计税基础按下执行：

（1）工资、劳务费、加班费、职务金、义务费、年度奖金、委员会或董事会会议费以及其他金钱或财物的利益收入，均要按照合同规定把所获得的全部现金款加上（＋）物资和其他利益的收入进行计算纳税；

（2）支付给控股人或股东的红利或利润或其他利益，个人或法人买卖股份的利润收入：

买卖股份的差额；

按照公司章程或股东会议、委员会、董事会决议支付给控股人或股东的利润或其他利益的收入。

（3）按照合同和条约规定的贷款利息收入，个人或法人的中介费或代理费，合同或合约中的担保金收入；

（4）政府机构、建国阵线、公众或社会机关的商业性活动的总收入；

（5）奖金、彩票奖金金额或物品价值，如为物品应当折算为钱币，分别计算出物品价值和应纳所得税；

（6）租赁收入为依照合同或合约规定的租金或物质方式的利益收入；

（7）知识产权收入为依照合同或合约规定的知识产权的总收入如：个人或法人的专利证书、版权、商标或其他权利收入；

（8）没有按照经营单位会计方式申报纳税的个人土地使用权、建筑物、土地连同建筑物买卖或转让的总收入。

3. 所得税免除

《税法》第47条还规定所得税的免缴如下：

（1）100万以下的工资收入；

（2）老挝政府与有关部门签订的合同或外交部规定到老挝工作的外交官、国际机构员工及外籍专家的工资收入；

（3）在证券交易所出售个人或法人股份的利润；

（4）按照法律规定的妻子及未成年孩子的压岁钱，生孩子、生病、劳动事故补贴，一次性退休金、政府官员退休金，学生，研究员的津贴收入；

（5）在证券所注册的上市公司分配给股东和控股者的红利，除了特别规定之外；

（6）证券公司为融资而签发并获得有关部门批准的注册或未注册的股

票和信贷收入；

（7）由有关机构证明的残疾人收入；

（8）500万基普以下的奖金、彩票奖金及有价财物；

（9）按照会计规定申报纳税的生产经营单位的资产租赁费；

（10）政府和企业的社会保障金；

（11）获得有关部门批准为公共事业的活动收入，如：文化演艺、体育和其他活动；

（12）政府的存款利息、债券或信贷利息；

（13）个人或机关的生命及资产保险金；

（14）政府支付给对监督、发现、防止、抵抗及抑制犯法行为有贡献的人的鼓励金或奖金；

（15）付给履行任务和解放国家有贡献的人、死者和残疾人的政策费用和国会补助金；

（16）科技研究及创新成果的奖金；

（17）按照规定使用政府和无偿援助项目预算的政府职员和官员进行专项活动的伙食补助、差旅费、备用金及住宿费；

（18）按照会计方式申报纳税入账的生产经营单位资产，并且该资产的继承人是近亲关系如：父母、夫妻、孩子关系的土地买卖，土地使用权，建筑物，土地连带建筑物的转让收入。

4. 所得税申报

《税法》第51~53条对所得税申报做了如下规定：

（1）个人、法人企业和组织机构按照合同或其他合约规定将每月工资支付给职员、公务员，工人及其他人之前，应当先计算及扣取所得税，编制所得税缴纳申报表并在次月15号之前到本企业注册地的税务机关申报缴纳；

（2）出租的租赁收入者，必须要在收到租金日起10日内向本地税务机关递交申报单进行计算并缴纳租赁金所得税。出租租赁所得税的缴纳申报，要在租赁合同、租价标准规定的基础上进行。申报合同上的租金价格，如果低于正常标准价格或不符合实际，税务机关官员有权按照正常标准价格规定进行检查并计算出符合于实际的租金。

其他所得税的缴纳申报：

①知识产权的收入所得税，由收入者承担。由支付者负责计算扣取该所得税，并且从该收入支付日起的 10 天之内向本地税务机关递交申报单，缴纳入国家预算，另有合同规定的除外；

②奖金、彩票奖金或有价物品的收入所得税，由收入者承担，奖金支付者负责计算扣取该所得税，并从该收入支付日起的 10 天之内向本地税务机关递交申报单，缴纳入国家预算。其余额均支付给奖金或物品的获得者；

③土地买卖和转让的收入，收入者（卖方或所有权转让收入方）负责缴纳，由载明在合同中的买方或土地所有权转让方负责计算扣取该所得税，并从该收入支付日起的 10 天之内向本地税务机关递交申报单，缴纳入国家预算。合同另有载明的买方和卖方或转让方和受让方之间的所得税缴纳规定除外，按照本法第 50 条规定的计算方法进行；

④对于其他所得，个人、法人或组织机构除了支付税法第 46 条第 1 分条和第 6 分条规定之外的款项或其他利益给予收入者之前，应当先计算及扣取所得税，编制申报表并从该收入支付日起的 10 天内递交到本地税务机关进行缴纳所得税申报缴纳。

5. 所得税税率

（1）来自工资、劳务费、加班费、职务金、年度奖金、董事会或经理会会议费，以及其他实物或货币形式的收益所得，均要统一按照税率 0%~24% 的税率进行计算缴纳所得税，如表 12-2-8：

表12-2-8　所得税（个人所得税）税率

单位：基普

级数	每级工资基数	计税基础	税率	每级工资所得税	交税总额
1	1000000 以下	1000000	0%	0	0
2	1000001~3000000	2000000	5%	100000	100000
3	3000001~6000000	3000000	10%	300000	400000
4	6000001~12000000	6000000	12%	720000	1120000
5	12000001~24000000	12000000	15%	1800000	2920000
6	24000001~40000000	16000000	20%	3200000	6120000
7	40000001 以上	—	24%	—	—

数据来源：老挝人民民主共和国税法 .70/NA.（2016 年修订版）。

（2）支付给控股人或股东的红利或利润或其他利益收入（10%）；

（3）根据本法第46条第3分条规定的个人或法人出售股份的利润收入：

有出售成本的证明文件的，按买卖差价的（10%）缴纳所得税；

无出售成本的证明文件的，按实际买卖价值的（2%）缴纳所得税。

（4）贷款利息收入，个人或法人的中介费或代理费收入，根据合同或其它合约规定的担保金收入（10%）；

（5）非政府机构、建国阵线、公众或社会机关的经营活动收入（10%）；

（6）500万基普以上的奖金、彩票奖金及有价财物（5%）；

（7）土地、房子、建筑物、车辆、机械及其他的财产租赁收入（10%）；

（8）知识产权收入，如：个人或法人的专利证书、版权、商标或其他权利的收入（5%）；

（9）除了本法第47条第18分条规定之外，土地使用权、建筑物或土地连同建筑物买卖及转让的收入按：

有出售成本的证明文件的，按买卖或转让土地使用权、建筑物或土地连同建筑物差价的（5%）缴纳所得税；

无出售成本的证明文件的，按买卖或转让土地使用权、建筑物或土地连同建筑物价值的（2%）缴纳所得税。

6. 征管与合规性要求

《税法》第74条和97条对逾期申报、未申报以及逃税漏税等违法行为做了详细规定。

（五）关税

1. 关税体系和构成

关税为从价税，进口产品以 CIF（Cost Insurance and Freight，产品到岸价）征税，出口产品以 FOB（Free On Board，产品离岸价）征税。老挝关税的管辖机关为海关。

进口关税基于商品总价征收，商品总价的组成部分包括：

（1）运输费用；

（2）保险费用；

（3）包装费用；

（4）特许权使用费；

（5）进口商承担部分的商品储存费；

（6）其他进口商负担的费用。

下列费用可以从征税基准中扣除：

（1）账单中列明的折扣金额；

（2）出口商负担部分的关税或其他税金；

（3）账单中列明的支付给出口商的用于老挝国内工程设置和维护的费用。

2. 税率

老挝关税目前采用6档税率：5%、10%、15%、20%、30%、40%。相关的税率对应产品范围如表12-2-9：

表12-2-9　关税税率对应产品表

序号	关税税率	对应产品范围
1	5%	蔬菜种子、高质柴油、天然气、古董、施工机械设备等
2	10%	化学物品、饲养家禽、原油、瓷砖、钢筋、水泥等
3	15%	汽油、毛巾、手帕、卫生巾、日历、婴儿卫生用品等
4	20%	鳟鱼、鲤鱼、鳗鱼、淡水鱼、奶酪、棉花种子等
5	30%	豆类、电视接收器、保龄球设备、无花果、赌博用器具等
6	40%	低于57%酒精饮品、甜玉米、胶合板、汽车、摩托车等

数据来源：老挝人民民主共和国海关关税目录整理。

3. 关税免税

老挝关税免税没有国家统一层面的免税优惠，基于不同项目和政府确定的免税协议不尽相同。东盟自贸区及东盟10+1物资往来免除关税，但不免增值税。为支撑某个行业或者是招商引资的需要，老挝政府会单独针对某个行业或者某个企业出具的免税文件（Master List），免税范围和优惠范围根据免税协议确定。工程类项目免税范围一般为建设该项目所进口物资、机械设备，主要包括钢筋、水泥、沥青、车辆、机械设备等大宗材料。免税期限为项目合同上规定的施工期限，如遇工程延期需要向海关提供由业主出具的延期证明并办理延期免税文件，但燃油、行政管理用车辆不在免税范畴。

4. 设备出售、报废及再出口的规定

老挝海关《关税法》规定企业向项目所在地海关监管机构申请鉴定所需出售的车辆、机械和设备，由监管机构鉴定残值后出具书面文件；按残值补缴全额关税并取得结关单后可出售。免税到期后，如果没有后续免税项目，需按鉴定残值补缴关税，企业方可自行处理设备，临时进口设备需再次出关；如果转入其他免税项目，需要办理转移登记手续；如转入其他不免税项目，则需先补缴关税取得证明文件后才能转出；如果项目结束后设备转场到其他国家，需取得海关监督管理机构的同意，按照核定的残值缴纳一定的关税。

全额关税进口设备，企业可以自行报废；对海关税收优惠进口设备的报废必须通过海关监督管理机构认定残值，补齐相应关税后进行报废，同时申请海关管理机构进行销关。

（六）企业须缴纳的其他税种

1. 定额税

定额税是向在老挝经营小型业务的个人、法人征收的直接税，不在增值税系统内，由税务机关与缴纳者签订合同规定进行缴纳，不包括本法第46条规定的所得税。《税法》第57条规定定额税税率如下：

年度收入低于50000000基普的经营小型业务者，按照下列规定履行：

（1）低于12000000基普免缴定额税，从120000001基普至50000000基普征收各种经营业务的定额税每年不超过600000基普，此规定由政府决定，以符合生产规模和每个地区的特点。

（2）小型业务经营者年度收入从50000001基普至400000000基普，按照下列定额税率履行：

表12-2-10 定额税税率表

单位：基普

作为计税基准的年度经营收入数据（基普）	每项经营行业的定额税税率		
	生产业	商业贸易	服务业
50000001~120000000	3%	4%	5%
120000001~240000000	4%	5%	6%
240000001~400000000	5%	6%	7%

数据来源：老挝人民民主共和国税务法 .70/NA.（2016年修订版）

定额税要按照合同每月、每3个月、6个月或年度规定进行。如认为纳税者有经营收入增加或减少超过合同规定的数据，税务官员将协调纳税者或有关部门进行研究计算出统一和符合于实际的税金，追征之前的超额部分，同时必须要重新制定定额纳税合同，作为下一步实施缴纳税务的依据。

2. 环境税

向在老挝境内被允许从事生产经营、参与或使用自然资源并对环境造成污染，对人、动物、植物的生命健康以及生态平衡造成损害的个人、法人和组织收取的一种直接税。

环境税征收范围包括获得政府批准经营生产业，进口或使用自然资源的个人、法人或组织机构，包含老挝人，外侨，外国人，无国籍人进行经营活动，导致老挝境内产生环境污染，均要缴纳该税金为确保处理、恢复或消除污染及废物，使之恢复到社会生活中可接受的状况。（注：暂未找到相关计税基础和税率）

3. 手续费和技术服务费

政府组织应就其提供的与公文和其他公共服务相关的服务收取费用，如：企业注册证书、税务登记证书、营业证书、许可、证明或其他官方文件的签发，道路的使用、进入和离开本国，用于进入及离开本国的签证的签发，在老挝的居留权、广播及电视卫星接收器的使用、广告标识的粘贴、商店标志及在老挝的其他服务。

手续费服务费税率包括收、缴工作，应按照与手续费和专业服务费的实施工作有关的《政府令》以及各时期颁布实施的其他相关制度执行。（注：暂未找到相关计税基础和税率）

4. 道路税

拥有机动车所有权的个人、法人和组织，有义务向当地税务部门申报缴纳道路税。2018年老挝道路税税费列示如下：

（1）2轮、3轮摩托车根据不同发动机类型，道路税税费如表12-2-11所示：

表12-2-11 2轮、3轮摩托车道路税税费表

序号	发动机类型	税费
1	小于110cc	15000 基普
2	111cc~150cc	20000 基普
3	151cc~200cc	30000 基普
4	大于200cc	100000 基普

数据来源：老挝人民民主共和国交通道路法.（2016年修订版）。

（2）私有轿车、SUV、货车和皮卡等机动车根据不同发动机类型，道路税税费如表12-2-12所示：

表12-2-12 机动车道路税税费

序号	发动机类型	税费
1	小于1000cc	100000 基普
2	1001cc~1600cc	200000 基普
3	2001cc~2500cc	250000 基普
4	2501cc~3000cc	300000 基普
5	3001cc~4000cc	350000 基普
6	4001cc~5000cc	400000 基普
7	大于5001cc	500000 基普

数据来源：老挝人民民主共和国交通道路法.（2016年修订版）。

5. 自然资源费

老挝财政部规定对使用自然资源个人或法人征收的一种费用，财政部负责根据法律和相关法规征收自然资源费以及与自然资源相关、包括罚款在内的其他收入自然资源费率包括以下几点：

（1）矿产资源费率。服务于水电站项目建设等的自然资源，在水电站项目特许权范围内开采并用于本项目的土、石和沙，按与水资源相同的费率计算。

（2）森林自然资源的费率。一般的自然资源，按售价的10%征收，对于禁止砍伐和濒危的自然资源，按售价的50%征。森林自然资源费率在移送或出口环节征收。

（3）水资源的费率。

①用于水电站项目的水资源。按以下费率征收：

表12-2-13 水资源费率表

序号	使用水资源的种类	全部收入的百分比
1	有出口至国外的水电站项目	5 以上
2	给国内供电且装机容量在 15 兆瓦以上的水电站项目	
3	给国内供电且装机容量小于或等于 15 兆瓦的水电站项目	5

数据来源：老挝人民民主共和国关于自然资源费率的主席法令.001/2015。

除水电站项目外，如有其他的发电项目，按本条规定的费率征收自然资源费用。

表 12-2-13 规定的水资源费率，按售电的全部收入在扣除支出前征收。至于详细的费率，应当在特许权合同中规定。

②用于各项生产和服务业务的水资源。按以下费率征收：

表12-2-14 水资源费率表

序号	使用种类	每立方/基普
1	用于工业生产的水资源	5
2	用于矿产业务的水资源	10
3	用于旅游和体育，如度假村、酒店、住房、餐厅和体育服务业务的水资源	5
4	用于生产自来水的水资源	5

数据来源：老挝人民民主共和国关于自然资源费率的主席法令.001/2015。

（七）社会保险金

1. 征税原则

政府公务员应缴纳的社会保险金的计算基础为月度薪酬的 16.5%（员工承担 8%，国家承担缴纳 8.5%）；企业员工应缴纳的社会保险金的计算基础为月度薪酬的 11.5%（员工承担 5.5%，国家承担缴纳 6%），每月申报缴纳。

2. 外国人缴纳社保规定

外国人在老挝工作没有强制要求在当地缴纳社保，老挝政府目前暂无相关法律规定。

第三节　外汇政策

一、基本情况

老挝中央银行即老挝国家银行是老挝金融管理部门，下设 3 个商业银行，即老挝开发银行、农业发展银行和老挝外贸银行和 1 个政策性银行。中国工商银行已于 2011 年 11 月 28 日在老挝首都万象市成立工商银行老挝分行，中国银行万象分行也相继成立，为中资企业业务往来提供了便利。

老挝银行资产少，经营方式单一，尚未建立个人信用体系，银行也较弱小，银行惜贷，贷款条件及利息较高。当地信用卡使用尚未普及，但中国发行的带有银联标志或 VISA 卡可以在当地较大商店使用。

老挝官方货币为老挝基普（KIP），1 美元兑换 8300 老挝基普，货币相对稳定。老挝金融环境相对宽松，外汇管制逐渐放宽，为外国投资者营造了较好环境，但金融业务种类仍较单一，老挝政府鼓励使用本国货币基普（KIP）并规定基普为有条件兑换货币，但在市场上基普、美元及泰铢均能相互兑换及使用。人民币仅在老挝北部中老边境地区兑换及使用。

老挝《外汇和贵重物管理条例》规定，在老挝境内除老挝银行特批机场和出入口岸的免税商店和其他国家银行有必要及有正式批文的单位，对其他一切货款、服务费包括劳务费、工资、奖金等的结算和支付必须使用基普。凡在境内使用外汇（不论哪国货币）结算或支付货款、手续费和各种服务费的，均视为违反老挝的法律，但市场上并未严格按此执行，实际操作中美元、泰铢、基普同时存在并行使用，老挝相关部门也并未对此深究。

二、居民及非居民企业经常项目外汇管理规定

1. 货物贸易外汇管理

老挝外汇业务需老挝央行许可，材料采购款汇出需要提供采购材料

合同、海关资料等凭证；分包款项汇出境提供分包合同等相关资料。央行作为《资金证明》的出具单位，需要企业主每年提交一次进账单，如一年有多次进账的情况，则每6个月提交一次。如无央行出具的《资金证明》，不允许转汇资金到国外单笔出境资金超过200万美元需老挝央行单独批准。通过银行账户支付外汇工资，需要提供缴纳个人所得税凭单和工资申请单。

2. 服务贸易外汇管理

服务贸易盈利汇出需要提供财务报表、利润分配决议等支持性文件，在资金汇出老挝境内之前如有分红应先交纳分红税，如涉及利润税则应先交纳利润税，在履行完老挝的纳税义务后，持营业执照和《完税证明》报央行审批同意后方可汇出。

3. 跨境债权债务外汇规定

在购汇时需要提供：双方签署的借款协议，还款时间表，收款证明材料；如提前还款，需借款人书面同意。单笔超过200万美元需央行的审批文件。

4. 外币现钞相关管理规定

由银行内部管理需要自主出具相关管理办法。比如银行在取款额度超过2亿老挝基普等，需要提前预约等。

持有外汇者可自行保管或存入商业银行，如需要在境内进行商品或服务费结算时，需通过或批准的银行或外汇兑换处或老挝民主共和国规定的银行代理处兑换成基普。在出国旅行或必须使用外汇向国外结算货款或服务费时，须出具齐全的证明文件才可使用商业银行里自己的外汇。

经老挝民主共和国银行的书面批准，不允许任何团体和个人从事外汇兑换和设立兑换处。获批准的各银行外汇兑换处或银行代理处必须公开挂牌"兑换外汇"。

三、居民企业和非居民企业资本项目外汇管理

目前，涉及资本项下的外汇在投资条款中明确可以自由汇出，汇款时，银行根据外汇管理局要求提供投资合同和相关证明文件办理支付。

老挝政府规定在老挝注册的外国企业可以在老挝银行开设外汇账户用

于进出口结算，外汇进出老挝需要申报。外汇账户开立需由企业向当地商业银行申请并提供相关资料批复同意后，银行予以开立。

四、个人外汇管理规定

个人携带现金如超过 10000 美元，需要申报并获得同意方可出入境，携带 5000 美元则不需申报；在老挝工作的外国人，其合法税后收入可全部转出国外。

第四节　会计政策

一、会计管理体制

（一）财税监管机构情况

在老挝注册的企业如果有经济业务发生，均需按照老挝《企业法》和《会计法》规定建立会计制度进行会计核算。税务局会计局为财政部税务局下设机构，会计局根据企业规模大小进行分类，由下属部门大型企业、中小型企业、政府公共事业单位对企业进行监管，各企业需要按照统一格式上报会计和税务资料。

（二）事务所审计

老挝暂无相关规定，视具体情况而定。

（三）对外报送内容及要求

会计报告中主要包含：①企业基本信息：营业执照、税务登记证等；②企业经营情况表：资产负债表、利润表、纳税情况表、纳税证明文件等。③财务报告准则包括会计准则、财务情况说明书、财务资料信息披露、价值评估、收入—支出确认、会计政策等。

上报时间要求：会计报告须按公历年度编制，于次年的 3 月 1 日前上报。

二、财务会计准则基本情况

（一）适用的当地准则名称与财务报告编制基础

老挝前期沿用法国遗留下来的会计准则且无具体实施细则。自 2013 年新《会计法》颁布实施后，逐步与 IFRS 趋同；在老挝的上市公司（以集团公司层面定义）近年开始也可以选择采用 IFRS 进行财务报告。

目前，老挝新旧会计核算体系并存，多数小型企业仍沿用老旧的核算体系，参照以前会计处理惯例；大型及外资企业则多采用 IFRS 会计准则，且二者同时被老挝政府承认，但有逐步过渡到 IFRS 的趋势。老挝《会计法》和《会计法实施细则》中规定了会计处理的具体核算方法，包括会计科目分类规则（共七类）及其核算具体内容，同时也规定了借贷记账规则。老挝于 2013 年 12 月 26 日开始实施，规范企业的会计处理。

老挝的会计核算制度与税法区别不大，在会计核算中会充分考虑税法规定，所以纳税申报时对会计报表纳税调整项较少，与税务政策趋于一致。会计核算按照《会计法》规定处理，实务处理时可以参照一些税务部门公布的税收条款。在纳税申报时，对与税法不一致的事项进行必要纳税调整，并以调整后的税务报表作为报税依据。

（二）会计准则使用范围

所有在老挝注册企业均需要按照《企业法》《会计法》和《会计法实施细则》的规定进行会计核算并编制报表。实际操作中，划归大型企业管理部门所涉及到的企业会计工作更加规范，更趋同与 IFRS。

三、会计制度基本规范

（一）会计年度

《会计法》第 8 条规定：公司会计年度与历法年度一致，即公历年度 1 月 1 日—12 月 31 日为一个会计年度。

（二）记账本位币

《会计法》第 7 条规定：企业会计系统必须采用所在国的官方语言和法定货币单位进行会计核算。老挝采用老挝基普作为记账本位币，货币简称 KIP，获得财政部批准除外。

（三）记账基础和计量属性

《会计法》第 17 条规定：以复式"借贷"记账为记账方法。《会计法》第 13 条、《会计法实施细则》第 5~7 条明确规定营利企业必须以权责发生制为记账基础，非营利中小型企业和微型企业可以采用非营利企业财务报告准则，非营利大型企业也可以采用国际财务报告准则。《会计法》规定：企业以历史成本基础计量属性，在某些情况下允许重估价值计量。

四、主要会计要素核算要求及重点关注的会计核算

（一）现金及现金等价物

会计科目第五类记录现金、银行存款及现金等价物。会计科目（57）核算现金，会计科目（55）核算银行存款。

资产负债表（BILAN）中列示的现金是指库存现金及可随时用于支付的银行存款，现金等价物是指持有的期限短（从购买日 3 个月以内到期）、流动性强、易于转换为已知金额现金及价值变动风险很小的投资。主要涉及资产有现金、银行存款。

现金流量表（TAFIRE）中列示的现金及现金等价物和 IFRS 准则中概念一致。但实际中较少企业正确持有现金流量表。

（二）应收款项

会计科目第四类记录应收应付、预收预付款项。《会计使用手册 2009》修订版规定：应收款项科目记录应收账款的初始计量按初始价值计量确认，同时规定了坏账准备、折扣、可回收包装物的会计处理。

《会计使用手册 2009》修订版中对各类债权债务类科目介绍不是很明确。

（三）存货

《会计使用手册 2009》修订版规定：存货初始计量以历史成本计量确认，包括买价以及必要合理的支出。存货的初始核算：存货的采购成本不包含采购过程中发生的可收回的税金。不同存货的成本构成内容不同，通过采购而取得的存货，其初始成本由使该存货达到可使用状态之前所发生的所有成本构成（采购价格和相关采购费用）；通过进一步加工而取得的存货，其初始成本由采购成本、加工成本、以及使存货达到目前场所和状

态所发生的其它成本构成。《会计使用手册2009》修订版规定存货由全部商品、原材料和有关的供应品、半成品、产成品以及在盘点日企业拥有所有权的物资组成。具体分类如下：30材料采购、31原材料、32消耗品、33在加工产品、34进行中的服务、35成品、半成品、37库存商品、38在途物资、39存货减值。

老挝会计法律中暂未明确规定存货出库可以采用先进先出法或平均法（移动平均或加权平均）。实际操作中企业根据存货的性质和使用特点选择适合的方法进行存货的出库核算。确定存货的期末库存可以通过永续盘点和实地盘点两种方式进行。

《会计使用手册2009》修订版规定：存货期末计量以初始成本与可变现净值孰低法，若成本高于可变现净值时，应根据存货的可变现净值与账面价值的差额计提存货跌价准备并计入会计科目（39存货减值）作为存货的备抵项。

（四）长期股权投资

老挝暂未此项规定

（五）固定资产

《会计使用手册2009》修订版规定：固定资产初始计量以历史成本计量确认，企业应在其预计使用期限内对固定资产计提折旧。固定资产没有净残值。

固定资产期末计量按可回收价值计量，如果发生减值，计入减值准备。

老挝会计法律没有对固定资产折旧年限等做相关具体规定，但实际操作中均参照《税法》第36条规定执行。

（六）无形资产

《会计使用手册2009》修订版中没有单独对无形资产的确认和计量规范，但与固定资产一样适用确认计量的一般规范。修订版没有对无形资产如何计量进行详细规定。

（七）职工薪酬

《会计使用手册2009》修订版中会计科目（43）核算应付职工薪酬，核算所有支付给职工的各类报酬。包括以下人员的薪酬费用：行政管理人员，普通员工，临时性雇佣员工，职工代表，提供服务的企业合伙人。确认和计量方法与中国会计准则的职工薪酬类似。

（八）收入

《会计使用手册2009》修订版中会计科目（7）核算企业日常经营活动中取得的各类收入，核算企业对第三方销售货物、提供服务或劳务取得的经济权利。收入计量按净价计量确认（不包括销售代收的税金和在发票上注明的折扣，但现金折扣例外。）修订版没有对收入如何计量进行详细规定。

对于房建和工程建筑企业，企业收入可以采用工程量结算单法或者建造合同法确认。老挝相关会计法规对此没有明确规定。

（九）政府补助

《会计使用手册2009》修订版及《会计法》均无明确规定。

（十）借款费用

借款费用是指企业因借款而发生的利息及其相关成本。借款费用包括借款利息、折价或者溢价的摊销、辅助费用以及因外币借款而发生的汇兑差额等。

（十一）外币业务

1.《会计使用手册2009》修订版中规定货币兑换使用中间科目58进行调整，对如何使用记账汇率并无明确规定，一般采用老挝外贸银行（BCEL）月末汇率作为下月记账汇率。

2.《会计使用手册2009》修订版中规定由于外币结付日汇率差异引起的汇兑收益记入763，汇兑损失记入663；发生的借款费用等利息支出记入661，发生的存款等利息收入记入761。

（十二）所得税

《会计使用手册2009》修订版没有对所得税如何计量进行规定。本期税前会计利润按照税法的规定调整为应纳税所得额（或由税务局核定的应纳税所得额），与现行税率的乘积就是当期在利润表中列示的所得税费用。会计科目（69）核算所得税，分为当期所得税费用和以前年度所得税费用调整，年末余额结转至本年利润。

五、其他

《会计法》《会计法实施细则》和《会计使用手册2009》修订版中没企

业合并准则的相关规定，仅在《税法》第 39 条中规定经营多项业务的母公司或集团公司，须针对每项业务编制财务报告文件，并编制汇总到母公司或集团公司的报表中后提交有关税务部门。但在实际操作可以参照国际标准 IFRS，老挝相关部门对此不持异议：

老挝会计法规各项规定制定的比较简要，对会计准则并无详细具体的规定，因此在实际操作中可参照国际会计准则标准，老挝政府法律法规的制定也逐步向这一准则靠拢。

本章资料来源：

◎《老挝人民民主共和国税法》

◎《企业会计法》

◎《劳动法》

◎《投资促进法》